WOLFGANG PUWALLA

Qualifikation von Abgaben

MÜNSTERISCHE BEITRÄGE ZUR RECHTSWISSENSCHAFT

Herausgegeben im Auftrag der Rechtswissenschaftlichen Fakultät
der Westfälischen Wilhelms-Universität in Münster durch die Professoren
Dr. Hans-Uwe Erichsen Dr. Helmut Kollhosser Dr. Jürgen Welp

Band 21

Qualifikation von Abgaben

Eine Untersuchung am Beispiel der Fehlbelegungsabgabe

Von

Dr. Wolfgang Puwalla

DUNCKER & HUMBLOT / BERLIN

CIP-Kurztitelaufnahme der Deutschen Bibliothek

Puwalla, Wolfgang:
Qualifikation von Abgaben: e. Unters. am Beispiel d. Fehlbelegungsabgabe / von Wolfgang Puwalla. — Berlin: Duncker und Humblot, 1987.
(Münsterische Beiträge zur Rechtswissenschaft; Bd. 21)
ISBN 3-428-06156-X

NE: GT

D 6

Satz: Irma Grininger, Berlin 62
Druck: Berliner Buchdruckerei Union GmbH, Berlin 61
Printed in Germany

ISBN 3-428-06156-X

Inhaltsverzeichnis

Abkürzungsverzeichnis

ABl	Amtsblatt
AbwAbgG	Abwasserabgabengesetz
AcP	Archiv der civilistischen Praxis
a.F.	alte Fassung
AFWoG	Gesetz über den Abbau der Fehlsubventionierung im Wohnungswesen
AG VG	Gesetz zur Ausführung des Viehseuchengesetzes
Anm.	Anmerkung
AO	Abgabenordnung
AöR	Archiv des öffentlichen Rechts
APlFG	Ausbildungsplatzförderungsgesetz
Art.	Artikel
BB	Betriebsberater (Zeitschrift)
BBauBl	Bundesbaublatt
BBauG	Bundesbaugesetz
BefStG	Beförderungssteuergesetz
Beschl.	Beschluß
BGBl	Bundesgesetzblatt
BK	Bonner Kommentar
BMF	Bundesminister der Finanzen
BR-Drs.	Bundesrats-Drucksache
BT-Drs.	Bundestags-Drucksache
BVerfG	Bundesverfassungsgericht
BVerfGE	Entscheidungen des Bundesverfassungsgerichts, Amtliche Sammlung
BVerwG	Bundesverwaltungsgericht
BVerwGE	Entscheidungen des Bundesverwaltungsgerichts, Amtliche Sammlung
BW	Baden-Württemberg
DB	Der Betrieb (Zeitschrift)
DGStZ	Deutsche Gemeindesteuerzeitung
Diss.	Dissertation
DÖV	Die Öffentliche Verwaltung (Zeitschrift)
DStR	Deutsches Steuerrecht (Zeitschrift)
DStZ/A	Deutsche Steuerzeitung
DVBl	Deutsches Verwaltungsblatt
FinArch N.F.	Finanzarchiv, Neue Folge
Fn.	Fußnote
GesBl	Gesetzblatt
GewArch	Gewerbearchiv (Zeitschrift)
GG	Grundgesetz
GMBl	Gemeinsames Ministerialblatt der Bundesminister des Inneren, für Vertriebene, für Wohnungsbau, für gesamtdeutsche Fragen und für Angelegenheiten des Bundesrats

GV NW	Gesetz- und Verordnungsblatt des Landes Nordrhein-Westfalen
GVBl	Gesetz- und Verordnungsblatt
H.	Heft
Hrsg.	Herausgeber
i.d.F.	in der Fassung
Jg.	Jahrgang
JR	Juristische Rundschau (Zeitschrift)
JuS	Juristische Schulung (Zeitschrift)
KAG	Kommunalabgabengesetz
KAG BW	Kommunalabgabengesetz des Landes Baden-Württemberg
KAG NW	Kommunalabgabengesetz des Landes Nordrhein-Westfalen
KAG SH	Kommunalabgabengesetz des Landes Schleswig-Holstein
KStZ	Kommunale Steuerzeitschrift
MinBl	Ministerialblatt
NJW	Neue Juristische Wochenschrift
NVwZ	Neue Zeitschrift für Verwaltungsrecht
NW	Nordrhein-Westfalen
OVG	Oberverwaltungsgericht
Prot. II	Protokolle der Kommission für die zweite Lesung des Entwurfs des Bürgerlichen Gesetzbuchs, Berlin 1897 - 1899.
pr. GS	Gesetzessammlung für die Königlichen Preussischen Staaten
pr. OVG	preussisches Oberverwaltungsgericht
pr. OVGE	Entscheidungen des preussischen Oberverwaltungsgerichts, Amtliche Sammlung
RAO	Reichsabgabenordnung
Rdn.	Randnummer
RFH	Reichsfinanzhof
RFHE	Entscheidungen des Reichsfinanzhofs, Amtliche Sammlung
RGBl	Reichsgesetzblatt
RGS NW	Sammlung des als Landesrecht Nordrhein-Westfalen fortgeltenden Reichsrechts
S.	Seite
SH	Schleswig-Holstein
Sp.	Spalte
StBFG	Städtebauförderungsgesetz
StbJB	Steuerberaterjahrbuch
StuW	Steuer und Wirtschaft (Zeitschrift)
Tz.	Teilziffer
Urt.	Urteil
VerwArch	Verwaltungsarchiv
VG	Verwaltungsgericht
VGH	Verwaltungsgerichtshof
VkBl	Verkehrsblatt (Amtsblatt des Bundesministers für Verkehr)
VVDStRL	Veröffentlichungen der Vereinigung der Deutschen Staatsrechtslehrer
WiGBl	Gesetz- und Verordnungsblatt des Wirtschaftsrates des Vereinigten Wirtschaftsgebietes

WM	Wohnungswirtschaft und Mietrecht (Zeitschrift)
WoBauG	Wohnungsbaugesetz
WoBindG	Wohnungsbindungsgesetz
ZBR	Zeitschrift für Beamtenrecht
ZfGW Bay	Zeitschrift für das Gemeinnützige Wohnungswesen in Bayern

Einleitung

Anlaß zu der vorliegenden Arbeit gab der zunächst einmal ganz unvoreingenommen begonnene Versuch, eine neu eingeführte öffentliche Abgabe, die sogenannte Fehlbelegungsabgabe im sozialen Wohnungsbau, auf ihre verfassungsrechtliche Zulässigkeit zu überprüfen.

Schon bald stellte sich jedoch heraus, daß, von materiell-rechtlichen Problemen ganz abgesehen, nicht einmal die begriffliche Einordnung unter das heute gängige Schema der Steuern, Gebühren, Beiträge und Sonderabgaben ohne erhebliche Schwierigkeiten gelingen wollte und damit das Unterfangen bereits an Kompetenzfragen (Art. 105 ff. GG) zu scheitern drohte. In dieser Hinsicht ergeht es der Fehlbelegungsabgabe wohl nicht anders als ihren diversen Vorgängern im Sonderabgabenspektrum.

Mit guten Gründen wird in Rechtsprechung und Literatur die Zuordnung zu fast jeder der vier Abgabenformen vertreten. Angesichts der nahezu unübersehbaren Fülle an Literatur, die sich mit dem Recht der öffentlichen Abgaben, speziell mit dem der Sonderabgaben, befaßt hat, muß diese Unsicherheit Erstaunen auslösen. Bis heute steht, obwohl die Wissenschaft fast jeder einzelnen Abgabenkategorie intensive Pflege und Aufmerksamkeit angedeihen ließ, die Zusammensetzung des rechtswissenschaftlichen Puzzles noch aus. Auch die aktuelle Sonderabgabenrechtsprechung des Bundesverfassungsgerichts hat keineswegs mehr Licht in das Dunkel gebracht.

Die vorliegende Arbeit macht den Versuch, die eindeutige Qualifikation einer Abgabe zu ermöglichen. Die Rechtswissenschaft hat sich bislang nur isoliert mit verschiedenen Abgabeformen befaßt, vornehmlich mit den Steuern, dort vor allem mit dem Merkmal des Einnahmeerzielungszwecks nach § 1 RAO, mit den Gebühren und den Sonderabgaben. Die Beiträge wurden bislang eher vernachlässigt. Das zweite, negative Tatbestandsmerkmal des Steuerbegriffs, die Unabhängigkeit von einer Gegenleistung, ist bislang nur im Rahmen von Spezialuntersuchungen, die sich insbesondere mit den Gebühren befaßten, berührt worden, an einer umfassenden Betrachtung, die sich mit Inhalt und Reichweite dieses Kriteriums insgesamt auseinandersetzt, fehlt es bis dato.

Die Dissertation wird sich daher dieses Merkmals in besonderer Weise annehmen und versuchen, seinen Gesamtumfang zu ermitteln und ihn in eine Beziehung zu den verschiedenen Abgabekategorien zu stellen. Auf diese Weise soll das Ziel erreicht werden, eine kompatible Begrifflichkeit herzustellen, die die eindeutige Zuordnung von Geldleistungspflichten in das Abgabenspektrum erlaubt. Dieses Anliegen fußt nicht auf dem Formendenken einer rechthaberischen Begriffsjurisprudenz, sondern ist angesichts der besonderen Stellung der bundesstaatlichen Finanzverfassung eine unabweisbare Notwendigkeit.

Die abschließende Einordnung der Fehlbelegungsabgabe wird die Praktikabilität der gefundenen Lösung erproben.

Erster Teil

Die Fehlsubventionierungsproblematik und die Versuche zu ihrer Lösung

A. Die Problemstellung

Die staatliche Förderung des Wohnungsbaus ist im II. Wohnungsbaugesetz[1] geregelt. Nach § 1 Abs. 2 II. WoBauG hat die Förderung des Wohnungsbaus das Ziel, „den Wohnungsmangel zu beseitigen und für weite Kreise der Bevölkerung breitgestreutes Eigentum zu schaffen. Die Förderung soll eine ausreichende Wohnungsversorgung aller Bevölkerungsschichten entsprechend den unterschiedlichen Wohnbedürfnissen ermöglichen und diese namentlich für diejenigen Wohnungssuchenden sicherstellen, die hierzu selbst nicht in der Lage sind. In ausreichendem Maße sind solche Wohnungen zu fördern, die die Entfaltung eines gesunden Familienlebens, namentlich für kinderreiche Familien, gewährleisten.

Die Förderung des Wohnungsbaus soll überwiegend der Bildung von Einzeleigentum (Familienheimen und eigengenutzten Eigentumswohnungen) dienen. Zur Schaffung von Einzeleigentum und Dauerwohnbesitz sollen Sparwille und Bereitschaft zur Selbsthilfe angeregt werden."

Dabei wird unterschieden nach dem öffentlich und dem nichtöffentlich geförderten sozialen Wohnungsbau. Beide Arten der Förderung unterscheiden sich vornehmlich nach ihrer Zweckbestimmung: Mit öffentlichen Mitteln werden Wohnungen gefördert, die, von geringfügigen Ausnahmen abgesehen[2], Wohnungssuchenden mit geringem Einkommen zur Verfügung stehen sollen (§ 25 II. WoBauG), während als nichtöffentliche Mittel die in § 6 Abs. 2 II. WoBauG aufgezählten Mittel gelten, insbesondere die nach dem Lastenausgleichsgesetz als Eingliederungsdarlehen bestimmten Mittel des Ausgleichsfonds oder mit einer ähnlichen Zweckbestimmung in öffentlichen Haushalten ausgewiesene Mittel, Wohnungsbauprämien, Wohnungsfürsorgemittel für Angehörige des öffentlichen Dienstes etc. Nichtöffentliche Mittel sind nach ihrer Zweckbestimmung also überwiegend nicht an Einkommensgrenzen gebunden.

Das Schwergewicht des sozialen Wohnungsbaus liegt im Bereich des öffentlich geförderten Wohnungsbaus. Der Personenkreis, der zum Bezug öffentlich

---

[1] i.d.F. v. 11.07.1985, BGBl I 1284.

[2] Vgl. *Kornemann,* Fehlsubventionierungen, S. 79-84.

geförderter Wohnungen berechtigt ist, wird in § 25 II. WoBauG benannt. Nach der letzten Anhebung der Einkommensgrenzen in 1985 sind gem. § 25 II. WoBauG wohnberechtigt Wohnungssuchende, bei denen das Jahreseinkommen des Wohnungssuchenden und der zur Familie rechnenden Angehörigen die Einkommensgrenze von 21.600,– DM zuzüglich 10.200,– DM für den zweiten und weitere 8.000,– DM für jeden weiteren zur Familie des Wohnungssuchenden rechnenden Angehörigen nicht oder nur unwesentlich übersteigt. Einkommen und Familiengröße sind der zuständigen Stelle (in der Regel Kreis oder Stadt) nachzuweisen, die den Wohnungssuchenden einen sogenannten „Wohnberechtigungsschein" erteilt (§ 5 WoBindG)[3]. Die Bescheinigung berechtigt zum Bezug einer öffentlich geförderten Wohnung mit der angegebenen Maximalgröße; der Vermieter ist verpflichtet, Mietverträge ausschließlich mit Personen abzuschließen, die ihre Wohnberechtigung in dieser Weise belegen können (§ 4 Abs. 2 WoBindG).

Die Berechtigung ist nur bei Bezug der Wohnung nachzuweisen. Ihre Fortdauer spielt nach den Wohnungsbaugesetzen keine Rolle; sie wird von den Verwaltungsbehörden nicht überprüft. Die Frage war in den Jahren nach der Währungsreform zunächst auch nicht relevant, da es damals vornehmlich darauf ankam, die Wohnungsnot zu beseitigen und breite Schichten der Bevölkerung mit angemessenem Wohnraum zu versorgen[4].

Das Fehlbelegungsproblem entstand mit der stetigen allgemeinen Verbesserung der Einkommensverhältnisse. Mit wachsendem Abstand vom Zeitpunkt des Wohnungsbezugs stieg das Einkommen vieler Haushalte erheblich an, so daß es über die Einkommensgrenze hinauswuchs. Auf diese Weise belegt ein wachsender Prozentsatz von Personen öffentlich geförderte Wohnungen, denen eine Wohnberechtigung an sich nicht mehr zukommt. Gleichzeitig können dringend hilfsbedürftige Haushalte nicht mit billigem Wohnraum versorgt werden.

In gleichem Maße wie die Fehlbelegung wurde ein weiteres Problem virulent, das der Unterbelegung. Bei der Prüfung der Wohnberechtigung wird außer auf das Einkommen auch auf die Zahl der Familienmitglieder abgestellt, damit eine zur Familiengröße passende Wohnung zugewiesen werden kann (§ 5 Abs. 2 WoBindG). Nun ist nicht nur das Einkommen, sondern auch die Zahl der Familienangehörigen Veränderungen unterworfen. Der Wohnbedarf einer Familie vergrößert sich zunächst mit jedem neugeborenen Kind, die Ansprüche an die Wohnungsgröße steigen mit zunehmendem Alter der Kinder, bis diese wieder das Elternhaus verlassen. Die Wohnungsbaugesetze erlauben zwar im Fall der Familienvergrößerung den Bezug einer geräumigeren Wohnung, entziehen aber nicht die Wohnberechtigung, wenn sich die Familie verkleinert. Auf diese Weise kann es vorkommen, daß ein älteres Ehepaar oder eine allein-

---

[3] i.d.F. der Bekanntmachung v. 22. Juli 1982, BGBl I 972.

[4] *Kohlenbach*, AFWoG, D 3.

stehende Witwe eine Vier- oder Fünfzimmerwohnung belegt hält, die für ganz andere Familiengrößen vorgesehen ist; die Wohnung ist „unterbelegt“[5].

Das dritte Problemfeld bildet die „Mietpreisverzerrung“[6]. Die zulässige Miete (§ 72 II. WoBauG, § 8 WoBindG) richtet sich nach den Grundstücks-, Bau- und Kapitalkosten im Herstellungszeitpunkt (Kostenmiete). Infolge steigender Bau- und Grundstückskosten sind bei gleichem Wohnwert die Mieten jüngerer Sozialwohnungsjahrgänge erheblich höher als die der älteren. Daraus resultiert eine Situation, in der nicht nur ein erheblicher Prozentsatz der Wohnungen mit Personen belegt ist, die nach der Intention des Gesetzgebers nicht oder nicht in dem in Anspruch genommenen Ausmaß in den Genuß der Subventionierung kommen sollten, sondern in der selbst die Personen, auf die die gesetzliche Zielsetzung zutrifft, völlig unterschiedlichen, vom Einkommen unabhängigen Mieten ausgesetzt sind; insgesamt ein sozialpolitisches Ärgernis, das mit Recht als „Lotteriespiel“[7], „asoziales Gücksspiel“[8] und als „Eskalation der Ungerechtigkeit“[9] bezeichnet wurde.

Das Ausmaß der Fehlsubventionierung zu bestimmen, hat sich als außerordentlich schwierig erwiesen.

Die Fehlbelegungsquote wird im Gesetzentwurf der Bundesregierung mit ca. 32 % angegeben[10]. Die Angabe deckt sich mit Schätzungen in der wohnungswirtschaftlichen Literatur aus dem Jahre 1980[11]. Bei den Eigenheimen ergaben Schätzungen aus einer 1 %igen Wohnungsstichprobe 1978 eine Mehrverdienerquote von 44 %.

Die Unterbelegungsquote soll nach vorsichtigen Schätzungen einer Bund-Länderarbeitsgruppe „Fehlbelegungen im Sozialwohnungsbestand“ ca. 8 % betragen. Genauere Zahlen werden die Erfahrungen mit der Fehlbelegungsabgabe erbringen. Erste Erfahrungen der Bundesregierung aus dem Jahre 1983[12] ergaben Fehlbelegungsquoten zwischen 17 % und 30,7 %, wobei zu berücksichtigen ist, daß von diesen Erhebungen nur die Förderungsjahrgänge 1948 bis 1954 betroffen waren[13] und diese auch nur in Städten mit über 300.000 Einwohnern. Für die anschließenden Jahrgangsgruppen ist mit einem erheblichen Anstieg der Fehlbelegungsquote zu rechnen[14].

---

[5] *Kornemann,* Fehlsubventionierungen, S. 98.

[6] *Kornemann,* Gemeinnütziges Wohnungswesen 1981, S. 27.

[7] *Kornemann,* Fehlsubventionierungen, S. 105.

[8] *Krahé,* Die Funktionen des Wohnungsmarktes bei freier Marktwirtschaft, S. 11.

[9] *Schneider,* Was soll aus dem sozialen Wohnungsbau werden?, S. 10.

[10] BT-Drs. 9/744.

[11] Vgl. *Kornemann,* Gemeinnütziges Wohnungswesen 1981, S. 27.

[12] BT-Drs. 10/1256.

[13] Vgl. u. C II § 4 AFWoG.

[14] *Dyong,* AFWoG, S. 17.

B. Die Lösungsversuche

Die Vorschläge, die zur Lösung der Probleme unterbreitet wurden, spiegeln sehr anschaulich das ganze Spektrum staatlicher Einwirkungsmöglichkeiten wider.

Sie reichen von der Radikallösung durch Zwangsräumung über Abgabenlösungen bis zu bloßen Räumungsanreizen durch Gewährung von Subventionen.

I. Räumung der Wohnungen

So wurde die Entfernung der Fehlbeleger aus den zweckgebundenen Wohnungen sowohl durch Zwangskündigung als auch durch Zinszuschüsse für Eigentumsmaßnahmen, bei denen geförderte Wohnungen freigemacht würden, propagiert. Der Referentenentwurf zum Wohnungsbindungsgesetz 1965, welcher Zwangskündigungen durch den Vermieter vorsah, sobald der Mieter die Einkommensgrenze nach § 25 II. WoBauG um 25% überschritten hatte[15], wurde sehr bald in der Öffentlichkeit als „Rausschmeißergesetz" abgetan. Verschiedenen Umsetzungsaktionen, so der des Wohnungsbauministers im Jahre 1958, die unter dem klangvollen Namen „Besser und schöner wohnen" anlief, oder der des 2. Konjunkturprogramms 1968[16] war ein merklicher Erfolg nicht beschieden.

Die freiwillige Umschichtung durch Gewährung von Anreizen war mehrfach Gegenstand gesetzgeberischer Maßnahmen des Bundes. § 88 a II. WoBauG, eingeführt durch Finanzänderungsgesetz 1967[17] sieht die Förderung von nichtöffentlich geförderten Wohnungen mit Annuitätszuschüssen vor, wenn diese Wohnungen Personen überlassen werden, die eine Sozialwohnung freimachen. Nach § 5 Abs. 1 Satz 2 WoBindG, eingefügt durch Wohnungsbauänderungsgesetz vom 17.07.1968[18] ist die Bescheinigung über die Wohnberechtigung einem Wohnungssuchenden auch dann zu erteilen, wenn er eine billigere oder für ihn zu große Sozialwohnung frei macht. Eine ganze Reihe von Umsetzungsaktionen sind in den Bundesländern und Gemeinden auf der Basis von Verwaltungsvorschriften versucht worden, ausnahmslos ohne größere Wirkung[19].

---

[15] *Kornemann,* Gemeinnütziges Wohnungswesen 1981, S. 28.

[16] Deutscher Bundestag – 5. Wahlperiode – 157. Sitzung, S. 8148; 149. Sitzung, S. 10524.

[17] BGBl I, S. 1283.

[18] BGBl I, S. 821.

[19] Vgl. die ausführliche Übersicht bei *Kornemann,* Fehlsubventionierungen, Tabellen 16a bis 16c, S. 183 ff.

II. Anhebung der Wohnbelastung

Verschiedene Vorschläge betrafen die Anhebung der Wohnbelastung, ohne Rücksicht auf Einkommensgrenzen. Die Unternehmensmiete[20] sollte eine Abkehr von der objektbezogenen Kostenmiete vollziehen, die je nach Baujahr unterschiedlich ist, und stattdessen ein einheitliches Entgelt darstellen, das ein Unternehmen für seinen gesamten Wohnungsbestand als Durchschnitt erhebt.

Ein weiterer Vorschlag, die Tabellenmiete, ist schon häufiger Gegenstand der Diskussion gewesen[21]. Danach wird jede öffentlich geförderte Wohnung nach einem Bewertungsschema taxiert, das sich am Wohnwert orientiert. Bewertungsfaktoren sind vor allem Ausstattung, Beschaffenheit und Lage. Auf der Grundlage dieser Bewertungstabellen sollten die Sozialmieten in kleinen Schritten auf das Vergleichsmietenniveau angehoben werden. Kornemann[22] hält auf lange Sicht die vollständige Liberalisierung des öffentlich geförderten Wohnungsbestandes für die Lösung sämtlicher derzeit bestehender Probleme. Auf dem Wege dahin empfiehlt er für Mietwohnungen zunächst die Einführung der Tabellenmiete, für Wohneigentum die Verbesserung der Anreize für eine vorzeitige vollständige Rückzahlung der Darlehen sowie allgemein die drastische Senkung der Einkommensgrenze, um den bedürftigsten Wohnungssuchenden wirkungsvoller helfen zu können. Eine von der Ministerkonferenz der ARGEBAU[23] im Jahre 1980 eingesetzte Bund-Länder-Arbeitsgruppe „Fehlbelegung im Sozialwohnungsbestand" hat sich mit diesen Vorschlägen intensiver befaßt, sie aber wegen des hohen Verwaltungsaufwands und verschiedener als sozial unberechtigt empfundener Auswirkungen abgelehnt.

Die Verringerung der Differenz zwischen Kosten- und Marktmiete (bzw. der Belastung von Wohneigentum) hatte ein weiterer Vorschlag zum Ziel, der eine nach Jahrgängen gestaffelte Abgabe zwischen 0,50 DM und 1,50 DM pro qm Wohnfläche/monatlich ohne Rücksicht auf die Einkommensgrenzen vorsah[24].

Zinsanhebungen schließlich sind – nicht so sehr als Mittel gegen die Fehlbelegung wie vielmehr gegen die Mietenverzerrung – nicht nur im Vorschlagstadium steckengeblieben, sondern in verschiedenen Gesetzen bereits in die Tat umgesetzt worden. So verfügte das Wohnungsbauänderungsgesetz vom 17.07.1968[25] die Zinserhöhung für vor dem 01. Januar 1960 bewilligte öffentliche Baudar-

[20] *Jenkis,* Die Unternehmensmiete, S. 45.

[21] *Hönisch,* Der langfristige Kredit, 1967, S. 89; *Kornemann,* Zeitschrift für das Gemeinnützige Wohnungswesen in Bayern, 1972, S. 105 f.; *Schneider, Michael,* Zeitschrift für das Gemeinnützige Wohnungswesen in Bayern, 1967, S. 218; *Brüggemann,* Deutsche Wohnungswirtschaft, 1967, S. 391.

[22] Fehlsubventionierungen, S. 277 ff.

[23] Arbeitsgemeinschaft der für das Bau-, Wohnungs- und Siedlungswesen zuständigen Minister und Senatoren der Länder.

[24] *Stadler,* Mobilisierung öffentlicher Baudarlehen 1966, S. 247.

[25] BGBl I, S. 821.

lehen bis zu 4 %, das Wohnungsbauänderungsgesetz 1973[26] die Anhebung der Zinsen für die Baujahrgänge bis 1962 und das Wohnungsbauänderungsgesetz 1980[27] für die Jahrgänge bis 1963.

Den vorläufig letzten Anlauf zur Zinsanhebung bildeten eine Gesetzesinitiative der CDU/CSU-Bundestagsfraktion[28] und des Bundesrates[29] aus dem Jahre 1981. Beide Entwürfe sind fast inhaltsgleich und sehen vor, daß die Subventionen der vor 1960 geförderten Sozialwohnungen durch Zinsanhebung bis maximal 8 % abgebaut werden[30].

Die Länder haben im Rahmen des Einsatzes der öffentlichen Mittel auf vielfältige Weise in der Vergangenheit versucht, der Fehlsubventionierung entgegenzuwirken. Alle getroffenen Maßnahmen konnten aber erst von dem Zeitpunkt an wirksam werden, in dem der zugrundeliegende Verwaltungsakt erging. Sie vermochten daher nicht Wohnungen zu erreichen, die vor der Aufstellung entsprechender Richtlinien gefördert worden waren.

Als erstes (seit 1967) hat das Land Bremen von der Möglichkeit Gebrauch gemacht, die Subventionen mit Auflagen zu verbinden, welche ihre Weitergewährung von der Einhaltung bestimmter Einkommensgrenzen abhängig machten. Das Land fördert im wesentlichen durch verlorene Zuschüsse (Aufwendungszuschüsse), die die Differenz zwischen der Kostenmiete und der festgesetzten Sozialmiete abdecken. Sie werden zunächst nur für 5 Jahre unter dem Vorbehalt der Einkommensüberprüfung nach diesem Zeitraum gewährt. Bei Überschreitung der maßgeblichen Einkommensgrenze werden die Aufwendungszuschüsse je nach Höhe der Überschreitung gekürzt. Bei einer Einkommensüberschreitung von 40 % und mehr entfällt der Aufwendungszuschuß ganz[31].

Die Stadt Hamburg, die mit Annuitätshilfen fördert, fügt dem Bewilligungsbescheid seit 1973 Auflagen bei, nach denen die Annuitätshilfen nach 8 Jahren zu Lasten derjenigen Mieter gekürzt werden, deren Einkommen die Grenzen nach § 25 II. WoBauG um mehr als 50 % übersteigt[32].

Nordrhein-Westfalen fördert seit 1971 im Wege degressiver Aufwendungszuschüsse oder -darlehen, die nur gezahlt werden, wenn die Fortdauer der Wohnberechtigung nachgewiesen bzw. die Einkommensgrenze um nicht mehr als 40 % überschritten wird. Die Überprüfung erfolgt im Abstand von 4 Jahren[33].

---

[26] v. 21.12.1973, BGBl I, S. 1970.

[27] v. 20.02.1980, BGBl I, S. 159.

[28] Entwurf eines Gesetzes zur Belebung des sozialen Wohnungsbaus und zum Abbau nicht mehr gerechtfertigter Subventionen (WoBauÄndG 1981), BT-Drs. 9/468.

[29] WoBauÄndG 1981, BT-Drs. 9/743.

[30] Zu den Gesetzentwürfen im einzelnen s. u. C I.

[31] Verwaltungsanordnung zur Förderung des sozialen Wohnungsbaus in der freien Hansestadt Bremen, ABl. der freien Hansestadt Bremen 1967, S. 47.

[32] *Dyong,* AFWoG – Einführung –, S. 9.

[33] Bestimmungen über die Förderung des sozialen Wohnungsbaus im Lande Nordrhein-Westfalen, MinBl 1971, S. 369.

Seit 1980 sind auch die Länder Baden-Württemberg, Bayern, Berlin und Schleswig-Holstein, dazu übergegangen, in ähnlicher Weise die Gewährung der Subvention mit dem Nachweis der Wohnberechtigung zu koppeln.

Insgesamt kann festgehalten werden, daß durch diese Maßnahmen das Fehlbelegungsproblem bei neuen Sozialwohnungen, deren Mieten aber durch die hohen Baukosten ohnehin schon eine respektable Höhe aufweisen, gemildert worden ist. Gerade aber für den älteren, wegen der niedrigen Baukosten besonders billigen Sozialwohnungsbestand haben sie keine Auswirkungen gehabt. Der besonders hohe Subventionsvorteil gerade dieser Wohnungen kommt daher unverändert auch den Mehrverdienern zugute.

III. Abgabenrechtliche Lösungen

Erste Ansätze, das Fehlbelegungsproblem über Angaben zu mildern oder ganz zu beseitigen, finden sich bereits zu Anfang der 60er Jahre. 1963 beauftragte der damalige Bundesminister für Wohnungswesen, Städtebau und Raumordnung den Direktor des Seminars für Finanz- und Steuerrecht der Universität Hamburg, Prof. Gerhard Wacke, die verfassungsrechtliche Zulässigkeit zweier Lösungsmodelle, die den Differenzbetrag zwischen der tatsächlich erhobenen Miete und der Marktmiete abschöpfen sollten, zu prüfen. Es handelte sich dabei um folgende Projekte:

Projekt 1: Eine vom mehrverdienenden Mieter an die darlehensverwaltende Stelle zu entrichtende, pauschale *Ausgleichsabgabe,* die von der Subvention im Einzelfall unabhängig sich nach der durchschnittlichen Förderung und der Wohnfläche bemißt.

Projekt 2: Ein vom mehrverdienenden Mieter an den Vermieter nach den gleichen Kriterien zu entrichtender pauschaler *Mietzuschlag,* der vom Vermieter teils als außerplanmäßige Tilgung der öffentlichen Mittel, teils zur Wiederverwendung als öffentliche Mittel an den Staat abzuführen ist.

Wacke befaßte sich in seinem Gutachten vornehmlich mit der Qualifizierung der Abgabe und kam zu dem Ergebnis, daß die Ausgleichsabgabe (Projekt 1) weder den Begriff der Gebühr noch des Beitrags noch einer nichtfiskalischen Abgabe erfülle. Er hielt es aber für möglich, sie als Steuer, und zwar als Verbrauchsteuer, auszugestalten, verneinte aber den Steuercharakter speziell der vom Wohnungsbauminister angesprochenen Ausgleichsabgabe, weil sie den gesamten Vorteil des Bewohnens einer Sozialwohnung abschöpfe, also gerade dazu führe, den steuerlichen Tatbestand, an die Abgabe anknüpfe, zu beseitigen. Die Abgaben dienten daher nicht mehr der Erzielung von Einkünften; sie hätten *„erdrosselnden“* Charakter[34].

---

[34] *Wacke,* Gutachten, S. 75 f., unveröffentlicht.

Den Mietzuschlag (Projekt 2) sah Wacke gegenüber der Ausgleichsabgabe als nichts prinzipiell anderes an. Er lehnte ihn deswegen im wesentlichen aus denselben Gründen wie die Ausgleichsabgabe ab.

In einem Ergänzungsgutachten[35], mit dem ihn der Wohnungsbauminister aufgrund des negativen Ergebnisses beauftragt hatte, hielt Wacke eine Ausgleichsabgabe als Verbrauchsteuer unter den Voraussetzungen für zulässig, daß sie nicht den vollen Differenzbetrag zwischen Sozial- und Marktmiete ausmache, daß sie nach dem Alter der Wohnungen gestaffelt sei und mit ihrem Aufkommen den sozialen Wohnungsbau fördern soll. Er wies aber darauf hin, daß eine solche Abgabe nach Art. 108 GG als Verbrauchsteuer durch Bundesfinanzbehörden verwaltet werden müßte. Falls die Bundeszollverwaltung hierfür als ungeeignet betrachtet würde, so bestünde jedoch die Möglichkeit, die Finanzämter dafür in der gleichen Weise heranzuziehen, wie sie bereits aufgrund des Finanzverwaltungsgesetzes von 1950 bei der Umsatzsteuer und der Beförderungssteuer des Bundes als „Stellen der Oberfinanzdirektion" tätig geworden seien.

Auf der Grundlage dieses Ergänzungsgutachtens arbeitete im Jahre 1968 ein Ausschuß des Deutschen Verbandes für Wohnungswesen, Städtebau und Raumplanung einen „Entwurf eines Gesetzes über die Erhebung einer *Wohnungsbauabgabe*" aus. Danach sollte von den Mehrverdienern eine Steuer erhoben werden, wenn die Einkommensgrenzen um mehr als 10 % überschritten seien und die öffentlichen Mittel vor dem 01.10.1960 bewilligt seien. Die Höhe der Abgabe sollte 1,50 DM/qm/monatlich betragen, aber nicht höher als der die Einkommensgrenze übersteigende Betrag sein. Nach den Vorstellungen des Ausschusses sollte die Steuer bei Lohnsteuerpflichtigen durch Abzug vom Arbeitslohn zusammen mit der Lohnsteuer eingezogen werden[36]. Der Vorschlag wurde damals dem Bundeswohnungsbauminister und dem zuständigen Bundestagsausschuß zugeleitet.

Nach diesen Vorarbeiten wurde eine *Bund-Länder-Kommission „Fehlbelegungsabgabe"* mit der Prüfung folgender Fragen betraut:

a) ob eine Abgabe verfassungs- und abgaberechtlich zulässig sei,
b) wie die Abgabe – wenn sie zulässig sei – ausgestaltet und wie das Verfahren ihrer Erhebung geregelt werden müßte, ohne daß ein unvertretbarer Verwaltungsaufwand entstehe,
c) ob und welche anderen praktikablen Möglichkeiten einer Lösung oder Entschärfung des Fehlbelegungsproblems bestünden[37].

Die Kommission teilte die rechtliche Beurteilung Wackes in wesentlichen Punkten nicht. Eine Ausgleichsabgabe könne nicht als Verbrauchsteuer einge-

[35] v. 29. Februar 1965, unveröffentlicht.

[36] Der Vorschlag ist wiedergegeben bei *Schweyer, C.* (Deutscher Verband für Wohnungswesen, Städtebau und Raumplanung), Das Fehlbelegungsproblem, Gemeinnütziges Wohnungswesen, 1968, S. 13-15.

[37] Bericht der Bund-Länder-Kommission „Fehlbelegungsabgabe", BBauBl 1971, S. 65 ff.

führt werden, weil nach der Rechtsprechung des Bundesverfassungsgerichts[38] eine Aufwand- oder Verbrauchsteuer voraussetze, daß der Steuerpflichtige mit dem Steuergegenstand einen erhöhten Aufwand treibe. Hier sei aber das Gegenteil der Fall, durch das Bewohnen einer öffentlich geförderten Wohnung werde nämlich eine Ersparnis erzielt. Allerdings könne eine Ausgleichsabgabe im Rahmen des Steuererfindungsrechts als eine Steuer sui generis eingeführt werden. Die Kommission lehnte damals aber eine steuerrechtliche Lösung ab, weil die Absicht bestand, eine große Steuerreform zu verwirklichen, zu deren Zielen es gehörte, Bagatellsteuern abzuschaffen und das Steuerverfahren zu vereinfachen. Unter diesen Umständen mußte die Einführung einer neuen Steuer inopportun erscheinen.

Gegenüber dem Vorschlag des Deutschen Verbandes für Wohnungswesen, Städtebau und Raumplanung hat die Kommission eingewandt, daß dieses Verfahren das Lohnsteuereinzugsverfahren erheblich erschwere, während die Steuerreform gerade eine Vereinfachung anstrebe. Im übrigen erscheine der Vorschlag verwaltungsmäßig zu aufwendig und zu schwierig.

Die Kommission schlug eine von ihr so genannte „verwaltungsmäßige" Lösung für eine Ausgleichszahlung vor. Gemeint war damit folgendes: Es ist zu trennen zwischen der Berechtigung zum Bezug einer Wohnung und der Fortdauer der Wohnberechtigung. Das mit der Wohnberechtigungsbescheinigung gewährte Wohnrecht wird deshalb zeitlich befristet. Nach Ablauf von 5 Jahren seit Bezug der Wohnung, sodann nach jeweils weiteren 3 jahren wird die Wohnberechtigung überprüft. Übersteigt das bei der Überprüfung festgestellte Jahreseinkommen die in § 25 II. WoBauG bestimmte Einkommensgrenze nicht oder nur um einen angemessenen Toleranzbetrag, wird die Fortdauer der Wohnberechtigung für weitere 3 Jahre bestätigt. Liegt das Einkommen darüber, so wird dem Wohnungsinhaber die Fortdauer der Wohnberechtigung nur unter der Auflage bestätigt, daß er als Ausgleich für die ihm nicht mehr zustehende Subvention eine monatliche Ausgleichszahlung entrichtet.

Bei diesem Lösungsvorschlag bleibt das zivilrechtliche Mietverhältnis zwischen Vermieter und Mieter unberührt. Die Ausgleichszahlungen werden dazu verwendet, wiederum öffentlich geförderte Wohnungen als Ersatz für die von den Mehrverdienern blockierten Wohnungen zu finanzieren. Der Vorschlag bezieht auch die Mietverhältnisse ein, die im Zeitpunkt seines gesetzlichen Inkrafttretens bereits bestehen, allerdings wirkt die Ausgleichszahlung nicht für die Vergangenheit, sondern nur ex nunc.

Ebenfalls eingeschlossen werden die mehrverdienenden Inhaber von eigengenutzten Sozialwohnungen (Eigenheimen oder Eigentumswohnungen).

Der Lösungsvorschlag hatte offenbar das Verfahren des Landes Bremen zur Vorlage, das sich bereits ab 1966 von vornherein eine nach dem Ausmaß der

[38] BVerfGE 16 64 (75).

Überschreitung der Einkommensgrenze gestaffelte Subventionskürzung vorbehalten hatte, und zwar sowohl für die öffentlich geförderten Mietwohnungen wie auch für die öffentlich geförderten Eigenheime und Eigentumswohnungen.

Als Toleranzbetrag, um den das Jahreseinkommen des Wohnungsinhabers die Einkommensgrenze überschreiten durfte, hielt die Kommission einen Zuschlag von 25 % für gerechtfertigt und ausreichend. Die Höhe der Ausgleichszahlung bemaß sie mit 1,50 DM pro qm Wohnfläche monatlich pauschal.

Die Kommission hat ihren Vorschlag als „verwaltungsrechtliche" Lösung bezeichnet[39]. Den Grund für diese Benennung sah sie darin, daß die Ausgleichszahlung mit der Erteilung eines begünstigenden Verwaltungsaktes unmittelbar verbunden war und darüber hinaus die Erträge der staatlichen Aufgabe „Sozialer Wohnungsbau" wieder zufließen sollten. Eine weitere Begründung für die gewählte Bezeichnung hat sie nicht gegeben, offenbar ging sie davon aus, daß diese beiden formalen Kriterien ausreichten, um die Ausgleichszahlung nicht unter den Bereich der öffentlichen Abgaben zu subsumieren.

Länderminister und Bundeskabinett lehnten 1971/72 den Kommissionsvorschlag wegen des erheblichen Verwaltungsaufwands im Hinblick auf die erforderliche lückenlose Erfassung aller 5,5 Mio Sozialwohnungen (einschl. Eigenheime) ab. Der Bundesbauminister wurde beauftragt, weitere Förderungsmethoden und gesetzliche Regelungen auszuarbeiten, die zukünftige Fehlsubventionierungen weitgehend ausschließen sollten.

Daraufhin beschloß die Länderministerkonferenz am 22.02.1973 erneut die Bildung einer Bund-Länder-Kommission „Fehlsubventionierung und Zinsanhebung". Als Ergebnis ihrer Arbeit legte die Kommission dem Bundesbauminister den „Entwurf eines Gesetzes zum Abbau der Fehlsubventionierung und zur Entzerrung des Mietpreisgefüges im sozialen Wohnungsbau" vor[40]; der Entwurf wurde unter dem Stichwort *„negatives Wohngeld"* bekannt.

Auch hier sollte zwischen der Berechtigung zum Bezug einer Wohnung und der Fortdauer der Wohnberechtigung unterschieden werden. Die Wohnberechtigung sollte alle drei Jahre nach Offenlegung der Einkommensverhältnisse nachgewiesen werden. Die Fortdauer der Wohnberechtigung sollte dem Mehrverdienenden nur bestätigt werden mit der Auflage, daß er eine Ausgleichszahlung entrichtet. Die Höhe sollte sich nach dem Unterschied zwischen der tatsächlich gezahlten Miete und einer unter Berücksichtigung der Haushaltsgröße und des Gesamteinkommens als angemessen erachteten Gesamtmietbelastung bemessen, jedoch nicht den Subventionsvorteil insgesamt übersteigen, der in der Differenz zwischen der tatsächlichen Miete und der Marktmiete besteht. In gewissem Umfang sollten bei der Höhe der Ausgleichszahlungen auch Wohnwertunterschiede berücksichtigt werden. Für die Eigentümer von Eigenheimen

[39] BBauBl 1971, S. 66.

[40] Unveröffentlicht.

und Eigentumswohnungen schlug die Kommission wiederum nur einen Pauschalbetrag nach dem Ausmaß vor, in dem das Einkommen die jeweils maßgebende Einkommensgrenze überstieg, da hier die Konstruktion einer fiktiven „Eigenmiete" wegen der unterschiedlichen Finanzierungsvoraussetzungen auf erhebliche Schwierigkeiten in tatsächlicher und verwaltungsmäßiger Hinsicht stieß.

Der Vorschlag sah vor, daß die Abgabe erstmalig ab 01.01.1976 entrichtet werden sollte.

Parallel zu diesem Vorschlag legten die *Länder Bayern und Nordrhein-Westfalen* den „Entwurf eines Gesetzes über die Erhöhung der Einkommensgrenze für den sozialen Wohnungsbau und über den Abbau der Fehlsubventionierung von Sozialwohnungen" vor. Das Modell orientierte sich an dem Vorschlag der Bund-Länder-Kommission aus dem Jahre 1970 und sah wie der damalige Vorschlag eine Ausgleichszahlung vor, die der Bestätigung der Fortdauer der Wohnberechtigung als Auflage beigefügt werden sollte, wenn das Jahreseinkommen die Einkommensgrenze um mehr als 25 % überstieg. Im Unterschied zu dem 1970 gemachten Vorschlag sollte sich die Höhe der Abgabe je nach dem den Grenzbetrag überschreitenden Einkommen bemessen. Die Staffelung sollte in der Weise erfolgen, daß die Wohnungsinhaber, die die Einkommensgrenze um mehr als 25 %, jedoch nicht um mehr als 40 % überstiegen, 1,– DM je qm Wohnfläche, diejenigen, deren Einkommen die Grenze um mehr als 40 % überstiege, 2,– DM je qm Wohnfläche monatlich zu zahlen hätten. Auf Antrag war die Möglichkeit vorgesehen, die Zahlung auf den Differenzbetrag zwischen Kostenmiete und einer von der Verwaltung festzulegenden Mietobergrenze zu reduzieren. Der Vorschlag bezog wiederum auch die Eigenheime und Eigentumswohnungen ein.

Obwohl der Vorschlag des negativen Wohngeldes von den Ressorts gebilligt worden war, kam es zu keiner Kabinettsvorlage, da im Vorfeld erkennbar wurde, daß speziell wegen der Einbeziehung der Eigenheime und Eigentumswohnungen in der damaligen Koalition Differenzen bestanden. Man hielt daher die Zeit nicht mehr für ausreichend, in der restlichen Laufzeit der Legislaturperiode eine gesetzliche Lösung des Problems zu erreichen. Im Einklang damit wurde auch der vom Land Nordrhein-Westfalen bereits im Bundesrat eingebrachte Gesetzesentwurf zurückgezogen.

Im Jahre 1975 erarbeitete die Gesellschaft für Wohnungs- und Siedlungswesen mbH Hamburg (GEWOS) eine Studie zur Einführung von *Wohnwertmieten*[41].

---

[41] Ökonomische, rechtliche und verfahrenstechnische Möglichkeiten zur Einführung der Wohnwertmiete bei öffentlich geförderten Wohnungen, Schriftenreihe des Bundesministers für Raumordnung, Bauwesen und Städtebau 07.001.

Ziel des Vorschlags war die Aufhebung der Mietverzerrungen durch ein am Wohnwert orientiertes Mietensystem. Je nachdem, ob die Kostenmiete die Wohnwertmiete über- oder unterschritt, sollten Mietausgleichsabgaben erhoben oder Zuschüsse gezahlt werden. Gestaltet war die Abgabe nach den Vorstellungen der Studie als in einem Sondervermögen angesammelte, für die Gewährung von Mietausgleichszuschüssen zweckgebundene wirtschaftsverwaltungsrechtliche Abgabe ohne Steuercharakter[42]. Die Wohnwertmiete war ausschließlich dazu bestimmt, der Mietentzerrung zu dienen[43], nicht aber der Lösung des Fehlbelegungsproblems.

Das Modell wurde von einer Bund-Länder-Arbeitsgruppe „Mietentzerrung im Sozialwohnungsbestand" mit Tätigkeitsbericht vom 21.02.1978[44] abgelehnt, vor allem, weil der exakte Ausgleich der Zahlungsströme im Einnahmen- und Zuschußsystem in jährlichen Abständen nicht als realisierbar angesehen wurde. Stattdessen schlug sie eine einmalige Mietentzerrungsaktion vor, für die sie zwei Modelle bereithielt: Ein auf alle sozialen Mietwohnungen bezogenes Ausgleichsmodell, bei dem Über- und Unterschreitungen der für einen bestimmten Stichtag maßgebenden Kostenmiete durch Mietausgleichszuschüsse bzw. Mietausgleichsabgaben ausgeglichen werden, sowie ein partielles Mietausgleichsmodell, das nur die Jahrgänge bis 1970 erfaßte und einer Wohnwertbewertung unterwarf, ohne Rechtsansprüche auf Senkung der Miete von neueren Sozialwohnungen zu begründen. Als Möglichkeiten, die Unterschiedsbeträge zwischen der bisherigen Kostenmiete und den neuen Mietsätzen auszugleichen, sah die Kommission zum einen die Mietausgleichsabgabe vor, zum andern die Zinsanhebung über die vertraglich in den Darlehnsverträgen vorgesehenen Höchstsätze von 4% hinaus (vgl. § 44 Abs. 3 II. WoBauG).

Konsequenzen sind auch aus den Mietentzerrungsvorschlägen seinerzeit nicht gezogen worden. Durch das Wohnungsbauänderungsgesetz 1980[45] erhielten die Länder lediglich die Möglichkeit, weitere Förderungsjahrgänge nach § 18 a WoBindG in die Zinsanhebung bis zu 4% einzubeziehen.

Im Juni 1980 beauftragte die ARGEBAU erneut eine Arbeitsgruppe aus Fachbeamten des Bundes und der Länder mit der Prüfung, wie das Problem der Fehlbelegung im Sozialwohnungsbestand gelöst werden könne. Die Arbeitsgruppe empfahl eine Fehlbelegungsabgabe, pauschaliert nach dem Grad der Einkommensüberschreitung von 0,50 DM bis 2,– DM/qm/mtl.[46]. Um einen ungleichmäßigen Arbeitsanfall in der Verwaltung zu vermeiden, wird darin die Durchführung der Einkommensüberprüfungen auf einen vierjährigen Zeitraum verteilt. In dem Vierjahreszeitraum wird der Sozialwohnungsbestand in vier

[42] GEWOS Studie, S. 52.

[43] GEWOS Studie, S. 48.

[44] Unveröffentlicht.

[45] BGBl I, S. 159.

[46] BBauBl 1981, S. 443.

etwa gleichgroßen Jahrgangsgruppen erfaßt. Der Vorschlag erfaßt auch Eigenheime und Eigentumswohnungen, nicht aber Wohnungsfürsorgewohnungen. Das Aufkommen aus der Abgabe ist nach dem Vorschlag für den öffentlich geförderten Sozialwohnungsbau zweckgebunden einzusetzen. Der Vorschlag wurde in wesentlichen Teilen Grundlage des Gesetzentwurfes der Bundesregierung[47].

Soweit der Stand ungezählter, gleichwohl – bis auf die letzte Empfehlung – ohne Effekt gebliebener Lösungsvorschläge zum Problem der Fehlsubventionierung im sozialen Wohnungsbau. Der Überblick zeigt, wie ungern sich die Politiker der Lösung dieses Problems angenommen haben, und auch der letzte Vorschlag wäre wohl Makulatur geblieben, wenn nicht zufällig gerade zu jenem Zeitpunkt die politischen Signale auf „Freie Fahrt" gstanden hätten.

C. Das Gesetz über den Abbau der Fehlsubventionierung im Wohnungswesen (AFWoG)

I. Das Zustandekommen des Gesetzes

Ein vom Bundesbauministerium entwickelter Vorentwurf knüpfte – ähnlich wie der Vorschlag der Länder Nordrhein-Westfalen und Bayern von 1973 – zunächst noch an die Erteilung der Wohnberechtigung nach dem Wohnungsbindungsgesetz an: Die Wohnberechtigungsscheine waren danach je nach dem Ergebnis der Einkommensüberprüfung, auf 4 Jahre befristet, für die Mehrverdienenden nur mit der Auflage einer von 0,50 DM bis zu 1,– DM gestaffelten Ausgleichszahlung zu erteilen. Der Gesetzentwurf der Bundesregierung[48], löste sich jedoch von der Konzeption, die Ausgleichszahlung mit der Berechtigungsscheinerteilung als Auflage zu verknüpfen, und sah außerhalb des Wohnungsbindungsgesetzes eine selbständige Ausgleichszahlung vor[49]. Die mehrverdienenden Wohnungsinhaber sollten danach eine pauschalierte Ausgleichszahlung zwischen 0,50 DM und 2,– DM pro qm Wohnfläche monatlich entrichten. Dazu sollten sie ihre Einkommensverhältnisse alle drei Jahre offenlegen. Der Entwurf schloß die Eigentümer von Eigenheimen und Eigentumswohnungen ein sowie – erstmals – die Inhaber von Wohnungen, die mit Wohnungsfürsorgemitteln gefördert worden waren. Regionale Begrenzungen sah der Entwurf nicht vor.

Gleichzeitig mit dem Gesetzentwurf der Bundesregierung wurde ein Gegenkonzept des Bundesrates und der CDU/CSU-Fraktion im Bundestag beraten[50]. Das Gegenkonzept verfolge das Ziel, die starren gesetzlichen Bindungen allmäh-

---

[47] *Kohlenbach,* AFWoG, D 6.
[48] BT-Drs. 9/744.
[49] *Kohlenbach,* AFWoG, D 6.
[50] BT-Drs. 9/468 und 9/743.

lich abzubauen und durch marktwirtschaftliche Elemente zu ersetzen. Es ging davon aus, daß die allmähliche Heranführung der Mieten an den Markt die automatische Auflösung des Fehl- und Unterbelegungsproblems sowie der Mietverzerrungen bewirke. Es enthielt demgemäß drei Schwerpunkte:

1. Bei vorzeitiger Rückzahlung der öffentlichen Mittel bleibt nach § 16 Abs. 1 WoBindG die Eigenschaft „öffentlich gefördert" grundsätzlich noch für weitere 8 Jahre bestehen. Der Gesetzentwurf sieht demgegenüber für die bis einschließlich 1959 geförderten Sozialwohnungen den sofortigen Wegfall der gesetzlichen Bindungen vor, sofern die öffentlichen Darlehen vorzeitig zurückgezahlt oder der Zins auf 8 % angehoben würde. Dadurch sollten die Eigentümer dieser Wohnungen die Möglichkeit erhalten, sofort die ortsübliche Vergleichsmiete zu erheben, die gerade im älteren Bestand als verhältnismäßig niedrig eingeschätzt wurde, so daß es nach Ansicht der Verfasser nur zu zumutbaren Mietsteigerungen kommen würde.

2. Schrittweiser Abbau der Zinsverbilligung

   Die Zinssubventionen der vor 1960 geförderten Wohnungen sollten durch Anhebung des Zinssatzes bis maximal 8 % schrittweise abgebaut werden, die Darlehen der Förderungsjahrgänge 1960 - 1962 mit maximal 6 % verzinst werden. Die Regelungen schlossen den Eigentumsbereich mit ein.

3. Versorgung der berechtigten Haushalte durch den gemeinnützigen Wohnungsbestand

   Für die Versorgung der einkommensschwachen Haushalte sollten die Wohnungen der gemeinnützigen Wohnungsunternehmen vorgehalten werden, die bis dahin überhaupt keiner Belegungsbindung unterlagen.

Die unterschiedlichen politischen Positionen sind in der Stellungnahme des Bundesrates zum Regierungsentwurf und in der Gegenäußerung der Bundesregierung dargestellt[51]. Der Bundesrat wandte darin ein, die von der Bundesregierung vorgesehene Ausgleichszahlung sei nicht der erforderliche Schritt in Richtung auf mehr Marktwirtschaft: „Sie würde die heutige Spaltung des Mietwohnungsmarktes vertiefen und das Kostenmietenprinzip mit seinen Ungereimtheiten verfestigen, insbesondere mit seiner Mietenverzerrung innerhalb des sozialen Wohnungsbestandes. Darüber hinaus ist der Lösungsansatz der Bundesregierung zu kompliziert, verwaltungsaufwendig und nicht praktikabel. Wegen der langen Vorbereitungs- und Anlaufzeit – für die letzten Bewilligungsjahrgänge soll die Ausgleichszahlung erst 1985 beginnen – würde der Entwurf der Bundesregierung auch nicht zu dem Mehraufkommen führen, das jetzt für die Fortsetzung des sozialen Wohnungsbaues benötigt wird."

Demgegenüber fürchtete die Bundesregierung, daß die im Bundesratsentwurf vorgeschlagenen Regelungen zu einem undifferenzierten Abbau von Subventio-

[51] BT-Drs. 9/744.

nen und der Belegungsbindung ganzer Jahrgänge führten und damit die Schutzwirkungen im öffentlich geförderten Wohnungsbestand weitgehend außer Kraft treten würden: „Die nach dem Entwurf vorgesehene sofortige Zinsanhebung der öffentlichen Baudarlehen, der Wegfall der Bindungen bei Rückzahlung der öffentlichen Mittel, würde nicht nur die Mehrverdienenden, sondern auch die sozial schwachen Mieter treffen, mit der Folge, daß die Mietanhebung in vielen Fällen durch die Gewährung von Wohngeld ausgeglichen werden müssen. Der vorgeschlagene Wegfall der Belegungs- und Mietpreisbindungen bei vollständiger Rückzahlung der öffentlichen Baudarlehen der Bewilligungsjahrgänge bis 1959 würde vor allen Dingen in Ballungsgebieten dazu führen, daß die für sozial schwache Bevölkerungskreise dringend benötigten Wohnungen für diese Mieter nicht mehr oder jedenfalls nur zu erheblich höheren Mieten zur Verfügung stehen."

Nachdem die Gesetzentwürfe in den Beratungen des federführenden Bundestagsausschusses für Raumordnung, Bauwesen und Städtebau bereits verschiedene Änderungen erfahren hatten, insbesondere nach Durchführung eines Planspiels mit Vertretern der Städte Hamburg, München und Peine sowie nach der Anhörung von Vertretern der Wohnungswirtschaft, beendete eine Empfehlung des Vermittlungsausschusses zum II. Gesetz zur Verbesserung der Haushaltsstruktur (II. HStruktG) die Ausschußberatungen. Ursprünglich war der Vermittlungsausschuß vom Bundesrat nur wegen der Änderung des II. HStruktG, das verschiedene Subventionskürzungen vorsah, angerufen worden. Im Vermittlungsverfahren bezog der Ausschuß dann überraschend den Regierungsentwurf über das AFWoG sowie Teile des Bundesratsentwurfs zusätzlich zur Haushaltsentlastung in das Gesamtpaket mit ein[52]. Dem Vermittlungsvorschlag[53] stimmte der Bundestag am 10.12.1981, der Bundesrat am 18.12.1981 zu. Das Gesetz ist am 22. Dezember 1981 als Art. 27 des II. HStruktG „Gesetz zum Abbau der Fehlsubventionierung und der Mietverzerrung im Wohnungswesen" verkündet worden[54] und am 01. Januar 1982 in Kraft getreten.

II. Der Inhalt des AFWoG

Art. 27 des II. HStruktG setzt sich aus 5 Unterartikeln zusammen. Unterartikel 1 enthält das Gesetz über den Abbau der Fehlsubventionierung im Wohnungswesen (AFWoG), das ausschließlich die Erhebung der Fehlbelegungsabgabe betrifft, die in der Gesetz gewordenen Fassung die Inhaber von Eigenheimen und Eigentumswohnungen nicht mehr berührt. Unterartikel 2 bis 4 enthalten im wesentlichen die vom Bundesrat und der CDU/CSU Bundestagsfraktion eingebrachten Gesetzentwürfe zu einem Wohnungsbauänderungsgesetz 1981, namentlich also die Ermächtigungen der Länder, die Zinsen auf 8

---

[52] *Kohlenbach,* AFWoG, D 8.

[53] BT-Drs. 9/1140.

bzw. 6 % für die Förderungsjahrgänge bis 1959 bzw. die Förderungsjahrgänge von 1960 bis 1970 anzuheben. Hiervon sind auch die Eigentümer von Eigenheimen und Eigentumswohnungen betroffen.

Der Sinn der Verknüpfung beider Entwürfe ist es, die gröbsten Ungereimtheiten im Bereich der Förderung von Sozialwohnungen zu beseitigen. Durch die generelle Anhebung des Zinssatzes auf das Marktniveau erschien für den Eigenheimbereich das Problem der Fehlsubventionierung als schrittweise gelöst. Aus diesem Grunde konnte die Fehlbelegungsabgabe auf die Inhaber von Mietwohnungen beschränkt werden, und zwar auf solche in Ballungszentren, weil die Untersuchungen ergeben hatten, daß die Subventionsvorteile im ländlichen Raum längst nicht in der Höhe wie in Ballungszentren vorhanden waren und durch die generellen Zinsanhebungen als im wesentlichen beseitigt erschienen[55].

Die Unterartikel 2 bis 4 sehen daher für den vor 1960 geförderten Bestand die Anhebung der Zinsen für öffentliche Baudarlehen bis auf 8 % vor, die im Mietwohnungsbereich etwa zu 4 %, im Eigenheimbereich zinslos gewährt worden waren (Unterartikel 2, § 18 a Abs. 2 WoBindG), sowie die Anhebung der Zinsen für die zwischen 1960 und 1970 geförderten Wohnungen auf 6 %, die bisher für in den Jahren 1960 bis 1962 geförderte Mietwohnungen durchschnittlich etwa 2 % betragen hatten, im Eigentumsbereich gar nicht erhoben wurden (Unterartikel 2b; § 18 a Abs. 2 WoBindG).

Die Verfassungsmäßigkeit des Gesetzes insgesamt war von seiner Verkündung an erheblichen Zweifeln ausgesetzt[56]. Sie beziehen sich zum einen auf das Zustandekommen des Gesetzes, weil hier ein in zweiter und dritter Lesung noch nicht beratenes Gesetz in ein Vermittlungsverfahren einbezogen worden war[56a], auf die Rechtskonstruktion der Ausgleichszahlung, auf die Zulässigkeit der Zinsanhebung über den vertraglich vereinbarten Zinssatz von 4 % hinaus – entgegen der Vorschrift des § 44 Abs. 3 II. WoBauG a.F.[57] – und schließlich verschiedene materiell-verfassungsrechtliche Bereiche speziell des AFWoG.

Die vorliegende Arbeit befaßt sich allein mit der Qualifikation der Fehlbelegungsabgabe. In diesem Rahmen ist daher nur das in Unterartikel 1 enthaltene Gesetz über den Abbau der Fehlsubventionierung im Wohnungswesen (AFWoG) von Belang. Sein wesentlicher Inhalt sei daher nachfolgend wiedergegeben:

---

[54] BGBl I, S. 1523.

[55] *Kohlenbach,* AFWoG, D 9.

[56] Vgl. die Nachweise bei *Kohlenbach,* BBauBl 1983, S. 13, Fn. 4, und *Ostendorf,* KStZ 1984, S. 101.

[56a] Zur Zulässigkeit vgl. BVerfG Beschl. v. 17.01.1984 – ZMR 1984, S. 271.

[57] i.d.F. der Bekanntmachung vom 30.07.1980.

§ 1
Ausgleichszahlung der Inhaber von Mietwohnungen

(1) Inhaber einer öffentlich geförderten Wohnung im Sinne des Wohnungsbindungsgesetzes haben vorbehaltlich des § 2 eine Ausgleichszahlung zu leisten, wenn

1. ihre Wohnung in einer Gemeinde liegt, die durch Rechtsverordnung nach Absatz 4 bestimmt ist, und
2. ihr Einkommen die Einkommensgrenze (§ 3) um mehr als 20 vom Hundert übersteigt.

Mehrere Inhaber derselben Wohnung sind Gesamtschuldner.

(3) Die Ausgleichszahlung beträgt monatlich je Quadratmeter Wohnfläche

1. 0,50 Deutsche Mark, wenn die Einkommensgrenze um mehr als 20 vom Hundert, jedoch nicht mehr als 35 vom Hundert überschritten wird,
2. 1,25 Deutsche Mark, wenn die Einkommensgrenze um mehr als 35 vom Hundert, jedoch nicht mehr als 50 vom Hundert überschritten wird,
3. 2,00 Deutsche Mark, wenn die Einkommensgrenze um mehr als 50 vom Hundert überschritten wird.

(4) Die Landesregierungen können durch Rechtsverordnung Gemeinden mit einer Einwohnerzahl von mehr als 300 000 sowie Gemeinden, die mit diesen einen zusammenhängenden Wirtschaftsraum bilden, bestimmen, wenn in diesen Gemeinden die Kostenmieten (§§ 8 bis 8 b des Wohnungsbindungsgesetzes) der überwiegenden Zahl der öffentlich geförderten Mietwohnungen die ortsüblichen Mieten vergleichbarer, nicht preisgebundener Mietwohnungen erheblich unterschreiten. Die Landesregierungen können durch Rechtsverordnung bestimmen, daß die Rechtsverordnungen nach Satz 1 von anderen Stellen zu erlassen sind.

§ 3
Einkommen, Einkommensgrenze

(1) Das Einkommen und die Einkommensgrenze bestimmen sich nach § 25 Abs. 1 und 2 des Zweiten Wohnungsbaugesetzes. Alle Personen, die die Wohnung nicht nur vorübergehend benutzen, sind zu berücksichtigen, soweit sich nicht aus § 1 Abs. 2 etwas anderes ergibt.

§ 4
Beginn der Ausgleichszahlungen, Leistungszeitraum

(1) Die Leistungspflicht beginnt

1. für Inhaber von Wohnungen, für die öffentliche Mittel vor dem 01. Januar 1955 bewilligt worden sind, am 1. Januar 1983,
2. für Inhaber von Wohnungen, für die öffentliche Mittel nach dem 31. Dezember 1954, jedoch vor dem 1. Januar 1963 bewilligt worden sind, am 1. Januar 1984,
3. für Inhaber von Wohnungen, für die öffentliche Mittel nach dem 31. Dezember 1962 bewilligt worden sind, am 1. Januar 1985.

(4) Die monatlichen Ausgleichszahlungen werden jeweils für die Dauer von drei Jahren festgesetzt (Leistungszeitraum). In den Fällen der Absätze 2 und 3 wird der Leistungszeitraum so festgesetzt, daß er mit dem Zeitpunkt endet, zu dem er auch bei anderen

Wohnungen der in Absatz 1 bezeichneten Jahrgangsgruppen endet. Eine erneute Überprüfung der Einkommensverhältnisse ist bis zum Beginn des letzten Jahres eines Leistungszeitraumes zulässig, wenn sich die zuständige Stelle die Überprüfung vorbehalten hat.

§ 6
Beschränkung der Ausgleichszahlungen

(1) Die Ausgleichszahlung ist auf Antrag zu beschränken auf den Unterschiedsbetrag zwischen dem für die Wohnung zulässigen Entgelt und dem für sie nach Absatz 2 geltenden Höchstbetrag. Der Antrag kann außer in den Fällen des § 7 Abs. 2 Nr. 4 nur bis zum Ablauf von sechs Monaten nach Zustellung des Leistungsbescheides gestellt werden.

(2) Als Höchstbetrag ist in Gemeinden, für die ein Mietspiegel im Sinne des Mietspiegelgesetzes[1] besteht, die Obergrenze der in dem Mietspiegel enthaltenen Mietzinsspanne für Wohnraum vergleichbarer Art, Größe, Ausstattung und Beschaffenheit in durchschnittlicher Lage zugrunde zu legen. In den übrigen Gemeinden werden die Höchstbeträge für die Wohnungen der einzelnen Jahrgangsgruppen (§ 4 Abs. 1) nach Gemeindegrößenklassen jeweils zu Beginn der Leistungszeiträume von den Landesregierungen durch Rechtsverordnung bestimmt. Dabei sind für die jeweiligen Gemeindegrößenklassen die bei Neuvermietung erzielbaren Entgelte für nicht preisgebundenen Wohnraum vergleichbarer Art, Größe und Ausstattung in durchschnittlicher Lage zugrunde zu legen. Gemeinden mit einem wesentlich von der maßgebenden Gemeindegrößenklasse abweichenden Mietniveau können der ihrem Mietniveau entsprechenden Gemeindegrößenklasse zugeordnet werden. Die Landesregierungen können durch Rechtsverordnung bestimmen, daß die Rechtsverordnungen nach Satz 2 von anderen Stellen zu erlassen sind.

§ 7
Wegfall und Minderung der Leistungspflicht

(1) Die Leistungspflicht erlischt, sobald

1. die Wohnung nicht mehr als öffentlich gefördert im Sinne des Wohnungsbindungsgesetzes gilt oder
2. keiner der Inhaber einer Wohnung diese mehr benutzt.

(2) Die Leistungspflicht ist auf Antrag mit Wirkung vom ersten Tag des auf den Antrag folgenden Kalendermonats an auf den Betrag herabzusetzen, der den Verhältnissen im Zeitpunkt des Antrags entspricht, wenn dieser Betrag niedriger ist, weil

1. das Einkommen die Einkommensgrenze nicht mehr überschreitet oder
2. das Einkommen sich um mehr als 15 vom Hundert verringert hat oder
3. die Zahl der Personen, die nicht nur vorübergehend zum Haushalt gehören, sich erhöht hat, oder
4. das für die Wohnung zulässige Entgelt ohne Betriebskosten, Zuschläge und Vergütungen sich um mehr als 20 vom Hundert erhöht hat. § 6 Abs. 3 Satz 1 gilt sinngemäß.

---

[1] Dieses Gesetz wurde nicht verabschiedet.

Der Antrag kann nur bis spätestens sechs Monate vor Ablauf des Leistungszeitraumes gestellt werden.

§ 8
Geltung für Bergarbeiterwohnungen

Dieses Gesetz ist auf Inhaber von Wohnungen, die nach dem Gesetz zur Förderung des Bergarbeiterwohnungsbaues im Kohlenbergbau gefördert worden sind, entsprechend anzuwenden, wenn der Wohnungsinhaber nicht wohnungsberechtigt im Sinne des § 4 Abs. 1 Buchstabe a, b oder c des genannten Gesetzes ist.

§ 9
Geltung für Wohnungen, die mit Wohnungsfürsorgemitteln gefördert worden sind

(1) Dieses Gesetz ist auf Inhaber von steuerbegünstigten oder freifinanzierten Wohnungen, die mit Wohnungsfürsorgemitteln im Sinne der §§ 87 a und 111 des Zweiten Wohnungsbaugesetzes gefördert worden sind, entsprechend anzuwenden, solange das Besetzungsrecht besteht. § 2 Abs. 1 Nr. 5 ist nicht anzuwenden.

(2) Liegen die Voraussetzungen für die Leistung einer Ausgleichszahlung bereits bei Ausübung des Besetzungsrechts vor, so ist die Ausgleichszahlung ab Bezug der Wohnung zu leisten.

(3) Steht die Nutzung der Wohnung in unmittelbarem Zusammenhang mit der Einstellung in den öffentlichen Dienst oder der Versetzung an den Dienstort, so wird der Wohnungsinhaber von der Ausgleichszahlung für die Dauer von drei Jahren seit dem Bezug der Wohnung freigestellt.

(4) In den Fällen der Absätze 2 und 3 sind abweichend von § 3 Abs. 2 Satz 1 die Verhältnisse sechs Monate vor Beginn der Leistungspflicht maßgebend.

§ 10
Zweckbestimmung der Ausgleichszahlungen

(1) Die zuständige Stelle hat die eingezogenen Ausgleichszahlungen an das Land abzuführen. Das Aufkommen aus den Ausgleichszahlungen ist laufend zur Förderung des Baues von Sozialwohnungen

1. in Gemeinden mit erhöhtem Wohnungsbedarf,
2. für kinderreiche Familien, junge Ehepaare, alleinstehende Elternteile mit Kindern, ältere Menschen und Schwerbehinderte

zu verwenden.

(2) Ausgleichszahlungen für Bergarbeiterwohnungen, die mit Treuhandmitteln gefördert worden sind, sind an die Treuhandstelle (§ 12 des Gesetzes zur Förderung des Bergarbeiterwohnungsbaues im Kohlenbergbau) abzuführen. Das Aufkommen ist Treuhandvermögen.

(3) In den Fällen des § 9 stehen die eingezogenen Ausgleichszahlungen dem Darlehens- oder Zuschußgeber zu. Sie sind zur Förderung von Wohnungen im Sinne der §§ 87 a und 111 des Zweiten Wohnungsbaugesetzes zu verwenden, soweit hierfür ein Bedarf besteht.

(4) Auf Ausgleichszahlungen für Wohnungen, die außer mit öffentlichen Mitteln mit Wohnungsfürsorgemitteln im Sinne der §§ 87 a und 111 des Zweiten Wohnungsbau-

gesetzes gefördert worden sind, findet Absatz 3 entsprechende Anwendung, wenn von den für die Wohnung gewährten Baudarlehen dem Betrage nach das Darlehen aus Wohnungsfürsorgemitteln überwiegt.

§ 11
Zuständige Stelle

Zuständige Stelle ist die Stelle, die von der Landesregierung bestimmt wird oder die nach Landesrecht zuständig ist. In den Fällen des § 9 obliegen die Aufgaben der zuständigen Stelle derjenigen Stelle, die das Besetzungsrecht ausübt, soweit nicht der Darlehens- oder Zuschußgeber eine andere Stelle bestimmt. Soweit das Besetzungsrecht von einer Stelle außerhalb der öffentlichen Verwaltung ausgeübt wird, nimmt sie bei der Durchführung dieses Gesetzes öffentliche Aufgaben wahr.

Unterartikel 5
Schlußvorschriften

§ 5
Inkrafttreten

Dieser Artikel tritt am 1. Januar 1982 in Kraft. § 16 a Abs. 1 des Wohnungsbindungsgesetzes (Unterartikel 2 Nr. 1) tritt am 1. Januar 1983 in Kraft. Unterartikel 1 tritt am 31. Dezember 1994 außer Kraft.

Die wenigen Paragraphen, in denen die gesetzliche Regelung niedergelegt ist, haben nichtsdestoweniger eine Fülle von verfassungsrechtlichen Fragestellungen aufgeworfen, die sich zum einen um die finanzverfassungsrechtliche Legitimation für die Erhebung der Ausgleichszahlung ranken, zum anderen vornehmlich die Verletzung des Gleichheitssatzes betreffen. Unter dem letzteren Gesichtspunkt sind die Regelungen zur Begrenzung der Abgabe auf Ballungsräume (§ 1 Abs. 4), der Ausschluß der Eigentümer aus der Abgabenregelung, die Nichteinbeziehung des sog. 2. Förderungsweges, andererseits die Einbeziehung der Bergarbeiterwohnungen und der Wohnungen des staatlichen Wohnungsfürsorgebereichs (§§ 8 und 9), schließlich die Ermächtigung der Landesregierungen in § 1 Abs. 4 erörtert worden, durch Rechtsverordnung die Abgabe in Gemeinden mit mehr als 300.000 Einwohnern einzuführen. Am ausführlichsten behandelt wurde jedoch bislang sowohl in der Rechtsprechung wie in der rechtswissenschaftlichen Literatur die rechtliche Qualifikation der Abgabe, die sowohl im Rahmen des § 80 Abs. 2 Nr. 1 VwGO wie auch der Art. 105 ff. GG relevant wird.

Die öffentlichen Abgaben wurden herkömmlicherweise eingeteilt in die Steuern auf der einen, die Gebühren und Beiträge auf der anderen Seite. Nach dem Inkrafttreten des Grundgesetzes hat sich zusätzlich ein weiterer Abgabenbegriff allmählich durchgesetzt, der der Sonderabgaben. Wie diese Abgabenart definiert wird, wird weiter unten ausführlich dargelegt werden; in diesem Zusammenhang mag der Hinweis genügen, daß Sonderabgaben weitgehend als Abgaben verstanden werden, die nicht der Erzielung von Einnahmen dienen, sondern der Einflußnahme des Staates auf die Wirtschafts- und Sozialgestaltung in ihren verschiedensten Erscheinungsformen[58]. Aus diesem Grunde werden sie einerseits nicht als öffentliche Abgaben im Sinne des § 80 Abs. 2 Nr. 1 VwGO angesehen[59], andererseits dem Steuerbegriff der Art. 105 ff. GG nicht unterworfen.

Innerhalb des Problemkreises der Fehlbelegungsabgabe ist nun bislang die Subsumtion unter jede der vier Abgabenformen vertreten worden.

Als Sonderabgabe wurde die Fehlbelegungsabgabe vornehmlich von der Rechtsprechung angesehen[60], in der rechtswissenschaftlichen Literatur bisher nur von Arndt[61], der sie als spezielle Variante dieser Abgabenart ansieht, nämlich als Ausgleichsabgabe, und von Henseler[62]. Das Schrifttum hat sie weitgehend als Beitrag oder beitragsähnliche Abgabe eingestuft[63]. Das Verwaltungsgericht Berlin[64] hat bei der Qualifikation offengelassen, ob es sich um eine beitragsähnliche oder um eine der Benutzungsgebühr ähnliche Geldleistung handele. Unter dem Steuerbegriff schließlich hat Klein[65] die Abgabe subsumiert.

Die hier zu Tage tretende Rechtsunsicherheit bei dem bloßen Versuch, einen Abgabentatbestand unter eine – oberflächlich betrachtet – gängige und hergebrachte Begrifflichkeit einzuordnen, ist, nachdem vor allem die Sonderabgabenproblematik Anregungen für eine Fülle von wissenschaftlichen Beiträgen ergeben hat und das Bundesverfassungsgericht in seinem Urteil über die Berufsausbildungsabgabe[66] eine deutliche Grenzlinie für legislativen Erfindungsreichtum ziehen wollte, verwunderlich. Der Eindruck wird noch verstärkt durch die zaghafte Wortwahl der jeweiligen Verfasser oder Gerichte, die die Abgabe nicht als Gebühr oder Beitrag einordnen, sondern sie als „eine der Benutzungsgebühr ähnliche Geldleistung“[67], als „vorzugslastenähnlich“[68] oder als „beitragsähnlich“[69] sehen. Namentlich das letztere Adjektiv wird und wurde auch in zahl-

---

[58] So sind sie jedenfalls wohl in der bisherigen Diskussion um die Fehlbelegungsabgabe aufgefaßt worden: OVG Münster, BBauBl 1984, S. 351 und 354; VG Berlin, DVBl 1983, S. 956; VG Gelsenkirchen, NJW 1985, S. 79 ff.; VG Düsseldorf, Beschl. v. 11.06.1985 – 14 K 1084/85 –, S. 11; *Arndt,* Steuern, Sonderabgaben und Zwangsanleihen, S. 73 ff.

[59] OVG Münster, a.a.O.; OVG Lüneburg, DVBl 1983, S. 948 zur Ausgleichsabgabe nach dem StBauFG; Hessischer VGH, DVBl 1983, S. 949 zur Abwasserabgabe.

[60] OVG Münster, a.a.O.; VG Köln, WM 1983, S. 354; VG Gelsenkirchen, NJW 1985, S. 79; VG Arnsberg, Urt. v. 19.12.1984 – 2 K 1702/84 –; VG Düsseldorf, Beschl. v. 11.06.1985 – 14 K 1084/85 –, S. 19.

[61] Steuern, Sonderabgaben und Zwangsanleihen, S. 75.

[62] Begriffsmerkmale und Legitimation von Sonderabgaben, S. 82.

[63] *Dyong,* AFWoG § 1 Anm. 6; *Kohlenbach,* AFWoG Einf., D 11; *Otter,* ZfGW Bay 1982, S. 161.

[64] DVBl 1983, S. 956.

[65] DStR 1981, S. 275, 281; derselbe, Blätter für Steuerrecht 1981, S. 61, 64.

[66] BVerfGE 55, 274.

[67] VG Berlin, a.a.O.

[68] *Henseler,* Sonderabgaben.

[69] VG Berlin, a.a.O.; *Kohlenbach,* AFWoG Einf., D 11; *Dyong,* AFWoG § 1 Anm. 6.

reichen anderen abgaberechtlichen Zusammenhängen gebraucht[70]. Eine Erklärung des Begriffs der Sonderabgaben wird nicht gegeben, die Sonderabgaben werden vielmehr negativ definiert als Abgaben, „die weder sogenannte Vorzugslasten (Gebühren oder Beiträge) noch Steuern sind[71] oder nur beispielhaft umrissen: „Für Geldleistungspflichten von der Art, wie sie im Beschluß des Gerichts vom 26. November 1965 behandelt werden und wie sie auch Gegenstand des vorliegenden Verfahrens sind, hat sich im Anschluß an die einschlägige Rechtsprechung des Bundesverfassungsgerichts ... die Bezeichnung „Sonderabgabe" durchgesetzt."[72] Ganz deutlich hat das Verwaltungsgericht Düsseldorf in seinem Vorlagebeschluß vom 11.06.1985 - 14 K 1084/85 - auf die mangelhafte Aufbereitung in Rechtsprechung und Literatur hingewiesen: Obgleich sich die Rechtsprechung, insbesondere das Bundesverfassungsgericht in diversen Entscheidungen mit Abgaben beschäftigt habe, deren Einordnung in die übernommene Trias Steuern, Gebühren, Beiträge fragwürdig gewesen sei, erscheine der Sonderabgabenbegriff immer noch nicht hinreichend geklärt[73].

Angesichts dieser Situation erscheint es erforderlich, nochmals auf die Sonderabgabenproblematik einzugehen, jedoch nicht isoliert oder in mehr oder weniger einseitiger Abgrenzung zur Steuer, wie es bislang vorwiegend praktiziert wurde, sondern unter Herausarbeitung des Gebühren- und vor allem des Beitragsbegriffs - also dessen, was im allgemeinen unter „Entgelt- oder Gegenleistungsabgabe" verstanden wird - und die Beziehung dieser Abgaben zu den Sonderabgaben. Dadurch soll gleichzeitig geklärt werden, welche Merkmale eine Abgabe als den Beiträgen oder Gebühren ähnlich erscheinen läßt und vor allem, was sie im einzelnen von Gebühren oder Beiträgen unterscheidet, letzteres eine Frage, über die bislang noch keiner, der eine Beitragsähnlichkeit konstatierte, Feststellungen getroffen hat. Im Ergebnis wird die Untersuchung so auch zu einer Verdeutlichung der Grenze zwischen Steuern und nichtsteuerlichen Abgaben beitragen und damit zu einer weiteren Klarstellung des verfassungsrechtlichen Steuerbegriffs, diesmal von dem bis heute wissenschaftlich nur wenig aufbereiteten negativen Merkmal der „Gegenleistungslosigkeit" der Steuer (§ 3 AO) her. Von diesem Begriff hängt schließlich, zumindest wegen Art. 108 GG, die finanzverfassungsrechtliche Zulässigkeit der Fehlbelegungsabgabe ab, welche abschließend in ihren drei Variationen (öffentlich geförderter Wohnungsbau, Bergarbeiterwohnungen, Wohnungsfürsorge) an den gefundenen Begriffen gemessen wird.

---

[70] *Selmer,* Steuerinterventionismus und Verfassungsrecht, S. 200 zum § 12 Milch- und Fettgesetz (MuFG); BVerwGE 45 1 zur Filmförderungsabgabe; BVerfGE 55 274 (316) zur Berufsausbildungsabgabe; BVerfGE 18 247 zur Mehrwertabgabe nach dem AufbauG NW; BVerfGE 37 1 zur Weinwirtschaftsabgabe; Maunz, GG, Art. 105, Rdn. 14 zu Kammerbeiträgen und Verbandslasten; *Strauß,* Ausgleichseinrichtungen, S. 295 Fn. 3.

[71] VG Gelsenkirchen, NJW 1985, S. 79.

[72] OVG Münster, BBauBl 1984, S. 354.

[73] VG Düsseldorf, a.a.O., S. 11.

Zweiter Teil

Die Fehlbelegungsabgabe im System der öffentlichen Abgaben

1. Abschnitt

Der verfassungsrechtliche Steuerbegriff im Lichte der Gegenleistungsproblematik

A. Der Stand der rechtswissenschaftlichen Diskussion um die Abgrenzung der Steuer von den nichtsteuerlichen öffentlichen Abgaben

I. Die Steuer

Der Begriff der Steuer hat verfassungsrechtliche Qualität mit seiner Verwendung durch das Grundgesetz in Art. 105 ff. erhalten. Diese finanzverfassungsrechtlichen Normen regeln die Gesetzgebungs-, Ertrags- und Verwaltungszuständigkeiten für Abgaben, die als Steuern zu qualifizieren sind. Sie sollen eine Finanzordnung sicherstellen, die gewährleistet, daß Bund und Länder so ausgestattet werden, daß sie die zur Wahrnehmung ihrer Aufgaben erforderlichen Ausgaben leisten können[1] und die föderative Machtbalance zwischen Gliedstaaten und Gesamtstaat nicht angetastet wird. Dazu ist es unabdingbar, die finanzverfassungsrechtlichen Zuständigkeitsbereiche strikt zu beachten; weder Bund noch Länder können kraft ihrer Autonomie über die im Grundgesetz festgelegten Kompetenzen verfügen[2]. In diesem Zusammenhang kommt dem Steuerbegriff daher eine überragende Bedeutung zu, die es notwendig macht, Steuern und außersteuerliche Abgaben eindeutig voneinander abzugrenzen. Andernfalls könnte der Gesetzgeber unter Berufung auf seine Kompetenz aus Art. 73 ff. Abgaben einführen, die in Wahrheit Steuercharakter tragen, und damit die besonderen Gesetzgebungs-, Ertrags- und Verwaltungszuständigkeiten der Finanzverfassung umgehen[3].

Das Grundgesetz definiert den Begriff der Steuer nicht, sondern setzt ihn voraus. Nach nahezu einhelliger Auffassung verwendet es aber den Begriff in Anknüpfung an § 1 Abs. 1 RAO „als einer seit Jahrzehnten eingebürgerten Begriffsbestimmung des Gemeindeutschen Steuerrechts“[4]. § 1 RAO definierte Steuern als

---

[1] BVerfGE 32, 333 (338); E 55 274 (300).

[2] BVerfGE 55 274 (301).

[3] BVerfGE 55 274 (304).

[4] BVerfGE 3, 407 (435); 4, 7 (13); 7, 244 (251); 29, 402 (408); 38, 61 (79); 49, 343 (353); 55, 274 (299); *Maunz* in: Maunz / Dürig / Herzog, GG, Art. 105 Rdn. 2; Hübschmann / Hepp / Spitaler, AO, § 3 Rdn. 14.

„einmalige oder laufende Geldleistungen, die nicht eine Gegenleistung für eine besondere Leistung darstellen und von einem öffentlich rechtlichen Gemeinwesen zur Erzielung von Einkünften allen auferlegt werden, bei denen der Tatbestand zutrifft, an den das Gesetz die Leistungspflicht knüpft. Zölle fallen darunter; nicht darunter fallen Gebühren für besondere Inanspruchnahme der Verwaltung und Beiträge (Vorzugslasten)“[5]. An die Stelle dieser Vorschrift ist heute § 3 AO 77[6] getreten. Die Neuregelung hat inhaltlich keine Änderung gegenüber § 1 RAO gebracht, teilweise war sie lediglich redaktioneller Art, teilweise bewirkte sie eine Anpassung an die Rechtsprechung des Bundesverfassungsgerichts insoweit, als klar gestellt wurde, daß der Einnahmeerzielungszweck auch bloßer Nebenzweck eines Steuergesetzes sein kann[7].

Ob mit dieser Rezeption durch das Grundgesetz der einfachgesetzliche Begriff des § 1 RAO zu Verfassungsrecht erstarkte[8] oder zu Verfassungsgewohnheitsrecht wurde[9] mit der Folge, daß er nur mit der Mehrheit des Art. 79 Abs. 2 GG zu ändern ist, oder ob er lediglich eine Auslegungshilfe darstellt[10], kann im Rahmen dieser Arbeit dahinstehen. Nahezu einhellige Meinung ist jedenfalls, daß das Grundgesetz an den in § 1 RAO niedergelegten Steuerbegriff anknüpft.

1. Von einem öffentlich-rechtlichen Gemeinwesen auferlegte Geldleistung

Danach ist zunächst Voraussetzung einer Steuer, daß es sich um eine von einem öffentlich-rechtlichen Gemeinwesen hoheitlich auferlegte Geldleistung handelt.

Umstritten ist in diesem Zusammenhang insbesondere, ob der Steuerbegriff voraussetze, daß das Aufkommen einem nach Art. 106 GG ertragsberechtigten Gemeinwesen zufließe, mit der Folge, daß nur Abgaben, die dem Bund (Art. 106 Abs. 1 und 3 GG), den Ländern (Art. 106 Abs. 2 und 3 GG; Art. 107 Abs. 1 GG) und den Gemeinden und Gemeindeverbänden (Art. 106 Abs. 3, 5 und 7 GG) zufließen, als Steuern anzusprechen wären. Dasselbe gilt für den Sonderfall der öffentlich-rechtlichen Religionsgesellschaften (Art. 140 GG i.V.m. Art. 137 Abs. 6 WRV). Die Vertreter dieser Ansicht[11] begründen ihre Meinung im wesent-

[5] G. v. 13.12.1919, RGBl S. 1993.

[6] G. v. 16.03.1976, BGBl I, S. 613.

[7] *Maunz* in: Maunz/Düring/Herzog, GG, Art. 105 Rdn. 2; *Tipke/Kruse,* AO, § 3 Tz 2; Hübschmann/Hepp/Spitaler, AO, § 3 Rdn. 16.

[8] *Wacke,* StbJb 1966/67, S. 88; *Müller,* BB 1970, S. 1108 f.; *Mattern,* BB 1970, S. 1406.

[9] *Tipke/Kruse,* AO, 7. Aufl., § 1 A 1; *Bopp,* Feuerwehrabgabe, S. 213 ff.

[10] *Vogel/Walter,* BK, Art. 105, Rdn. 33; *Starck,* Festschrift Wacke, S. 108; *Knies,* Steuerzweck und Steuerbegriff, S. 45 ff.; *Richter,* Zur Verfassungsmäßigkeit von Sonderabgaben, S. 19.

[11] *Vogel/Walter,* BK, Art. 105, Rdn. 38 f.; *Mußgnug,* Festschrift für Forsthoff, S. 273; *Brodersen,* Festschrift für Wacke, S. 108; *Lerche,* Fernsehabgabe und Bundeskompetenz, S. 25 ff.; Hübschmann/Hepp/Spitaler, AO, § 3 Rdn. 25; *Richter,* Zur Verfassungsmäßigkeit von Sonderabgaben, S. 25; *Bodenheim,* Der Zweck der Steuer, S. 308 f.

lichen damit, daß es wegen des besonderen Vorrangs der Steuerertragsverteilung keine Steuern geben könne, die nicht einem der in Art. 106 genannten Gemeinwesen zugewiesen seien. Die gegenteilige Auffassung[12] hält dem entgegen, daß diese Verengung des Steuerbegriffs weder in der AO noch in der früheren RAO eine Stütze finde; sie verlasse die hergebrachte Begriffsbildung der Finanzwissenschaft. Vor allem aber würde die Zugrundelegung eines solchen engen Steuerbegriffs es den Gesetzgebern ermöglichen, mit der Zuweisung der Ertragshoheit an nicht in Art. 106 genannte juristische Personen der mittelbaren Staatsverwaltung die besonderen Regelungen der Art. 105 ff. GG, insbesondere des Art. 106 GG zu umgehen, indem sie durch Verneinung der Steuereigenschaft einer Abgabe bewirkten, daß die speziell für die Steuern geltenden Regelungen der Finanzverfassung nicht Platz greifen könnten.

Diesen weiten Steuerbegriff hat auch die finanzwissenschaftliche Literatur seit jeher vertreten, die der Frage der Ertragsberechtigung in ihrer Definition der Steuer keinerlei Bedeutung zumißt[13].

2. *Zur Erzielung von Einnahmen*

Weitere Voraussetzung des Steuerbegriffs ist, daß es sich um Geldleistungen handelt, die zur Erzielung von Einnahmen auferlegt werden.

Dieses Merkmal, das von seiner Einführung durch Enno Becker in der Reichsabgabenordnung von 1919 an einer Vielzahl von Deutungen und Mißdeutungen[14] ausgesetzt war und in der Rechtswissenschaft als mißverständlich, nicht ganz einwandfrei, überflüssig oder falsch und wenig geglückt gewertet wurde[15], war ursprünglich dazu gedacht, Zwangsgelder und Geldstrafen, also alle Ungehorsamsfolgen, von der Steuer abzusetzen[16].

Das Merkmal wurde in der Folgezeit und namentlich auch im nachkonstitutionellen Schrifttum in den Dienst einer Auffassung gestellt, die die Zulässigkeit von nicht primär der Finanzierung von Staatsaufgaben dienenden Steuern bezweifelte[17]. Damit war die Frage der Zulässigkeit interventionistischer Steuergesetzgebung angesprochen, d.h. des gestaltenden und lenkenden Eingreifens des Staates in das Wirtschafts- und Sozialleben durch Steuern.

---

[12] *Maunz* in: Maunz/Dürig/Herzog, GG, Art. 105 Rdn. 4; *Selmer*, Steuerinterventionismus und Verfassungsrecht, S. 192; *Isensee*, Umverteilung durch Sozialversicherungsbeiträge, S. 38; *Tipke/Kruse*, AO § 3 Tz 8; *Beckmann*, Verfassungsrechtsfragen im Grenzbereich zwischen Steuern und besonderen Abgaben, S. 28 ff.; RFHE 33, 18 (22 f., 26).

[13] Nachweise bei *Richter*, Zur Verfassungsmäßigkeit von Sonderabgaben, S. 20 Fn. 22.

[14] *Selmer*, Steuerinterventionismus, S. 111.

[15] Nachweise bei *Selmer*, Steuerinterventionismus und Verfassungsrecht, S. 112.

[16] *Enno Becker*, RAO, § 1 Bem. 6 b.

[17] *Stähler*, Beitrag zur Abgrenzung des Steuerbegriffs, S. 97, 100; *Friedrich Klein*, StuW 1966, S. 482; *Kruse*, Steuerrecht I, S. 18 und 39; *E. R. Huber*, Wirtschaftsverwaltungsrecht II, S. 22.

Die „Bepackung" von Steuergesetzen mit außerfiskalischen Motiven war bereits zum Inkrafttreten der Reichsabgabenordnung nicht außergewöhnliches. Der überkommenen politischen Philosophie der damaligen Zeit, dem ökonomischen Liberalismus des 19. Jahrhunderts, haben solche Ziele allerdings durchaus nicht entsprochen. Dieser hatte als Zielrichtung der Steuer allein die Deckung des allgemeinen Finanzbedarfs des Staates anerkannt[18], eine Sicht, die sich konsequenterweise aus der liberalistischen Staatsauffassung ergab, nach der sich der Staat darauf zu beschränken hatte, das freie Spiel der wirtschaftlichen Kräfte gegen Störungen zu schützen. Dieser Standpunkt ist wohl immer blaße Theorie geblieben[19]. Die Steuern sind seit jeher zu Zwecken staatlicher Interventionstätigkeit instrumentalisiert worden, man denke nur an die Luxussteuern, Hundesteuern, Brandweinsteuern, Zölle, alle Arten von Verbrauchsteuern oder die als „Erdrosselungssteuer" bekannt gewordene Nachtigallensteuer der Stadt Potsdam[20].

Zuzugeben ist allerdings, daß gegenüber diesen vereinzelten Fällen der staatliche Interventionismus heute immer stärker von der Steuer als Instrument zur Regulierung gesellschaftlicher Abläufe Gebrauch macht; hierzu ist er nach dem Grundgesetz aber nicht nur berechtigt, sondern geradezu verpflichtet. Das beruht einmal auf dem Sozialstaatsgebot des Art. 20, zum andern auf den in Art. 109 niedergelegten Grundsätzen der Finanzwirtschaft. Art. 109 Abs. 2 schreibt eine Haushaltswirtschaft vor, die den Erfordernissen des gesamtwirtschaftlichen Gleichgewichts Rechnung trägt, Art. 109 Abs. 3 eine konjunkturgerechte Haushaltswirtschaft. Damit gibt Art. 109 GG Grundsätze auch für die Steuergesetzgebung vor[21].

Diese Auffassung wird heute allgemein geteilt. Das Bundesverfassungsgericht hat in ständiger Rechtsprechung nicht nur die Möglichkeit interventionistischer Steuergesetzgebung bejaht, sondern in verschiedenen Entscheidungen betont, der verfassungsrechtliche Steuerbegriff habe der Notwendigkeit Rechnung zu tragen, daß die Steuer in der modernen Industriegesellschaft zwangsläufig auch zum zentralen Lenkungsinstrument aktiver staatlicher Wirtschafts- und Gesellschaftspolitik geworden sei, wobei der Zweck, Einkünfte für die Bestreitung allgemeiner Staatsaufgaben zu erzielen, sogar als Nebenzweck nicht selten völlig in den Hintergrund trete[22]. Schließlich hat die Neufassung des Steuerbegriffs in § 3 AO 77 einfach-gesetzlich klargestellt, daß die Erzielung von Einnahmen Nebenzweck sein kann. Die Diskussion um die Zulässigkeit außerfiskalischer Zwecke

---

[18] *Neumark*, Grundsätze und Arten der Haushaltsführung und Finanzbedarfsdeckung, in: Handbuch der Finanzwissenschaft, 1. Band, 2. Auflage, S. 606 ff.

[19] *Bodenheim*, S. 130 ff.

[20] Beispiele bei *Bodenheim*, S. 130 ff., 140.

[21] *Starck*, Festschrift für Wacke, S. 204.

[22] BVerfGE 55, 274 (299).

in Steuergesetzen kann daher heute als endgültig zu den Akten gelegt angesehen werden[23].

Vor allem aber wurde und wird das Merkmal des Einnahmeerzielungszwecks zur Abgrenzung der Steuern von den sogenannten Sonderabgaben gebraucht: einmal in der Form, daß bestimmte Abgaben, die ersichtlich bezwecken, die Erfüllung des Steuertatbestandes praktisch unmöglich zu machen, also die Erzielung von Einnahmen geradezu zu verhindern[24] (Abgaben mit „erdrosselnder Wirkung"), oder rückzahlbare Abgaben wie der Konjunkturzuschlag[25] aus dem Steuerbegriff ausgegrenzt werden; zum andern dient es dazu, das bereits oben erwähnte[26], dort aber aus Art. 106 hergeleitete Delegationsverbot der Ertragsberechtigung an Träger mittelbarer Staatsverwaltung, wie öffentlich-rechtliche Körperschaften und selbständige wie unselbständige öffentlich-rechtliche Anstalten oder Sonderfonds zu begründen[27]. Da solche Abgaben nicht in den allgemeinen Haushalt fließen, sondern zweckgebunden einem Fondsvermögen zugeführt werden, sollen sie nicht der Erzielung von Einnahmen dienen.

Eine besondere Variante dieser Argumentation ist die „Haupt-/Nebenzwecktheorie". Es geht dabei um die Frage, ob eine Abgabe „zur Erzielung von Einnahmen" auferlegt sei, wenn der Finanzierungszweck nur Nebenmotiv des Gesetzgebers ist und die Abgabe primär unter außerfiskalischen Zielsetzungen geschaffen wurde[28].

3. Keine Gegenleistung für eine besondere Leistung

Schließlich ist Voraussetzung des Steuerbegriffs, daß die Abgabe nicht als Gegenleistung für eine besondere Leistung des Staates auferlegt wird. Als solche Abgaben sind seit jeher die Gebühren und die Beiträge bekannt.

Die Gebühren werden gemeinhin unterschieden in Gebühren für Amtshandlungen und sonstige Tätigkeiten der Verwaltung (Verwaltungsgebühren) sowie

[23] Zum Ganzen: *Friauf,* Verfassungsrechtliche Grenzen der Wirtschaftslenkung und Sozialgestaltung durch Steuergesetze, S. 25 ff.

[24] BVerfGE 16 160; 29 33; 31 23; 32 85; *Maunz* in: Maunz/Dürig/Herzog, Art. 105 Rdn. 9; *Vogel/Walter,* BK, Art. 105 Rdn. 52.

[25] G. v. 23.07.1970, BGBl I, S. 1123.

[26] A I 1.

[27] *Bühler/Strickrodt,* Steuerrecht, Band 1, 1. Halbband, S. 60 f.; *Tipke/Kruse,* AO, 7. Aufl., § 1 A 7; *E. R. Huber,* Wirtschaftsverwaltungsrecht, Band 2, S. 235; *Mattern,* BB 1970, S. 1405.

[28] BVerfGE 8 274; 11 105; 18 315; BVerfG JR 1974 345 ff.; BVerwGE 6 134; *Weber,* Die Dienst- und Leistungspflichten der Deutschen, S. 82, 88; *Hildegard Krüger,* StRK – Anm. BefStG 1955, § 11, S. 5; *Tipke/Kruse,* AO, § 3 Tz 9; *Stähler,* Beitrag zur Abgrenzung des Steuerbegriffs, S. 98 f.; *Mattern,* BB 1970, S. 1411; gegen die Nebenzwecktheorie: BVerfGE 16 147 (161); 30 250 (264); 36 66 (70); *Selmer,* Steuerinterventionismus und Verfassungsrecht, S. 94 ff., 167 ff.; *Bopp,* Feuerwehrabgabe, S. 58 ff.; *Bodenheim,* Der Zweck der Steuer, S. 239 m.w.N.

Gebühren für die Inanspruchnahme öffentlicher Einrichtungen und Anlagen (Benutzungsgebühren).

Als Beiträge werden allgemein Abgaben klassifiziert, die den Pflichtigen als Gegenleistung für die Einräumung eines besonderen Vorteils auferlegt werden[29]. Man unterscheidet dabei die sogenannten „finanzrechtlichen" oder „echten" Beiträge, die in der Tradition des § 9 des Preussischen Kommunalabgabengesetzes vom 14.07.1893[30] die besonderen wirtschaftlichen Vorteile abgelten, die den Pflichtigen durch öffentliche Einrichtungen oder Veranstaltungen erwachsen, die Verbandslasten und Kammerbeiträge sowie die Sozialversicherungsbeiträge. Die Verbandslasten und Kammerbeiträge sind Beiträge, die innerhalb eines korporativ organisierten öffentlich-rechtlichen Zwangsverbandes von deren Mitgliedern gezahlt werden. Die Besonderheit der Sozialversicherung liegt darin, daß sie nicht nur die dem Versicherungsschutz unterliegenden Arbeitnehmer zu Beiträgen heranzieht, sondern auch die Arbeitgeber.

In der Literatur sind neuerdings vereinzelt Versuche gemacht worden, auch einige Sonderabgaben unter dieses Merkmal zu subsumieren und hierdurch von der Steuer abzugrenzen[31].

II. Gebühren und Beiträge

1. Die Gebühr

Die Gebühr wird herkömmlicherweise als Gegenleistung für eine besondere Inanspruchnahme oder Leistung der öffentlichen Verwaltung definiert[32]. Unterschieden werden dabei Gebühren für Amtshandlungen oder sonstige Tätigkeiten der Verwaltung (Verwaltungsgebühren) und Gebühren für die Inanspruchnahme öffentlicher Einrichtungen und Anlagen (Benutzungsgebühren)[33]. Die Rechtfertigung dieser Abgaben rankt sich um zwei Prinzipien, das Nutzen- und das Kostenprinzip – in moderner Terminologie das Äquivalenz- und das Kostendeckungsprinzip.

Die früher vornehmlich in der finanz-, aber auch in der rechtswissenschaftlichen Theorie geführte Diskussion zerfiel in zwei Lager. Ein Teil des Schrifttums sah in den Gebühren das Entgelt, den Preis für die gewährte öffentliche Leistung

---

[29] BVerfGE 7 244 (255); *Wolff/Bachof,* Verwaltungsrecht I, § 42 II a.

[30] GS S. 152.

[31] *Beckmann,* Verfassungsrechtsfragen im Grenzbereich zwischen Steuern und besonderen Abgaben, S. 58 ff.; *Maunz* in: Maunz/Dürig/Herzog, GG, Art. 105, Rdn. 12-20; *Henseler,* Begriffsmerkmale und Legitimation von Sonderabgaben, S. 79 ff.

[32] *Wendt,* Die Gebühr als Lenkungsmittel, S. 47 mit umfassendem Literatur- und Rechtsprechungsüberblick; zu den einzelnen Varianten der Begriffsbestimmung, die oft nur in Nuancen voneinander abweichen: *Wilke,* Gebührenrecht und Grundgesetz, S. 17 ff.

[33] So z.B. in § 4 II KAG NW i.d.F. vom 01.01.1975, GV NW, S. 12; § 4 I KAG SH, i.d.F. vom 17.03.1978, GVBl, S. 72.

und stellte daher für die Bemessung der Abgabe auf den Wert oder Nutzen für den Pflichtigen ab[34]. Zwischen Leistung und Gegenleistung müsse das richtige Verhältnis bestehen[35], ein gerechter Preis erzielt werden[36].

Für den anderen Teil sind es die Kosten der staatlichen Leistung, nach denen sich, zumindest als Obergrenze, die Gebührenhöhe zu bemessen hätte[37]. Für diese Autoren schlägt die Gebühr bei Überschreiten der Kostenschwelle in eine Steuer um. Das Wesen der Gebühr liegt nach ihnen in dem Ausgleich für eine verursachte Kostenprovokation[38]. Aus dem rein juristischen Schrifttum sind als Vertreter der Kostentheorie Fleiner[39] und Otto Mayer zu nennen, welcher bei den Gebühren nicht nur den „Zusammenhang mit der Nutzungsgebühr öffentlicher Anstalten" darstellte, sondern auch ihre Funktion als „Kostenerstattung ... wegen einer durch den Gebührenpflichtigen hervorgerufenen amtlichen Tätigkeit, die nicht darauf berechnet ist, ihm einen Dienst zu leisten[40]". Eine dritte Gruppe schließlich plädierte dafür, die Gebühren dem Steuerbegriff unterzuordnen und ihre Höhe nach der Leistungsfähigkeit zu bemessen[41]. Festzuhalten bleibt, daß sich allgemein anerkannte Prinzipien weder in der einen noch in der anderen Richtung herausgebildet haben. In derselben Weise haben auch die Gesetzgeber und die Rechtsprechung die Gebührenprinzipien behandelt, indem sie mal den Wert, mal die Kosten der Leistung, bisweilen auch beides, zur Grundlage der Gebührenbemessung machten[42].

Die dargestellte Aufteilung der Diskussion in zwei verschiedene Grundpositionen soll und kann nur die groben Linien skizzieren, entlang derer die Debatte sich bewegte. Die vielen feinen Verästelungen müssen der Klarheit der Darstellung wegen unberücksichtigt bleiben. Der Stand des gesamten finanz- und rechtswissenschaftlichen Gebührenbegriffsstreits verleitete aber Domschke zu einer Bemerkung, die wegen der Parallele zur heutigen Sonderabgabendiskussion zitierenswert erscheint: „Besonders kritisch liegen die Dinge hinsichtlich des Gebührenbegriffs ... Über sein ‚Wesen' ist bereits eine beachtliche Literatur geschrieben worden. Und doch ist man sich heute in den maßgeblichen Kreisen

---

[34] Einen umfassenden Überblick über die Vertreter der jeweiligen Theorie und die entsprechenden Fundstellen geben *Kreft*, Die begriffliche Abgrenzung von Steuer und Gebühr, S. 76-80 (Kostentheorie) und S. 72-76 (Äquivalenztheorie) und *Clausen*, Das gebührenrechtliche Kostendeckungsprinzip, S. 14-18.

[35] *Jellinek*, Verwaltungsrecht, S. 389.

[36] *Neumann*, Die Steuer und das öffentliche Interesse, S. 308.

[37] *Kreft*, Die begriffliche Abgrenzung von Steuer und Gebühr; *Clausen*, Kostendeckungsprinzip.

[38] Umpfenbach, Lehrbuch der Finanzwissenschaft I, S. 64 f.; *Wagner*, Finanzwissenschaft I, S. 487 f.

[39] Institutionen, S. 426.

[40] *O. Mayer*, Verwaltungsrecht II, S. 289 Fn. 9.

[41] v. Schall, Kleinwächter, Lotz; Übersicht bei *Clausen*, S. 18 f.

[42] *Clausen*, S. 23 f., S. 26 ff.

alles andere denn einig. Die Untersuchungen über das Problem des Gebührenbegriffs haben weniger zur Klärung, als vielmehr zu einer Verwirrung des Gesamtbildes geführt, weil die Lehrmeinungen sich nicht ablösten, sondern schismatisch häuften und mehr oder weniger mit dem Anspruch auf Alleingültigkeit nebeneinandertraten. Insofern ist die Lage des Gebührenproblems alles andere als befriedigend[43]."

In dieser Situation versuchten Strutz[44] und Moll[45] eine Synthese der gegensätzlichen Lehrmeinungen oder besser: ihren kleinsten gemeinsamen Nenner, die die Brücke zur heute üblichen Sicht dieses Begriffs schlägt. Sie sah weder den Nutzen des Betroffenen noch die Kostendeckung der staatlichen Veranstaltung für sich als Wesensmerkmal des Begriffs. Nur wenn die Abgabe in ihrer Höhe sowohl Kosten wie auch den Nutzen derart überstiegen, „daß ein so offenbares Mißverhältnis zwischen Leistung und Gegenleistung besteht, wie es dem die Abgabe auferlegenden Gemeinwesen nicht entgehen konnte[46]", entbehre sie des Charakters einer Gegenleistung für die Leistung der Verwaltung und diene nur als Anlaß für die Erhebung einer Steuer.

Heute haben sich beide Prinzipien in Rechtsprechung und dem weitaus überwiegenden Schrifftum nur noch als Relikte erhalten. Das Kostendeckungsprinzip wird allgemein nur noch als Veranschlagungsmaxime verstanden, die die Verwaltung verpflichtet, ihre Tarife so zu gestalten, daß die Kosten des betreffenden Verwaltungsweges (möglichst) nicht überschritten werden[47]. Ein Großteil der Rechtsprechung unter Führung des Bundesverwaltungsgerichts spricht gar dem Kostendeckungsprinzip jede Verbindlichkeit ab[48].

Vereinzelt sind im deutschen Schrifttum[49] Anregungen aus der Schweizer Finanzwissenschaft aufgegriffen worden, die für eine kostenüberschreitende Gebühr das Institut der „Gemengsteuer" kennt[50]. Kreft hat dafür den Begriff der „Gebührensteuer" eingeführt[51]. Die Versuche sind aber auf die deutsche Literatur ohne nennenswerten Einfluß geblieben.

---

[43] *Domschke,* Der Gebührenbegriff, S. 1.

[44] Gebühren, in: Handwörterbuch der Staatswissenschaft, Band IV, S. 624 f.

[45] Finanzwissenschaft, S. 130, 164 ff.

[46] *Strutz,* S. 625.

[47] *Clausen,* S. 51 mit umfassendem Literatur- und Rechtsprechungsnachweis; zusätzlich: *Auer,* Sonderabgaben, S. 38; *Zimmermann,* VerwArch 62, S. 21; *Voigt,* DVBl 1980, S. 986, der aber auf die Schweizerische „Kostenanlastungssteuer" verweist.

[48] *Clausen,* S. 54 m.w.N.

[49] *Kreft,* Die begriffliche Abgrenzung von Steuer und Gebühr, S. 46 ff.; *Voigt,* DVBl 1980, S. 986 ff.

[50] Vgl. *Blumenstein,* Die Rechtsordnung der öffentlichen Finanzwissenschaft, in: Handbuch der Finanzwissenschaft, 2. Auflage, Bd. I, S. 116 f.

[51] S. 46 ff.

Das Äquivalenzprinzip ist zu einer Spielart des allgemeinen Verhältnismäßigkeitssatzes geworden. Es will, ähnlich wie das Kostendeckungsprinzip, nur noch die offenkundig pathologischen, willkürlichen Fälle aus dem Gebührenbegriff ausscheiden[52] und besagt, daß die Gebühr in keinem Mißverhältnis zu der von der öffentlichen Gewalt gebotenen Leistung stehen dürfe[53]. Im einzelnen sind auch heute wieder viele Nuancen des facettenreichen Begriffs umstritten[54]. Als aufschlußreich ist an dieser Stelle nur eine Ähnlichkeit beider Prinzipien in ihrer von der heutigen Rechtsprechung und Rechtswissenschaft geprägten Gestalt, insofern zu konstatieren als sie in ihrer Ausgrenzung der *willkürlich, absichtlich* über Kosten oder Nutzen hinausgehenden Fälle einen gewissen subjektiven Einschlag erhalten haben. Große Relevanz für die Gebührenpraxis kommt heute wohl beiden Prinzipien nicht mehr zu.

Die moderne Rechtswissenschaft führt jedoch einen Streit aus, der einerseits wohl aus der Aporie der bisherigen Gebührenbegriffsdiskussion resultiert, zum anderen in der Notwendigkeit begründet ist, interventionistische, in das Wirtschafts- und Sozialleben regulierend eingreifende Zielsetzungen des Staates, wie bei den Steuern, so auch im Gebührenrecht zu erfassen. Es geht dabei um die Frage, ob nicht der bloße Begriff der Gebühr rein formaler Natur ist und jeder materiellen Komponente entbehrt. Vertreter dieser Auffassung sind Wilke[55], Kloepfer[56] und Bodenheim[57]. Wilke weist in seiner umfassenden Untersuchung nach, daß gemeinsames Merkmal aller Gebühren zunächst einmal die Tatsache ist, daß sie staatlichen Leistungen gegenüberstehen[58]. Diese können für den Gebührenschuldner vorteilhaft oder nachteilig sein; viele von ihnen sind provoziert, d.h. sie beruhen auf freiwilliger Inanspruchnahme, andere oktroyiert[59]. Die meisten knüpfen an eine Handlung des Pflichtigen an, aber selbst ein Unterlassen kann eine Gebühren- oder Beitragspflicht auslösen[60]. Wilke kommt zu dem überzeugenden Ergebnis, daß keines dieser in Literatur und Rechtsprechung vieldiskutierten Merkmale den Gebühren wesensimmanent ist.

Stattdessen ergäbe ihre Summe, die Gesamtschau, die richtige Lösung. Die Eigenart all dieser Leistungen erkennt Wilke im Anschluß an neuere finanzwissenschaftliche Theorien[61] in der Teilbarkeit oder individuellen Zurechenbarkeit

---

[52] *Kloepfer,* AöR 97, S. 254.

[53] BVerwGE 2 246 (249); 12 162 (166/169); 13 214 (222); 26 305 (309); nicht so ausgeprägt: BVerfGE 20 256 (269); *Auer,* Sonderabgaben, S. 40; *Wendt,* Die Gebühr als Lenkungsmittel, S. 74; *Wolff/Bachof,* Verwaltungsrecht I, § 42 II a.

[54] Dazu *Clausen,* S. 37 ff.; *Wilke,* Gebührenrecht und Grundgesetz, S. 244 ff.

[55] Gebührenrecht und GG, S. 283.

[56] AöR 97, S. 232 ff.

[57] Der Zweck der Steuer, S. 306 ff.

[58] Gebührenrecht und GG, S. 20.

[59] *Wilke,* Gebührenrecht und GG, S. 82.

[60] *Wilke,* Gebührenrecht und GG, S. 83.

[61] *Hansmeyer/Fürst,* Die Gebühren, S. 34 ff.; *Hedtkamp,* Finanzwissenschaft, S. 233.

der öffentlichen Leistung. Unteilbar sind danach solche Leistungen, die allen Staatsbürgern ausnahmslos zugute kommen, ohne daß ein Individuum oder ein bestimmter Kreis von Bürgern mit ihnen in engeren Kontakt treten *kann* als andere, z.B. die Pflege der auswärtigen Beziehungen, die Landesverteidigung u.ä. Solche Leistungen können wegen ihrer Eigenart nur durch Steuern finanziert werden. Teilbar sind alle Leistungen, die sich nicht allein auf das Gesamtkollektiv, sondern auf die Individuen beziehen[62]. Nur die letzteren können Anknüpfungspunkt für Gebührennormen sein. Daher „verlangen alle Gebührennormen, daß eine spezifische Beziehung zwischen der Leistung und dem Gebührenschuldner besteht, sei es, daß ihm die Leistung vorteilhaft oder nachteilig ist, sei es, daß die Leistung in seinem Interesse liegt oder von ihm veranlaßt ist, sei es, daß sie sich in anderer Weise auf ihn bezieht[63]“. Die individuelle Zurechenbarkeit oder Teilbarkeit ist das Kriterium, das somit mit den Adjektiven „besondere“[64], „bestimmte“[65], „spezielle“[66] oder „konkrete“[67] Leistung beschrieben wird.

Welche Leistung individuell zurechenbar ist und welche nicht, steht weitgehend in der Dispositionsfreiheit des Gesetzgebers. Er kann sich daher, zumal der größte Teil staatlicher Leistungen teilbar ist, einen erheblichen Teil seiner Staatsausgaben von den „Betroffenen“ bezahlen lassen. Die Grenze seines Ermessens liegt nach Wilke dort, wo keine spezifische Beziehung zwischen Leistung und Gebührenschuldner mehr erkennbar sei[68]. In dieser Einschätzung wird die Ähnlichkeit zu der von Strutz und Moll vertretenen Auffassung[69] evident. Die Gebühr dient dazu, die Kosten dieser Leistungen und damit einen speziellen Finanzbedarf zu decken[70]. Wilke definiert sie daher als eine – einseitig auferlegte – Abgabe, die an eine individuell zurechenbare öffentliche Leistung anknüpft und die Kosten dieser Leistung ganz oder teilweise decken soll[71]. Er bezeichnet seinen Begriff als formal, weil er lediglich auf die äußere Gestaltung der Abgabennorm abhebt: „Knüpft eine solche Norm an eine individuell zurechenbare Leistung an und macht sie zur Voraussetzung der Zahlungspflicht, handelt es sich bei der Abgabe um eine Gebühr: enthält der Abgabentatbestand

---

62 *Wilke,* Gebührenrecht und GG, S. 86; auf die Teilbarkeit von Leistungen wird weiter unten (A II 2. c) ausführlicher einzugehen sein.

63 *Wilke,* Gebührenrecht und GG, S. 86.

64 § 4 II KAG NW; BVerwGE 5 136 (141); BVerwGE 22 299 (305).

65 BVerfGE 18 392 (396); RFHE 19 169 (170).

66 pr. OVGE 31 53 (56).

67 BVerfGE 20 257 (269).

68 *Wilke,* Gebührenrecht und GG, S. 88; so auch Hübschmann/Hepp/Spitaler, AO, § 3 Rdn. 169.

69 S. o. Fn. 44 und 45.

70 *Wilke,* Gebührenrecht und GG, S. 50 m.w.N.

71 S. 89, 105.

dagegen keine öffentliche Leistung als pflichtenbegründendes Tatbestandsmerkmal, hat man eine Steuer vor sich[72]."

Dieses formale Verständnis der Gegenleistungsfunktion (§ 1 RAO) wird außer von den genannten Rechtswissenschaftlern[73] vornehmlich von der modernen Finanzwissenschaft geteilt, die den politisch-instrumentalen Charakter der Gebühr hervorhebt und die Untrennbarkeit jeder einseitig auferlegten öffentlichen Abgabe von dem politischen Ordnungswillen betont, weil der Umfang der Leistungserstellung dem Markt entrückt sei[74]. Das Bundesverfassungsgericht hat Wilkes Definition in seiner Entscheidung vom 06.02.1979[75] übernommen, in der es die Gebühren als öffentlich-rechtliche Geldleistungen bezeichnet, „die aus Anlaß individuell zurechenbarer öffentlicher Leistungen dem Gebührenschuldner auferlegt werden und dazu bestimmt sind, in Anknüpfung an diese Leistung deren Kosten ganz oder teilweise zu decken." Nun muß daraus nicht folgen, daß es damit auch einen rein formalen Gebührenbegriff vertritt, was zumindest Erstaunen auslösen müßte, da das Gericht für die Begriffsbestimmung der öffentlichen Abgaben in anderen Fällen regelmäßig auf das Wesen, die Idee und Funktion der betroffenen Abgabe abgestellt hat[76].

Auf dieser Ebene liegt auch seine Bemerkung, speziell die Kosten der individuell zurechenbaren öffentlichen Leistung zu decken, unterscheide die Gebühr regelmäßig von der Steuer. Es hat aber gleichzeitig festgestellt, die Verfassung fordere weder die Einhaltung des Kostendeckungsprinzips noch die Ausschließlichkeit der Einnahmeerzielung als gesetzgeberische Zielsetzung.

Die von Wilke unter dem Sammelbegriff der individuellen Zurechenbarkeit erfaßten Merkmale der staatlichen Leistung, deren Kosten die Gebühr finanzieren soll, werden heute in der rechts- und finanzwissenschaftlichen Literatur nicht mehr bestritten[77].

Zweifeln unterliegt aber Wilkes formale Verknüpfung der Geldleistungspflicht mit der öffentlichen Leistung, sein formaler Gegenleistungsbegriff, die Frage, ob Gebühren tatsächlich nur aus Anlaß einer staatlichen Leistung oder materiell als Entgelt für diese auferlegt werden, wobei aus dem jeweiligen Ergebnis Folgerungen für die zulässige Gebührenhöhe gezogen werden könnten. Aus-

---

[72] S. 283.

[73] Vgl. oben Fn. 55-57.

[74] *Hansmeyer / Fürst,* Die Gebühren, S. 31; *Zeitel,* Gebühren und Beiträge, in: Handwörterbuch der Wirtschaftswissenschaft, Band II, S. 348; *Hedtkamp,* Finanzwissenschaft, S. 233; *Neumark,* Festschrift für Stucken, S. 18; *Bohley,* Gebühren und Beiträge, in: Handbuch der Finanzwissenschaft, 3. Aufl., Bd. III, S. 922.

[75] BVerfGE 50 217 (226).

[76] BVerfGE 7 244 (254); 9 291 (297 f.); 18 315 (328); 55 274 (298); BVerfG NJW 1985, S. 37.

[77] Ausnahme: *Lehmann,* Kommunale Beitragserhebung, S. 7; faktisch, aber nicht ausdrücklich, auch *Henseler,* der die Gebühren zu den Vorzugslasten zählt, weil ihnen vorteilhafte staatliche Leistungen gegenüberstünden, S. 17.

drücklich gegen einen formalen Gegenleistungsbegriff gewandt haben sich Wendt[78] und Lehmann[79]. Lehmann vertritt einen sehr engen Entgeltbegriff und versteht als entgeltliche Leistungen nur vorteilhafte Leistungen, wie in der rechtswissenschaftlichen Literatur überhaupt neuerdings wieder ein Trend zu bestehen scheint, entgegen den Ergebnissen der gebührenrechtlichen Spezialliteratur – allerdings auch ohne eine widerlegende Begründung – den Vorteil als Konstituens gebührenpflichtiger Leistungen anzusehen[80].

Wendt begründet seine Ansicht mit dem historischen Befund der Rechtsinstitute Steuer und Gebühr, vor allem des Gegenleistungsbegriffs, welcher von jeher in einem rein materiellen Sinne diskutiert worden sei, und stützt sein Ergebnis mit einer systematisch-teleologischen Auslegung im Rahmen des Grundgesetzes, die ihn zu dem Schluß führt, daß das Grundgesetz die Gebühr als „ausgleichende" Gegenleistung verstehe[81]. Er folgert daraus allerdings nicht die Geltung eines „begrifflich schärfer umrissenen" Äquivalenzprinzips noch des Kostendeckungsprinzips: Nur ganz unverhältnismäßige Erhebungen könnten nicht mehr als ausgleichende Gegenleistung verstanden werden[82]. Damit lasse der Entgeltcharakter der Gebühr auch lenkende Zwecke in weitem Umfang zu. Im Ergebnis erscheint daher Wendts Auffassung von Wilkes Deduktion gar nicht so weit entfernt.

2. Der Beitrag

Nicht weniger schillernd als die Gebühr zeigt sich der Beitragsbegriff. Bereits im Jahre 1890 bemerkte von Reitzenstein, der Begriff habe weder in der Gesetzgebung noch in der Wissenschaft und Literatur eine hinreichend scharfe und feste Umgrenzung erhalten[83]. Die wissenschaftliche Entwicklung scheint seitdem zu stagnieren; dieser Schluß drängt sich jedenfalls auf, wenn man neben diese Äußerung die Ausführungen Wilkes[84] stellt: „Die einschlägige Rechtsprechung sowie das juristische, aber auch das finanzwissenschaftliche Schrifttum bieten hier ein Bild völliger Verwirrung. Aus ihnen läßt sich schwerlich entnehmen, wo die genaue Grenzlinie zwischen Gebühren und Beiträgen verlaufen soll. Jedoch beruhen diese Schwierigkeiten auf sachlichen Gründen und bestimmen die wissenschaftliche Durchdringung des Abgabenrechts, seitdem Friedrich J. Neu-

---

[78] Die Gebühr als Lenkungsmittel, S. 54 ff.

[79] Kommunale Beitragserhebung, S. 6 ff.

[80] So etwa *Henseler*, S. 17, 81; *Birk*, Das Leistungsfähigkeitsprinzip als Maßstab der Steuernormen, S. 87.

[81] S. 54 ff., S. 71 ff.

[82] S. 74.

[83] *Friedrich Freiherr von Reitzenstein*, Gemeindegebühren, in: Wörterbuch der Verwaltung, Bd. I, S. 504.

[84] Gebührenrecht und Grundgesetz, S. 121.

mann im Jahre 1874 den Beitrag erstmals als eine neben der Gebühr stehende besondere Abgabenart bezeichnet hat."

Neumann hatte die Beiträge definiert als „zur Gewinnung von Staats- und Gemeindeeinnahmen nach Maßgabe zuständlicher Verhältnisse angeordnete Zahlungen, soweit sie als Entgelte für spezielle Gegenleistungen des Staates und der Gemeinde von öffentlichem Interesse sind[85]". Von der Steuer grenzte er den Beitrag dadurch ab, daß seine Verwendung einzelnen bestimmte Vorteile verschaffe, von der Gebühr dadurch, daß sich die Gebühr „durch ein spezielleres, individuelleres Anpassen an die bezüglichen Verhältnisse" auszeichne[86].

Diese Abgrenzungen wurden in der Folgezeit als wenig überzeugend empfunden. Ein Teil der Finanzwissenschaft behandelte daher die Beiträge als Unterart der Gebühren[87].

Andere sahen bereits damals den Kollektivbezug dieser Abgaben als entscheidendes Merkmal, so etwa Gustav Cohn[88]: „Während nämlich bei dem ‚Preise' die Ausmessung des Einzelvorteils sich auf das einzelne Stück, die einzelne Quantität der Leistungen erstreckt, deren eine Menge und Mannigfaltigkeit durch dieselbe Veranstaltung hervorgebracht wird, sind die ‚Beiträge' das Mittel zur gemeinsamen Herstellung einer Veranstaltung, welche als Einheit den Mitgliedern zugute kommt."

a) Die Abgrenzung zur Steuer

Eine juristische Definition des Beitrags erbrachte erstmals das Preussische Kommunalabgabengesetz vom 14.07.1893[89]. § 9 des Gesetzes lautete: „Die Gemeinden können behufs Deckung der Kosten für die Herstellung und Unterhaltung von Veranstaltungen, welche durch das öffentliche Interesse erfordert werden, von denjenigen Grundeigentümern und Gewerbetreibenden, denen hierdurch besondere wirtschaftliche Vorteile erwachsen, Beiträge zu den Kosten der Veranstaltungen erheben. Die Beiträge sind nach den Vorteilen zu bemessen."

Heute setzen Rechtsprechung und Lehre diese kommunalen Beiträge zusammen mit den Erschließungsbeiträgen nach dem Bundesbaugesetz als sogenannte „echte" Beiträge deutlich von den übrigen als Beiträge bezeichneten Abgaben wie Verbandslasten, Kammerbeiträgen und Sozialversicherungsbeiträgen ab[90].

[85] *F. J. Neumann,* Die Steuer und das öffentliche Interesse, S. 557.

[86] *Neumann,* Die progressive Einkommensteuer im Staats- und Gemeindehaushalt, S. 209, Anm. 29 a.

[87] *Rau,* Grundsätze der Finanzwissenschaft, S. 105; *von Stein,* Lehrbuch der Finanzwissenschaft, S. 218; *Wagner,* Finanzwissenschaft, Teil II, S. 118; *von Schall,* in: Schönbergh's Handbuch der politischen Ökonomie, Bd. III 1, S. 141.

[88] System der Finanzwissenschaft, S. 118 ff.

[89] GS S. 152.

[90] *Wilke,* Gebührenrecht und GG, S. 120; *Maunz,* in: Maunz/Dürig/Herzog, GG, Art. 104 a, Rdn. 8; *Wolff/Bachof,* Verwaltungsrecht I, § 42 a II; *Eyben,* Die Abgabenform des Bei-

Man sieht die Besonderheit der „echten" Beiträge darin, daß sie, im Gegensatz zu vielen Verbands- oder Mitgliedsbeiträgen, einen besonderen Vorteil des Abgabepflichtigen voraussetzen, wohingegen die Beiträge „im weiteren Sinn" lediglich an die Verbands- oder Kammerzugehörigkeit des Abgabepflichtigen anknüpften. Die besondere Herausstellung der kommunalen Beiträge dürfte wohl auf die Legaldefinition in § 9 pr. KAG und die intensive Beschäftigung, die gerade diese Beitragsart durch die Rechtsprechung des preussischen Oberverwaltungsgerichts erfahren hat, zurückzuführen sein[91].

Ein großer Teil der vorkonstitutionellen rechtswissenschaftlichen Literatur sowie die Finanzwissenschaft hatten dagegen für ihre Begriffsbestimmungen nicht zwischen den einzelnen Beitragsarten unterschieden, sondern eine einheitliche Definition für den immerhin ja auch einheitlichen Begriff des Beitrags insgesamt versucht[92]. Einigkeit bestand bei allen Autoren, daß der Beitrag ähnlich wie die Gebühr ein Entgelt für eine staatliche Leistung sei und dazu diene, deren Kosten zu decken. Das gilt auch für die finanzwissenschaftlichen Autoren, die Beiträge als besondere Form der Gebühr[93], gebührenartig[94] oder als den Benutzungsgebühren gleich[95], ähnlich wie Wilke es heute wieder tut[96], angesehen haben. Allerdings wurde das besondere Verhältnis zwischen Beitragspflichtigen und Verwaltung, das jedem Beitrag zugrundeliegt, unterschiedlich dargestellt. So kennzeichnete Otto Mayer den Beitrag als „ein Entgelt dafür, daß der Einzelne am Bestande des öffentlichen Unternehmens besonders beteiligt erscheint"[97]. Fleiner[98] hat sich dieser Definition angeschlossen, sie aber noch dahingehend erläutert, daß als besonders beteiligt das Gesetz sowohl Personen betrachten könne, denen das öffentliche Unternehmen vermögensrechtliche Sondervorteile zuführt, wie Personen, denen das Gesetz aus sozialpolitischen Gründen ein besonderes Interesse an der Anstalt zuschreibe (Beiträge der Arbeitgeber an die Krankenkassen der Arbeiterversicherung). Auch Jellinek nimmt den Gedanken der besonderen Beteiligung an den Kosten einer Veranstaltung auf und führt weiter aus, man nenne die Beiträge auch Vorzugslasten oder Vorausleistungen[99]. Obwohl in der juristischen Literatur durch die Wortwahl der „besonderen Be-

---

trags, S. 51; *Selmer*, Steuerinterventionismus und Verfassungsrecht, S. 185 ff.; *Isensee*, Nichtsteuerliche Abgaben, S. 447 ff.

91 Vgl. *Eyben*, Die Abgabenform des Beitrags, S. 50.

92 *Fleiner*, Institutionen, S. 428 f.; *Jellinek*, Verwaltungsrecht, S. 392; *Becker*, RAO, 2. Aufl., § 1 Anm. 2; für die Finanzwissenschaft: *von Heckel*, Lehrbuch der Finanzwissenschaft, 1. Bd., S. 88 ff.

93 *Meisel*, Gebührenlehre, in: Handbuch der Finanzwissenschaft, 1925, Bd. I, S. 428.

94 *von Eheberg*, Finanzwissenschaft, S. 162 ff.

95 *Vocke*, Die Grundzüge der Finanzwissenschaft, S. 92; *von Heckel*, Gebühren, in: Wörterbuch der Volkswirtschaft, Bd. I, S. 973.

96 *Wilke*, Gebührenrecht und GG, S. 117.

97 *Otto Mayer*, Deutsches Verwaltungsrecht, I. Bd., S. 315.

98 Institutionen, S. 379.

99 *Jellinek*, a.a.O., S. 391.

teiligung" die Voraussetzung des Vorteils des Abgabepflichtigen in der Beitragsdefinition geradezu sichtlich vermieden wurde, wird der Beitrag auch als „Vorzugslast" definiert, woraus in der neuen Literatur geschlossen wird, daß der Vorteil des Betroffenen essentieller Bestandteil des Beitragsbegriffes sei[100].

Die Finanzwissenschaft stellte längst vor Inkrafttreten des Grundgesetzes nicht mehr auf den Vorteil ab. Nach Hettlage[101] unterscheiden sich zwar die Beiträge von den Steuern dadurch, daß sie ein Entgelt für einen gewährten Vorteil sind oder doch sein sollen, von den Gebühren, daß sie nicht wie diese für einen unmittelbaren Vorteil aus einer öffentlichen Maßnahme erhoben werden, sondern zwischen Erhebungsanlaß und Vorteil nur ein mittelbarer Interessenzusammenhang zu bestehen braucht. Dieser Zusammenhang zwischen Vorteil und Beitragspflicht könne sich aber zu einer bloßen gesetzlichen Vermutung oder Fiktion des Vorteils verflüchtigen. Den Vorteil als Wesensmerkmal des Beitragsbegriffs abgelehnt haben ebenfalls Terhalle[102], Neumark[103] und Büchner[104] mit der Begründung, die Feststellung eines Vorteils beim einzelnen sei allgemein nicht möglich, die Gegenüberstellung von Nutzen und Entgelt nicht durchführbar.

Die postkonstitutionelle Rechtsprechung hat durchgehend einen Beitragsbegriff vertreten, der auf den besonderen *wirtschaftlichen* Vorteil abhebt, der den Pflichtigen aus einer Veranstaltung der öffentlichen Hand erwachse[105]. Aus diesem Merkmal, so das Bundesverfassungsgericht, ergebe sich auch die Abgrenzung zu den Zwecksteuern, bei denen der Kreis der abgabepflichtigen Personen nicht auf solche begrenzt sei, die einen wirtschaftlichen Vorteil aus dem Vorhaben zögen[106]. Es sei der Gedanke der Gegenleistung, des Ausgleichs von Vorteilen und Lasten, der den Beitrag „im abgaberechtlichen Sinn" legitimiere[107]. In derselben Weise kennzeichnet das Bundesverwaltungsgericht den Beitrag[108]. Der Zusammenhang zwischen Erhebungsanlaß und Vorteil sei allerdings nicht immer scharf faßbar bzw. häufig nicht meßbar.

Die Rechtsprechung unterscheidet sehr scharf zwischen den Beiträgen „im abgaberechtlichen Sinne"[109], den Verbands- und Kammerbeiträgen und den Sozialversicherungsbeiträgen. Während speziell das Bundesverfassungsgericht für den Beitrag im abgaberechtlichen Sinne einen sehr engen Vorteilsbegriff ver-

---

[100] *Eyben,* a.a.O., S. 51.

[101] Beiträge, in: Handwörterbuch der Sozialwissenschaften, Bd. I, S. 727 ff.

[102] Die Finanzwissenschaft des Staates und der Gemeinden, S. 120.

[103] Vom Wesen der Besteuerung, Festschrift für Stucken, S. 7 ff.

[104] Beiträge, in: Handbuch der Finanzwissenschaft, 2. Aufl., Bd. II, S. 238.

[105] BVerfGE 7, 244 (255).

[106] BVerfGE 7 244 (255).

[107] BVerfGE 9 291 (298); 14 312 (317); 42 223 (228).

[108] BVerwG NJW 1972, S. 350; BVerwGE 39 100 (107).

[109] BVerfGE 9 291 (297 f.); 38 281 (311); 14 312 (317).

tritt – es müsse sich um konkrete, einzeln greifbare wirtschaftliche Vorteile handeln[110], reduziert es den Vorteilsbegriff auf einen bloßen Interessentenstatus, wenn Verbands- oder Kammerbeiträge in Rede stehen[111].

So wird allgemein bei diesen Beiträgen die Abgabe als Gegenleistung für die Interessenvertretung der körperschaftlich organisierten Mitglieder durch staatliche Institutionen angesehen[112]. Das Bundesverwaltungsgericht[113] hat für die Verbandslasten einen Vorteil überhaupt nicht mehr als Voraussetzung des Beitragsbegriffs gesehen[114].

Bei den Sozialversicherungsbeiträgen scheint der Vorteil gänzlich zu verschwimmen. An die Stelle eines Vorteils soll hier der Grundsatz des sozialen Ausgleichs treten[115]. Problematisch sind hier nicht so sehr die Beiträge der Arbeitnehmer, die deren eigenes soziales Risiko abfedern und so durchaus einen staatlich gewährten Vorteil entgelten sollen. Als nicht vorteilsabhängig erscheinen vielmehr die Beiträge der Arbeitgeber, einer Gruppe, die nicht dem Versicherungsschutz unterliegt. Das Bundesverfassungsgericht[116] rechtfertigt diese Abgabenart mit dem Gedanken des Fürsorgeprinzips der Arbeitgeber, von dem das moderne Arbeitsverhältnis geprägt sei. Damit werden auch die Arbeitgeber zu „Beteiligten“ an der staatlichen Aufgabe „Sozialversicherung“.

Obwohl ein Vorteil bei den Sozialversicherungsbeiträgen nicht sichtbar wird, ist einhellige Meinung, daß es sich bei den Sozialversicherungsbeiträgen nicht um Steuern im Sinne des Grundgesetzes handelt, da die Sozialversicherung in Art. 74 Ziff. 12 ausdrücklich erwähnt wird.

b) Beitragsähnliche Abgaben

Bei einigen Abgaben aus neuerer Zeit wird häufig eine „Beitragsähnlichkeit“ festgestellt.

So konstatiert das Bundesverfassungsgericht in seinem Urteil zur Mehrwertabgabe nach dem Aufbaugesetz NW[117], daß eine besonders enge Beziehung des Pflichtigen zu den Vorteilen, die ihm durch die öffentliche Veranstaltung erwüchsen, bestehe. Das Gesetz schöpfe durch die Abgabe den durch die Zuteilung eines neuen Grundstücks im Umlegungsverfahren erworbenen Mehrwert des

---

[110] BVerfGE 49 343 (352 ff.).

[111] BVerfGE 38 281 (311): Beteiligung von Interessenten an den Kosten einer öffentlichen Einrichtung, von der sie Nutzen haben.

[112] *Klein*, DVBl 1959, S. 315 ff.; *Maunz*, in: Maunz/Dürig/Herzog, GG, Art. 105, Rdn. 14; pr. OVGE 58 395 (397).

[113] BVerwGE 42 210 (216).

[114] So auch *Wolff/Bachof*, Verwaltungsrecht I, § 42 II a 3.

[115] *Wolff/Bachof*, Verwaltungsrecht I, § 42 II a 2.

[116] BVerfGE 11 117.

[117] BVerfGE 18 274.

Grundstücks gegenüber dem alten ab, diene daher zur Ausgleichung eines Vorteils. Damit handele es sich nicht um eine Steuer, sondern um einen Beitrag. Die Abgabe habe aber nicht den Zweck, die Aufwendungen der Gemeinde zu decken. Wenn deswegen die Abgabe dem Beitragsbegriff vielleicht nicht umfassend entspreche, so sei sie doch zumindest beitragsähnlich.

Brodersen[118] hat zu dieser Subsumtion angemerkt, die Entscheidung ginge über den engen herkömmlichen Beitragsbegriff hinaus. Das gelte auch für zwei weitere Entscheidungen des Bundesverfassungsgerichts[119]. Das Bundesverwaltungsgericht sah eine solche Ähnlichkeit in seinem Urteil zur Filmabgabe[120] nach dem Filmförderungsgesetz[121]. Das Gesetz verpflichtet Filmproduzenten, -verleiher und -theaterbesitzer zur Zahlung einer Abgabe, mit der speziell die Produktion deutscher Filme subventioniert wird. Diese Förderung, so führt das Gericht aus, liege im Interesse der gesamten Filmwirtschaft, daher sei es gerechtfertigt, alle drei Gruppen gemeinsam an der Aufbringung der Mittel zu beteiligen. Die Filmförderungsabgabe sei daher eine Ausgleichsabgabe mit beitragsähnlichem Charakter[122].

Demgegenüber hat das Bundesverfassungsgericht die Fremdenverkehrsabgabe, die die Gemeinden als Ausgleich für ihre Aufwendungen im Interesse des Kurbetriebs von Personen und Unternehmen anfordern, denen durch den Fremdenverkehr besondere wirtschaftliche Vorteile erwachsen, als echten Beitrag und nicht nur beitragsähnlich angesehen[123].

Auch im juristischen Schrifttum wurde in vielen Fällen festgestellt, eine Abgabe sei beitragsähnlich[124]. Die Ähnlichkeit mit dem Beitrag wird übereinstimmend in dem besonderen Vorteil gesehen, den die Abgabepflichtigen von der öffentlichen Veranstaltung haben, so etwa in den Fällen der Abgaben nach dem Milch- und Fettgesetz oder dem Mühlengesetz[125], der Mehrwertabgabe nach dem Nordrhein-Westfälischen Aufbaugesetz, der Feuerwehrabgabe Baden-Württembergs oder der Weinwirtschaftsabgabe[126].

---

[118] Nichtfiskalische Abgaben und Finanzverfassung, S. 108.

[119] BVerfGE 10 141 (171 f.); E 20 296 f.

[120] BVerwGE 45 1.

[121] Heute gültig i.d.F. v. 15.06.1979, BGBl I, S. 803.

[122] BVerwGE 45 1 (7 f.).

[123] BVerfGE 42 228; so auch BVerwGE 39 5.

[124] *Friauf,* Festschrift für Haubrichs, S. 116; *Selmer,* Steuerinterventionismus und Verfassungsrecht, S. 200; *Strauss,* Ausgleichseinrichtungen, S. 295 Fn. 3; *Maunz,* in: Maunz/Dürig/Herzog, Art. 105, Rdn. 14; über die Autoren, die die Fehlbelegungsabgabe für beitragsähnlich halten, s.o. S. 52; *Henseler,* Sonderabgaben, S. 17, 80, attestiert kurzerhand auch den Gebühren die Eigenschaft, Entgelt für staatlich vermittelte Vorteile zu sein, und schlägt sie den „Vorzugslasten" zu, zu denen er Gebühren und Beiträge zählt.

[125] *Selmer,* Steuerinterventionismus, S. 200.

[126] *Friauf,* Festschrift Haubrichs, S. 116.

Die Einhelligkeit in der Feststellung der Ähnlichkeit solcher Abgaben mit den Beiträgen konstrastiert auffällig mit dem Mangel an Begründungen dafür, daß es sich nicht um Beiträge handelt, sondern nur um beitragsähnliche Abgaben; an keiner Stelle wird dargelegt, worin sich diese Abgaben, deren Ähnlichkeit mit den Beiträgen offenbar auf der Hand liegt, von den Beiträgen unterscheiden, so daß ihnen das Etikett „Beitrag" nicht angeheftet werden kann. Allenfalls das Bundesverfassungsgericht hat in seiner Entscheidung zum Aufbaugesetz Nordrhein-Westfalen[127] von der Klassifizierung der Abgabe als Beitrag deswegen abgesehen, weil der Gemeinde keine Aufwendungen entstanden sind. In anderen Fällen kann man sich nur auf Vermutungen verlassen. Der Verdacht liegt aber nahe, daß insbesondere dort von der Qualifizierung als Beitrag abgesehen wird, wo die staatliche Leistung in der Gewährung von Subventionen liegt und die Einnahmen nicht dem Gemeinde- oder Staatshaushalt zufließen.

Erkennbar wird, daß insbesondere die Rechtsprechung, aber auch die rechtswissenschaftliche Literatur einen engen Beitragsbegriff benutzen, der sich an den Vorbildern des pr. KAG, nach dem die Vorteile aus gemeindlichen Einrichtungen ausgeglichen werden, sowie an den gewachsenen Beiträgen zu den körperschaftlich organisierten Verbänden oder zur Sozialversicherung orientieren. Die historisch gewachsenen Strukturen werden übernommen, neue Formen dagegen sind bislang nur als „ähnlich" wahrgenommen worden, eine Einordnung und Systematisierung ist unterblieben.

c) Die Abgrenzung zu der Gebühr

Von der Gebühr wird der Beitrag durch mehr oder weniger taugliche Gegensatzpaare geschieden. So wird häufig behauptet, Gebühren würden für die tatsächliche Inanspruchnahme einer öffentlichen Leistung gefordert, wohingegen Beiträge bereits für die Möglichkeit einer solchen erhoben würden[128]. Der gleiche Sachverhalt wird auch mit der Formulierung beschrieben, der Beitrag sei im Gegensatz zu der Gebühr von einer „Provokation" des Pflichtigen unabhängig[129], andere stellen darauf ab, daß die Gebühr für einen unmittelbaren Vorteil gezahlt werde, der Beitrag lediglich mittelbare Vorteile abgelte[130]. Ein weiterer Teil der Literatur knüpft an die Entgelteigenschaft der Gebühren und Beiträge an, wenn sie die Gebühr als Entgelt für spezielle oder besondere Leistungen des

---

[127] BVerfGE 18 274.

[128] *Bühler / Strickrodt*, Steuerrecht I, S. 57; *Wolff / Bachof*, Verwaltungsrecht I, § 42 II a 2; weitere umfassende Nachweise bei *Wilke*, Gebührenrecht und Grundgesetz, S. 123 Fn. 47.

[129] *Stähler*, Beitrag zur Abgrenzung des Steuerbegriffs, S. 123.

[130] *Eyben*, Die Abgabenform des Beitrags, S. 64, im Anschluß an *Adolf Wagner*, Finanzwissenschaft, Bd. II, S. 33 ff., S. 189 ff., der auf den indirekten Vorteil abstellte; *Wolff / Bachof*, Verwaltungsrecht I, § 42 II a 2; *Gerloff*, Handbuch der Finanzwissenschaft, Bd. II, S. 204; weitere Nachweise bei *Wilke*, Gebührenrecht und GG, S. 124 Fn. 48.

Staates, den Beitrag als Entgelt für generelle oder allgemeine Staatsleistungen ansieht[131] oder das Begriffspaar abstrakt/konkret für die Unterscheidung gewählt wird.

Nach einer anderen Ansicht[132] kommt es auf den zeitlichen Zusammenhang der Abgabe mit der staatlichen Leistung an: bei den Gebühren erfolge die Leistung der Verwaltung und die Entrichtung der Gebühren in der Regel Zug um Zug, während bei den Beiträgen ein fester zeitlicher Zusammenhang zwischen Entrichtung und Gegenleistung des Empfängers meist nicht gegeben sei.

Für Wilke[133] sind alle diese Abgrenzungsversuche unbefriedigend, einerseits, weil er nachweist, daß die Prämissen nicht stimmen, andererseits, weil die Begriffspaare selbst zur Abgrenzung ungeeignet sind. Er vertritt daher die Ansicht, daß der Beitrag nichts anderes ist als die Gebühr und differenziert nur noch zwischen zwei großen Gruppen: den Abgaben, die eine individuell zurechenbare oder teilbare öffentliche Leistung voraussetzen (Anlaßabgaben)[134] und den „voraussetzungslosen" Abgaben, denen keine individuell zurechenbaren Leistungen gegenüberstehen (Steuern).

In neuerer Zeit hat sich auch die Finanzwissenschaft wieder intensiver mit den Beiträgen befaßt[135]. Sie erklärt die Beiträge im Anschluß an die Theorien von den öffentlichen Gütern[136] als Abgaben, die anläßlich öffentlicher Leistungen erhoben werden, die „ein Teilkollektiv oder eine Gruppe als speziellen Adressaten haben"[137]. An die Stelle des Begriffs der Adressaten tritt bei anderen Autoren das Merkmal der Teilbarkeit[138] oder der Zurechenbarkeit[139].

Inhaltlich wird damit folgender Sachverhalt beschrieben: Gebühren und Beitragstatbestände knüpfen an öffentliche Leistungen an. Diese Leistungen reichen von der Produktion physischer Güter bis zur Erbringung von Dienstleistungen und Informationen. Zu unterscheiden sind zunächst die öffentlichen und die privaten Güter. Rein öffentliche Leistungen werden an die Adresse der Gesamtheit erbracht, ohne daß jemand vom Konsum des Gutes ausgeschlossen werden kann. Zu solchen Leistungen zählen beispielsweise die Verteidigung, die

---

[131] *Auer,* Sonderabgaben, S. 37; *Strutz,* Gebühren, Handwörterbuch der Staatswissenschaft, Bd. IV, S. 617.

[132] *Hübschmann/Hepp/Spitaler,* AO, § 3 Rn. 171.

[133] Gebührenrecht und GG, S. 121 ff.

[134] *Wilke,* Gebührenrecht und GG, S. 136.

[135] *Bohley,* Gebühren und Beiträge; derselbe: Gebühren und Beiträge, in: Handbuch der Finanzwissenschaft, Bd. III, 1980, S. 915 ff.; *Zeitel,* Handbuch der Wirtschaftswissenschaft, Bd. II, 1980, S. 347 ff.; *Hansmeyer/Fürst,* Die Gebühren, S. 35 ff.

[136] *Krause-Junk,* Abriß der Theorie von den öffentlichen Gütern, Handbuch der Finanzwissenschaft 1980, Bd. I, S. 687 ff.; *Ehrlicher,* Öffentliche Sachausgaben, Handbuch der Finanzwissenschaft, 1980, Bd. I, S. 753 ff.

[137] *Bohley,* Gebühren und Beiträge, Handbuch der Finanzwissenschaft, 1980, Bd. III, S. 924.

[138] *Hansmeyer/Fürst,* S. 34, 35, 43; *Hedtkamp,* Finanzwissenschaft, S. 233.

[139] *Zeitel,* Handbuch der Wirtschaftswissenschaft, Bd. II, S. 348.

Außenpolitik, die Wettervorhersage, öffentliche Sicherheit, öffentliche Straßen und Anlagen.

Auf der anderen Seite stehen die privaten Güter, die an einzelne gerichtet sind und von deren Inanspruchnahme der einzelne ausgeschlossen werden kann: Erhält A die Leistung, kann B sie nicht bekommen, es besteht eine Rivalität in der Leistung, die durch Zahlung eines Preises gelöst wird[140]. Schließlich existieren neben diesen reinen Formen sogenannte Mischgüter oder Kuppelprodukte[141], die neben der Kollektivkomponente eine Privatkomponente aufweisen. Diese Leistungen tragen neben Effekten, die das Gesamtkollektiv betreffen (externe Effekte), Privateffekte, von denen alle anderen außer den Betroffenen ausgeschlossen werden können. Sie sind die Ansatzpunkte für die Gebühren- und Beitragserhebung. Dabei dienen Leistungen mit individuell-privaten Effekten als Anknüpfungspunkte für Gebührentatbestände, die mit gruppenbezogen privaten Effekten als solche, für die Beiträge auferlegt werden.

Bei letzteren ist nur eine Gruppe als kleinste Einheit der von der Privatkomponente der öffentlichen Leistung Betroffenen als Leistungsempfänger identifizierbar und nicht jedes Einzelmitglied der Gruppe. Bohley[142] bringt als Beispiele: eine Straße in einem Wohnquartier dient neben der Gesamtgemeinde, die an einem ausgebauten kommunalen Straßensystem interessiert ist, in besonderem Maße der Gruppe der Anlieger der Straße; ein Deich schützt vor allem die Gruppe der in einem Überschwemmungsgebiet liegenden Landwirtschaftsbetriebe; eine Abwasserkanalisation samt Kläranlage ist der Gruppe der daran Angeschlossenen gewidmet.

Entscheidend für die Differenzierung zwischen Beiträgen und Gebühren ist danach also das Kriterium der Ausschließbarkeit (exclusion principle)[143]. Die Ausschließbarkeit muß nach Bohley in einem dreifachen Sinne vorhanden sein: zunächst einmal muß es überhaupt technisch möglich sein, die Adressaten der Privatkomponenten zu identifizieren, und, sofern sie zur Zahlung der Gebühr nicht bereit sind, vom Konsum auszuschließen; weiter muß hinzukommen, daß diese Ausschließung ohne „prohibitiven" Aufwand durchführbar ist (wirtschaftliche Ausschließbarkeit) und schließlich muß die Ausschließung ethisch und moralisch vertretbar sein, d.h. eine technisch und wirtschaftlich mögliche Ausschließung muß auch von der Gesellschaft als moralisch-ethisch akzeptabel angesehen werden[144].

Die Höhe der verursachten Kosten oder des empfangenen Nutzens spielen damit sowohl für den Gebühren- wie auch für den Beitragsbegriff keine Rolle

---

[140] *Bohley,* Gebühren und Beiträge, S. 27.

[141] *Bohley,* Gebühren und Beiträge, Handbuch der Finanzwissenschaft, Bd. II, S. 922.

[142] Gebühren und Beiträge, Handbuch der Finanzwissenschaft, Bd. II, S. 924.

[143] *Musgrave,* The theorie of public finance, A study in public economy, S. 10 ff.

[144] *Bohley,* Handbuch der Finanzwissenschaft, S. 922 f.

mehr. Die Höhe und Struktur der Abgaben werden stattdessen durch politische Entscheidungen festgelegt[145], die auf Verhaltens- oder Nachfragelenkung, aber auch auf Verteilungsgesichtspunkten beruhen können.

Insgesamt kann der Stand der wissenschaftlichen Gebühren- und Beitragsdiskussionen dahingehend zusammengefaßt werden, daß sowohl in der rechts- wie auch in der finanzwissenschaftlichen Literatur versucht wird, Gebühr und Beitrag aus der einseitigen Enge früherer Begriffsbildungen zu befreien und sie, wie schon die Steuer, (auch) als Instrument staatlicher Wirtschafts- und Gesellschaftspolitik zu begreifen[146]. Die Rechtsprechung scheint diesen Bemühungen zu folgen, zumindest was die Gebühren angeht[147], nur im Falle der Beiträge verharrt sie auf einem engen Entgeltbegriff, dem, wie zu zeigen sein wird, die Sonderabgaben weitgehend ihre Existenz verdanken dürften.

III. Sonderabgaben

1. Der Begriff

Der Begriff der „Sonderabgaben" verdankt seine Entstehung einem Aufsatz von Werner Weber[148] aus dem Jahre 1943. Er wählte diese Bezeichnung für Geldleistungspflichten, „in denen im Gegensatz zu den Steuern primär wirtschaftspolitische und nicht finanzwirtschaftliche Zielsetzungen wirksam sind". Danach sind sie in der rechtswissenschaftlichen Diskussion fast immer negativ zu den Steuern abgegrenzt worden, wobei ausdrücklich oder unausgesprochen unterstellt wurde, daß es sich jedenfalls nicht um Abgaben handele, die als Gegenleistung für eine besondere Leistung des Staates entrichtet würden.

Das Bundesverfassungsgericht hatte sich bis zu seinem Urteil zur Berufsausbildungsabgabe[149] auf einen bestimmten Begriff für diese neue Abgabenart überhaupt nicht festgelegt. Den Abgaben, die ihm zur Prüfung vorgelegt wurden, attestierte es in verschiedenen Entscheidungen lediglich, es handele sich nicht um die Entrichtung von Steuern oder „öffentlichen Beiträgen, Abgaben oder Gebühren", da sie kein Institut des Finanzrechts seien[150] oder es hat sie einfach als nichtsteuerliche Abgaben bezeichnet[151]. Im Urteil zum Berufsausbildungsgesetz hat es dann erstmals die Sonderabgaben als Geldleistungspflichten definiert, „die einem begrenzten Personenkreis im Hinblick auf vorgegebene besondere wirtschaftliche oder soziale Zusammenhänge gesetzlich auferlegt

---

145 *Bohley,* Handbuch der Finanzwissenschaft, S. 922.

146 a.A. neuerdings wieder *Lehmann,* Kommunale Beiträge, S. 4 ff.

147 Vgl. die Gebührendefinition des Bundesverfassungsgerichts in BVerfGE 50 217 (226).

148 Die Dienst- und Leistungspflichten der Deutschen, 1943, S. 82, 88.

149 BVerfGE 55 274.

150 BVerfGE 8 274 (Preisausgleichskassen); 18 315 (Ausgleichsabgabe nach dem Milch- und Fettgesetz); 20 296 (Ausgleichsabgabe nach dem Fischgesetz).

151 BVerfGE 37 1 (Abgabe nach dem Weinwirtschaftsgesetz).

worden sind"[152]. Solche Abgaben stimmten zwar mit der Steuer insofern überein, als sie ohne Rücksicht auf eine korrespondierende Gegenleistung der öffentlichen Hand auferlegt würden, unterschieden sich jedoch nach Idee und Funktion grundlegend[153]. Mit der Sonderabgabe würden Angehörige bestimmter Gruppen in Anspruch genommen. Die Abgabe diene lediglich der Finanzierung besonderer Aufgaben, zu denen eine Gruppe eine deutlich größere, durch eine objektive Interessenlage geprägte Sachnähe aufweise als die Allgemeinheit und deren Bewältigung in eine hinausragende Verantwortung dieser Gruppe falle. Leider hat das Bundesverfassungsgericht nicht klar gemacht, ob diese Beschreibung eine Definition des Sonderabgabenbegriffs darstellt oder ob es sich um die Voraussetzungen handelt, unter denen eine Sonderabgabe zulässigerweise erhoben werden darf[154].

Aus dem umfangreichen Schrifttum seien an dieser Stelle nur einige charakteristische Stimmen genannt. Für einen Teil des Schrifttums sind Sonderabgaben gegenleistungslose und nicht der Einnahmeerzielung dienende Abgaben[155], ein anderer Teil stellt allein auf den außerfiskalischen Zweck ab und nennt die Sonderabgaben „nichtfiskalische Abgaben"[156]. Andere Synonyma sind „außersteuerliche" oder „parafiskalische Sonderabgaben"[157]. Selmer[158] faßte unter die Sonderabgaben gar sämtliche öffentliche Abgaben, die weder Steuern noch Gebühren noch Beiträge im „finanzrechtlichen" Sinne sind, also auch die korporativen Zwangsbeiträge und die Sozialversicherungsbeiträge. In der neueren Literatur werden demgegenüber die überkommenen Verbands-, Kammer- und Sozialversicherungsbeiträge nicht zu den Sonderabgaben gerechnet. Ihnen wird vielmehr eine eigene Position im Abgabenspektrum eingeräumt[159]. Die Vertreter des engen Steuerbegriffs[160] sehen naturgemäß Abgaben bereits dann als Sonderabgaben an, wenn sie nicht einer nach Art. 106 steuerertragsberechtigten Körperschaft zufließen[161]. Sonderabgaben sollen schließlich den besonderen Staatsbedarf finanzieren – im Gegensatz zum allgemeinen Staatsbedarf, der durch

[152] BVerfGE 55 274 (297).

[153] BVerfGE 18 315 (328); 55 274 (298).

[154] Im einzelnen wird auf diese Problematik unter III 2. b) aa) eingegangen.

[155] *Mattern*, BB 1970, S. 1405; *Meessen*, BB 1971, S. 928.

[156] *Brodersen*, Festschrift für Wacke, 1972, S. 103 ff.; *Rack*, Die Verfassung als Maßstab – Eine argumentationstheoretische Untersuchung am Beispiel des Problems der Verfassungsmäßigkeit nichtfiskalischer Abgaben.

[157] *Friauf*, Festschrift für Haubrichs, S. 103 ff.; *Selmer*, GewArch 1981, S. 41 ff.

[158] Steuerinterventionismus und Verfassungsrecht, S. 185 ff.

[159] *Richter*, Zur Verfassungsmäßigkeit von Sonderabgaben, S. 41; *Beckmann*, Verfassungsrechtsfragen im Grenzbereich zwischen Steuern und besonderen Abgaben, S. 44; Hübschmann/Hepp/Spitaler, AO, § 3 Anm. 179, 185.

[160] s. oben A I 1.

[161] In diesem Sinne auch BVerfGE 57 139 (166).

Steuern finanziert werde[162]. Ein noch weiteres Feld für die Anwendung des Sonderabgabenbegriffs hat neuerdings Lehmann[163] im engeren Bereich der Gebühren und Beiträge entdeckt, der alle nichtsteuerlichen Abgaben als Sonderabgaben bezeichnet, die nicht als Entgelt für vorteilhafte staatliche Leistungen gezahlt würden[164]. Dieser verwirrenden Vielfalt von Begriffsbestimmungen nicht genug, werden für die Sonderabgaben weitere synonyme Ausdrücke gebraucht, wie „Quasisteuern"[165], „Pfennigabgaben"[166], „Ausgleichsabgaben"[167] und „Solidarabgaben"[168].

Wie es zu diesem „Begriffswirrwarr"[169] kam und welche Probleme im einzelnen mit den jeweiligen Aussagen verbunden sind, soll der nachfolgende historische Abriß darstellen.

2. Die Sonderabgabendiskussion

a) Bis etwa 1972

Ersten Anlaß zur Beschäftigung mit der neuen Abgabenart gab dem Bundesverfassungsgericht das Gesetz über die Investitionshilfe der gewerblichen Wirtschaft vom 07.01.1952 (Investitionshilfegesetz)[170]. Das Gesetz bezweckte, die Investitionstätigkeit der gewerblichen Wirtschaft in bestimmten „Engpaßbereichen" anzuregen und legte zu diesem Zwecke der gewerblichen Wirtschaft eine Abgabe auf, die nicht in die allgemeine Staatskasse floß, sondern in ein Sondervermögen, welches den begünstigten Betrieben des Kohlebergbaus, der eisenschaffenden Industrie und der Energiewirtschaft Darlehen zu Investitionszwecken gewährte. In Höhe des Darlehens erhielten die aufbringenden Schuldner Beteiligungen an den subventionierten Unternehmen. Das Bundesverfassungsgericht[171] und mit ihm das rechtswissenschaftliche Schrifttum verneinten den Steuercharakter der Abgabe, einmal weil es sich nur um durchlaufende Mittel in einem Sondervermögen handle, das nicht staatliche Einnahmen verwalte, sondern der Kreditlenkung diene, zum andern weil die Abgabeschuldner durch Zeichnung der Wertpapiere eine Art Gegenleistung erhielten[172].

---

[162] BVerfGE 55 274 (298); *Müller,* BB 1970, S. 1105, 1109; *Selmer,* GewArch 1981, S. 41 ff.; *Klein,* DB 1981, S. 370; *Huber,* Wirtschaftsverwaltungsrecht, Bd. I, S. 260; *Tipke,* Steuerrecht, S. 64.

[163] Kommunale Beitragserhebung 1983, S. 3 f.

[164] Ähnlich wohl auch *Henseler,* Sonderabgaben, S. 17.

[165] *Schemmel,* Quasisteuern.

[166] *Caesar,* Pfennigabgaben, FinArch NF, Bd. 38, S. 384 ff.

[167] *Eberlein,* Die Ausgleichsabgabe.

[168] *Holzer,* Die unterstaatliche Umverteilung, S. 359.

[169] *Patzig,* Steuern - Gebühren - Beiträge und „Sonderabgaben", DÖV 1981, S. 729 ff.

[170] BGBl I, S. 7.

[171] BVerfGE 4 7.

[172] *Huber,* Wirtschaftsverwaltungsrecht, Bd. II, S. 235; *Ipsen,* AöR 78, S. 284, 307; *Bühler/Strickrodt,* Steuerrecht, Bd. I, S. 61.

In der Folge hatte sich die Rechtsprechung vorwiegend mit den sogenannten wirtschaftsverwaltungsrechtlichen Ausgleichsabgaben zu befassen[173]. Derartige Abgaben sollen Marktungleichheiten ausgleichen, indem sie einem Teil der am Markt Tätigen eine Geldleistung auferlegen, die ausnahmslos in einem Sonderfonds gesammelt und dem anderen Teil als Zuschuß wieder zugewendet wird. Sie haben die Aufgabe, Vor- und Nachteile zwischen den Wettbewerbern an einem Markt auszugleichen, die im Rahmen einer Zwangsbewirtschaftung oder aus der Festsetzung einheitlicher Abgabepreise entstehen. Diese Struktur gilt für alle der höchstrichterlichen Rechtsprechung vorgelegten Abgabengesetze, so für den Ölmühlenpreisausgleich auf der Grundlage der Verordnung über den Warenverkehr vom 04.09.1934[174], den Preisausgleich nach dem Preisgesetz vom 10.04.1948[175], der Ertragsausgleich nach § 12 des Milch- und Fettgesetzes[176], das Gebührengesetz für Schlachthäuser vom 05.05.1933[177] samt zugehörigen Verordnungen, das Mühlenstrukturgesetz[178] sowie das Hebammengesetz[178a]. Einen Ausgleich für tatsächliche, nicht auf einer vorhergehenden staatlichen Intervention beruhende Ungleichheiten sahen demgegenüber die sogenannten „Frachtausgleichsabgaben", etwa nach dem Zuckergesetz[179] oder dem Getreidegesetz[180] vor, die lediglich standortbedingte Vor- und Nachteile beseitigen sollten.

Die Rechtsprechung hat als Wesensmerkmal aller dieser Abgaben konstatiert, daß sie nicht dem Finanzrecht und damit Art. 105 ff. GG unterstünden, sondern ein Institut des Wirtschaftsrechts (Art. 74 Nr. 11 oder 17 GG) seien[181]. Der Begriff der besonderen Abgabe oder der Sonderabgabe diente demgemäß dazu, dem Gesetzgeber einen breiteren Spielraum im Bereich des Abgabenrechts einzuräumen als er ihn als Steuergesetzgeber gehabt hätte. Während das Bundesverfassungsgericht deutlich auf den materiellen Gehalt der Abgabe abstellte und rechtstechnischen und organisatorischen Besonderheiten nur sekundäre Bedeutung zumaß[182] und auf die besondere Verbundenheit der in die Marktordnung einbezogenen Betriebe hinwies[183], was die Abgabe ihrer Idee und Funktion nach nicht als Steuer ausweise, stellte das Bundesverwaltungsgericht auf eine eher formale Auslegung des Tatbestandsmerkmals des „Einnahmeerzielungszwecks"

173 BVerfGE 8 274; 18 315; BVerwGE 6 134; 6 282; 7 304; 14 279.

174 RGBl I, S. 816.

175 WiGBl, S. 27.

176 i.d.F. v. 10.12.1952, BGBl I, S. 811.

177 RGBl I, S. 242.

178 v. 27.12.1971, BGBl I, S. 2098.

178a v. 21.12.1938, RGBl I, S. 1843.

179 v. 05.01.1961, BGBl I, S. 47.

180 Heute i.d.F. v. 03.08.1977, BGBl I, S. 1521.

181 BVerfGE 8 274 (316 f.); 18 315 (327 ff.); BVerwGE 6 129 (137 f.); 6 282 (285); 7 54 (65); 14 279 (280).

182 Vgl. *Selmer*, Steuerinterventionismus und Verfassungsrecht, S. 197.

183 BVerfGE 18 315 (327 ff.).

ab. Die erzielten Einnahmen seien für den Staat nur „durchlaufende Posten", weil er sie sofort wieder zum Zwecke der Subventionierung verwende. Letztlich werde der Staat so nur als Vermittler innerhalb einer Selbsthilfeaktion der Betroffenen tätig[184]. Das Bundesverwaltungsgericht stellt eine untrennbare Wechselbeziehung zwischen Belastung und Begünstigung im Rahmen eines Selbstverwaltungssystems fest, welches als von den staatlichen Allgemeininteressen losgelöst erscheine.

Schließlich wurde zur Begründung der außersteuerlichen Qualität dieser Abgaben auch die Nebenzwecktheorie herangezogen: mit ihnen würden in erster Linie nicht finanzielle, sondern wirtschaftslenkende Zwecke verfolgt[185].

Eine Sonderstellung nahm zu jener Zeit die Feuerwehrabgabe des Landes Baden-Württemberg ein. Sie war Nachfolgerin eines „Feuerwehrbeitrages" nach § 38 Feuerwehrgesetz BW vom 06.02.1956[186]. Danach waren alle männlichen Einwohner der Gemeinde zwischen 18 und 60 Jahren zum Feuerwehrdienst verpflichtet. Der nicht dazu herangezogene Teil der Pflichtigen wurde mit einem Beitrag belegt, der nur für Zwecke der Feuerwehr verwendet werden durfte. Das Bundesverfassungsgericht[187] ließ die Qualifikation als Beitrag, als „Ersatzgeld" – einen Ausdruck, den es zu Recht als recht unklar bezeichnete – oder als Personalsteuer offen, erklärte das Abgabengesetz jedoch wegen Verstoßes gegen den Gleichheitssatz für nichtig.

Mit Änderungsgesetz vom 09.02.1960[188] gestaltete der Landesgesetzgeber den Beitrag durch eine geringfügige Änderung in eine „Feuerwehrabgabe" um, indem er als abgabenpflichtig nunmehr alle feuerwehrdienstpflichtigen Personen bezeichnete, die nicht zum Feuerwehrdienst herangezogen wurden. Das Bundesverfassungsgericht qualifizierte diese Abgabe nunmehr als „Ausgleichsabgabe eigener Art", weil sie untrennbar mit der Auferlegung einer öffentlichen Dienstleistungspflicht zusammenhänge und die Beschaffung von Mitteln für die Feuerwehr gegenüber dem Motiv der gleichmäßigen Verteilung einer öffentlichen Last nicht als der primäre (!) Zweck der Abgabe erscheine, und attestierte ihr die verfassungsrechtliche Unbedenklichkeit[189]. Ebenfalls auf den fehlenden Einnahmeerzielungszweck stellte das Gericht in den beiden letzten Entscheidungen dieser Phase (bis ca. 1970) zum Tronc-Aufkommen der Spielbanken[190] und zum rückzahlbaren Konjunkturzuschlag[191] ab. Im ersteren Falle sah es die un-

---

[184] BVerwGE 6 134 (138).

[185] BVerwGE 10 3 (8); 7 304 (308); 15 240 (244).

[186] GesBl, S. 19.

[187] E 9 291.

[188] GesBl S. 12.

[189] BVerfGE 13 167.

[190] BVerfGE 28 119.

[191] BVerfGE 29 402.

[192] BVerfGE 28 119 (150 f.).

trennbare Verbindung der Geldleistung mit den Auflagen und Bedingungen der Konzessionierung einer Spielbank[192] als ausschlaggebend für den nichtsteuerlichen Charakter der Abgabe an, im anderen Falle die Rückzahlbarkeit[193].

Die Literatur war bis dahin der Rechtsprechung in der Einschätzung des Einnahmeerzielungszwecks als für die Abgrenzung entscheidendem Merkmal durchweg gefolgt[194]. Insbesondere im Gefolge der Entscheidung des Bundesverfassungsgerichts zum Konjunkturzuschlag wurde das Merkmal in den verschiedensten Varianten diskutiert[195]. Gleichzeitig wurden aber auch Stimmen laut, die das Zweckmerkmal zur Unterscheidung der Steuern von den neuen Abgaben nicht für tauglich hielten. So wandte bereits Götz[196] gegenüber dem Argument des „durchlaufenden Postens" ein, daß jede staatliche Stelle Zuwendungen an die Privatwirtschaft erst dann zu leisten vermöge, wenn sie zuvor Einkünfte erzielt habe. Die Wiederauskehrung an Private widerspreche daher nicht dem Steuerbegriff. Auch wenn sie in ihrem wirtschaftlichen Resultat als Selbsthilfemaßnahmen der Wirtschaft erschienen, so handle es sich juristisch doch um staatshoheitliche Eingriffe in den Wirtschaftsablauf[197]. In dieselbe Richtung argumentierte Dicke[198] und fragte darüber hinaus nach dem Sinn der Differenzierung zwischen Einnahmeerzielung und Wirtschaftslenkung, da doch fast jede Steuer die Wirtschaft beeinflusse. Auch Müller[199] lehnte die „Zweckdichotomie"[200] als Inhalt des Einnahmerzielungsmerkmals in § 1 RAO ab. Auch Brodersen[201] hielt das Merkmal zur strikten Abgrenzung von nichtfiskalischen Abgaben für ungeeignet. Der Nachweis sei nicht zu führen, daß tatsächlich erzielte Einnahmen nicht vom Gesetzgeber bezweckt gewesen wären, „daß es sich bei ihnen nur um ein zwangsläufiges (wenngleich dem Finanzminister wohl nicht unwillkommenes) ‚Abfallprodukt' der Lenkung handele. ... Wie deshalb die Lenkung durch Steuergesetze bei einem bestimmten Überwiegen der Lenkungszwecke nicht unzulässig wird, steht nichtfiskalischen Abgaben nicht entgegen, daß sie auch zu Einnahmen führen (und führen sollen)." Er zieht daraus den Schluß, daß der Gesetzgeber ein Wahlrecht zwischen beiden Abgabeformen hat, wenn er Lenkungszwecke verfolgen will.

---

193 BVerfGE 29 402 (409).

194 *Huber,* Wirtschaftsverwaltungsrecht II, S. 260 ff.; *Mai,* Sonderabgaben, S. 123 ff.; *Bopp,* Feuerwehrabgabe, S. 222 ff.; *Ipsen,* AöR 78 305 f.; *Bühler/Strickrodt,* Steuerrecht, I, S. 61.

195 *Mattern,* BB 1970, S. 405; *Meessen,* BB 1971, S. 928; *Hall,* NJW 1970, S. 2189; *Müller,* BB 1970, S. 1105; *Kirchhof/Walter,* NJW 1970, S. 1575; *Barth,* DB 1971, S. 1539; *Simmich,* DB 1970, S. 1752.

196 AöR 85, S. 212.

197 *Götz,* a.a.O., S. 217.

198 DÖV 1968, S. 163, 167.

199 a.a.O., S. 1109.

200 Bezeichnung stammt von *Bodenheim:* Der Zweck der Steuer – Verfassungsrechtliche Untersuchung zur dichotomischen Zweckformel fiskalisch – nicht-fiskalisch.

201 Festschrift für Wacke, S. 112.

Am deutlichsten setzte sich bis dato Selmer[202] von der herrschenden Meinung ab, indem er die bis dahin bekannten Sonderabgaben unter die herkömmlichen Abgabenarten einreihte, die Ausgleichsabgaben im Rahmen einer Marktordnung oder sonstigen Interventionsregelung als Beiträge oder beitragsähnliche Geldleistungen, die Ausgleichsabgaben, die nur tatsächliche Ungleichheiten ausgleichen sollen, sowie die Abgaben nach dem Weinwirtschaftsgesetz[203] und dem Filmförderungsgesetz[204], die der Förderung eines gesamten Wirtschaftszweiges dienen (Förderungsabgaben), als Steuern.

b) seit 1972

1972 kam dann die Sonderabgabendiskussion an einen Wendepunkt, indem sie sich von dem Gegensatzpaar „sachliche Aufgabenrealisierung/Erzielung von Einnahmen für den allgemeinen Finanzbedarf" in Richtung auf den Dualismus „Gruppennützigkeit/Allgemeinaffektion" verschob[205]. Angesichts des Erfindungsreichtums des Gesetzgebers auf diesem Gebiet mehrten sich die Stimmen, die sowohl im Kompetenzbereich der Finanzverfassung wie auch in materieller Hinsicht die verfassungsrechtlichen Dämme brechen sahen.

aa) Die heutige Sonderabgabenrechtsprechung des Bundesverfassungsgerichts

Als erster zeigte Mußgnug[206] die materielle Komponente des Problembereichs auf und machte deutlich, daß die Sonderabgaben nicht nur die verfassungsrechtliche Kompetenzproblematik berührten, sondern auch die materiell-rechtliche Frage der Zulässigkeit von Sonderbelastungen bestimmter Gruppen aufwarf. Mußgnug hat dazu in seiner Schrift den Prüfungsmaßstab des Art. 14 GG herangezogen und kam zu dem Ergebnis, daß zweckgebundene Abgaben nur dann zulässig seien, wenn die Abgabenerträge im Interesse derjenigen verwendet würden, die aus ihnen besondere Vorteile zögen (Gruppennützigkeit) oder, wo dies nicht der Fall sei, wo also die Abgabenerträge fremdnützig verwendet würden, die Natur der Sache solche „finanzielle Zwangspatenschaft" eindeutig rechtfertige. Im Grundsatz jedenfalls seien fremdnützige Abgaben unzulässig[207]. Kompetenz- und Qualifizierungsprobleme hielt er weitgehend für gelöst, wohl auch deswegen, weil er einen großen Teil der Sonderabgaben schon deswegen nicht als Steuern ansah, weil sie nicht Gebietskörperschaften im Sinne des Art. 106 GG zuflossen, sondern der mittelbaren Staatsverwaltung in Form von Fonds oder

---

[202] Steuerinterventionismus und Verfassungsrecht, S. 200 ff.

[203] v. 29.08.1961, i.d.F. v. 09.05.1968, BGBl I, S. 471.

[204] v. 22.12.1967, BGBl I, S. 1352.

[205] *Stettner*, DVBl 1981, S. 378.

[206] Die zweckgebundene öffentliche Abgabe, Festschrift für Forsthoff, S. 259 ff.

[207] *Mußgnug*, Festschrift Forsthoff, S. 291 f.

ähnlichem, gab aber auf der anderen Seite zu, daß die Abgrenzung eine mehr vom Rechtsgefühl als von griffigen Kriterien getragene Erkenntnis sei[208].

Der kurz danach ergangene Beschluß des Bundesverfassungsgerichts vom 05. März 1974[209] zur Abgabe nach § 16 des Weinwirtschaftsgesetzes[210] stellte in ähnlicher Weise darauf ab, daß der Zweck, dem das Abgabeaufkommen diene, eine besondere Beziehung zu den abgabepflichtigen Personen aufweise. Da sämtliche Abgabepflichtigen zur Weinwirtschaft gehörten und wegen dieser Zugehörigkeit in besonderer Weise verbunden seien, sei es gerechtfertigt, ihnen und nicht der Allgemeinheit die Finanzierung der der Weinwirtschaft dienenden Tätigkeit des Stabilisierungsfonds aufzuerlegen. Es handele sich demnach um eine nichtsteuerliche Abgabe[211].

Das Bundesverwaltungsgericht hat das Begriffspaar der Gruppen-/Fremdnützigkeit in seinem Urteil vom 08.02.1974 zur Filmabgabe nach dem Filmförderungsgesetz aufgegriffen[212]. Als entscheidend sah das Gericht an, daß die mit der Abgabe bezweckte Stützung der deutschen Filmproduktion im Interesse der gesamten Filmwirtschaft liege und daher auch von ihr gemeinsam aufgebracht werden müsse[213].

Friauf hat diesen Ansatz ausgeweitet und in Grundsätzen niedergelegt, die zur Grundlage der heutigen Rechtsprechung des Bundesverfassungsgerichts in Sonderabgabenangelegenheiten geworden sind[214]. Ausgangspunkt ist, daß die Auferlegung von Sonderlasten stets einer besonderen Rechtfertigung bedürfe. Die Überbürdung der Finanzierungsverantwortlichkeit für den betreffenden Zweck auf eine einzelne Gruppe statt auf den Staatshaushalt setze in jedem Fall einen hinreichenden Zurechnungsgrund voraus. Ein solcher sei dann gegeben, wenn die mit der Abgabe belastete Gruppe dem mit der Abgabe verfolgten Finanzierungszweck in besonderer Weise näherstehe als die Gesamtheit der Staatsbürger. Seine Erfüllung müsse deshalb primär in die Sachverantwortung der betroffenen Gruppe, nicht in die staatliche Gesamtverantwortung fallen. Eine Belastung durch Sonderabgaben lasse sich nur dann rechtfertigen, wenn die Gruppennützigkeit im konkreten Fall das allgemeine Interesse an der Maßnahme eindeutig überwiege[215].

---

[208] *Mußgnug,* Festschrift Forsthoff, S. 274.

[209] BVerfGE 37 1.

[210] I.d.F. v. 09.05.1968, a.a.O.

[211] BVerfGE 37 1 (16).

[212] BVerwGE 45 1 7.

[213] BVerwG, a.a.O.

[214] *Friauf,* Öffentliche Sonderlasten und Gleichheit der Staatsbürger, Festschrift für Jahrreis, S. 45; derselbe: Zur Zulässigkeit von außersteuerlichen Sonderabgaben, Festschrift für Haubrichs, S. 103.

[215] *Friauf,* Festschrift für Haubrichs, S. 119.

Diese Kriterien, die teils auf rechtswissenschaftlichen Untersuchungen beruhen, zum andern ein Destillat aus der Rechtsprechung des Bundesverfassungs- und des Bundesverwaltungsgerichts darstellten, sind seitdem Grundlage der Sonderabgabenrechtsprechung des Bundesverfassungsgerichts geworden.

In seinem Beschluß vom 12.10.1978[216] über die Verfassungsmäßigkeit des § 9 KAG SH (Abgabe wegen Änderung der Gemeindeverhältnisse) stellte das Bundesverfassungsgericht zwar noch recht pauschal fest, daß es sich bei der Abgabe um eine Steuer handele, weil der Kreis der Abgabepflichtigen nicht auf einen Personenkreis begrenzt sei, der aus dem öffentlichen Vorhaben einen Vorteil ziehe.

Grundlegend hat sich das Gericht aber sodann in seinem Urteil vom 10.12.1980[217] mit den Sonderabgaben auseinandergesetzt.

Gegenstand des Urteils war die Berufsausbildungsabgabe nach dem Ausbildungsplatzförderungsgesetz vom 09.09.1976[218]. Das Gesetz sah vor, daß zur Sicherung eines qualitativ und quantitativ ausreichenden Angebots an Ausbildungsplätzen finanzielle Hilfen gewährt würden. Dabei handelte es sich um Zuschüsse an Ausbildende für die Begründung zusätzlicher Berufsausbildungsverhältnisse sowie um besondere Hilfen zur Erhaltung gefährdeter betrieblicher Ausbildungsplätze, schließlich um Zuschüsse für die Unterhaltung überbetrieblicher Ausbildungsstätten. Zur Finanzierung wurde von den Arbeitgebern die Berufsausbildungsabgabe erhoben, die durch die zuständige Berufsgenossenschaft einzuziehen war und vom Bundesinstitut für Berufsbildung verwaltet und vergeben wurde.

Das Gericht stellte fest, daß die Sonderabgabe mit dem verfassungsrechtlich umfassend geregelten Institut der Steuer jedenfalls insoweit übereinstimme, als sie dem Betroffenen eine Geldleistungspflicht „voraussetzungslos", d.h. ohne Rücksicht auf eine Gegenleistung der öffentlichen Hand auferlege. Dennoch unterschieden sich Steuer und Sonderabgabe nach Idee und Funktion grundlegend. Die Abgabe diene der Finanzierung besonderer Aufgaben, zu denen die Angehörigen der in Anspruch genommenen Gruppe eine deutlich größere Sachnähe aufwiesen als die Allgemeinheit. Sonderabgaben dürften daher nicht der Erzielung von Einnahmen für den allgemeinen Finanzbedarf dienen und die Aufkommen nicht zur Finanzierung allgemeiner Staatsaufgaben verwendet werden.

Im Anschluß an die in der Literatur geäußerten Befürchtungen und Bedenken gegen die Ausweitung der Sonderabgaben hält es das Gericht für erforderlich, die bundesstaatliche Finanzverfassung vor einer Aushöhlung und den jeweils Abgabepflichtigen vor willkürlicher Inanspruchnahme zu schützen. Die finanz-

---

216 BVerfGE 49 353.

217 BVerfGE 55 274.

218 BGBl I, S. 2658.

verfassungsrechtlichen Regelungen der Art. 104 a ff. seien einer „der am sorgfältigsten behauenen Ecksteine“ der bundesstaatlichen Verfassung. Es dürfe daher nicht dem einfachen Gesetzgeber überlassen bleiben, eine öffentliche Aufgabe nach seiner Wahl durch eine Sonderabgabe oder eine Steuer zu finanzieren.

Darüber hinaus bedürfe der einzelne Staatsbürger des Schutzes gegen die Auferlegung von Lasten, die Angelegenheiten der Allgemeinheit finanzierten.

Sonderabgaben sieht das Gericht daher unter folgenden Voraussetzungen als zulässig an:

a) Entscheidend für die Qualifizierung einer Abgabe als Sonderabgabe sei nicht ihre Form oder die Bezeichnung, die ihr der Gesetzgeber verliehen habe, sondern ihr materieller Gehalt. Die haushaltsmäßige Behandlung habe daher für ihre Qualifizierung keine Bedeutung.

b) Eine gesellschaftliche Gruppe könne nur dann mit einer Sonderabgabe belegt werden, wenn sie durch eine gemeinsame vorgegebene Interessenlage zuverlässig von der Allgemeinheit und anderen Gruppen abgrenzbar sei, wenn es sich also um eine homogene Gruppe handele.

c) Die belastete Gruppe müsse dem mit der Abgabenerhebung verfolgten Zweck evident näher stehen als jede andere Gruppe oder die Allgemeinheit der Steuerzahler. Daraus resultiere eine besondere Gruppenverantwortung für die Erfüllung der mit der Abgabe zu finanzierenden Aufgabe.

d) Schließlich müsse zwischen den Belastungen und Begünstigungen, die die Sonderabgabe bewirke, eine Verknüpfung bestehen. Das sei dann der Fall, wenn das Abgabeaufkommen im Interesse der Gruppe der Abgabepflichtigen, also gruppennützig „verwendet“ werde. Fremdnützige Abgaben seien daher unzulässig, es sei denn, daß die Natur der Sache sie eindeutig rechtfertige.

Das Urteil zeigt, daß das Bundesverfassungsgericht als Ansatzpunkt für die Einordnung der Abgabe an dem Kriterium des „Einnahmeerzielungszwecks“, so wie es in § 1 RAO formuliert wurde, festhält und darauf aufbauend eine Lösung entwickelt. Das ist konsequent von einem Standpunkt aus, der die Sonderabgabe als voraussetzungslose Abgabe wie die Steuer ansieht. Dieser Ausgangspunkt wird aber nur im Ansatz erwähnt. Tatsächlich verlagert sich nachfolgend das Schwergewicht der Argumentation auf die Frage des Zurechnungsgrundes für die Gruppenbelastung anstelle der Allgemeinheit. Als solchen sieht das Gericht, unter Berufung auf Friauf und Mußgnug, die Sachnähe der Abgabenpflichtigen, also ihre besondere Verantwortung für den Abgabezweck, und die gruppennützige Verwendung an.

Unklar bleibt in dem Urteil, wie auch zuvor bei Friauf, ob es sich bei den Aussagen um Qualifikationsmerkmale einer Sonderabgabe handelt oder um die Aufführung von Voraussetzungen, unter denen sie als zulässig erachtet wird. So wird zunächst festgestellt, die Bewahrung der bundesstaatlichen Ordnungs- und

Ausgleichsfunktion mache es unabdingbar, Steuern und außersteuerliche Abgaben eindeutig voneinander abzugrenzen[219]. Dem entspricht, daß der Senat nach Prüfung der Abgabe zu dem Ergebnis gelangt, die Abgabe unterscheide sich von einer Steuer[220]. Andererseits unterstellt er diese Prüfung dem Generalthema der materiellen Zulässigkeit, indem er die Voraussetzungen benennt, unter denen das Bundesverfassungsgericht „die Erhebung von Sonderabgaben ... als verfassungsrechtlich zulässig" ansieht[221]. Die Frage bleibt damit offen, ob eine unzulässige Sonderabgabe eine (zulässige) Steuer sein kann.

Schließlich sieht das Bundesverfassungsgericht, allerdings an etwas abgelegener Stelle[222], in dem Gruppennützigkeitskriterium ein Gegenleistungselement, wenn es ausführt, daß das Aufkommen aus der Berufsausbildungsabgabe primär im Interesse der Gruppe der Arbeitgeber genutzt wird; das Merkmal der Gruppennützigkeit enthalte damit auch eine Art „Entgeltcharakter". Den Gedanken hat es allerdings nicht weiter ausgeführt.

Mit diesem Urteil, so hatte man geglaubt – und das war wohl auch die Absicht des 2. Senats des Bundesverfassungsgerichts gewesen – seien die Maßstäbe gesetzt für die künftige Auferlegung von Sonderabgaben durch den Gesetzgeber[223].

Nicht einmal ein halbes Jahr später rüttelte der 1. Senat des Bundesverfassungsgerichts in seinem Urteil vom 26.05.1981 über die Verfassungsmäßigkeit der Ausgleichsabgabe nach dem Schwerbehindertengesetz kräftig an den Stützpfeilern des Gedankengebäudes[224].

Nach dem Schwerbehindertengesetz vom 29.04.1974[224a] sind die Arbeitgeber zur Einstellung von Schwerbehinderten auf 6 % ihrer Arbeitsplätze verpflichtet. Bei Nichterfüllung dieser Verpflichtung haben sie eine Ausgleichsabgabe in Höhe von 100,– DM monatlich pro Pflichtplatz zu entrichten.

Das Gericht stellt zunächst fest, daß es grundsätzlich in der Gestaltungsfreiheit des nach Art. 74 Nr. 7 u. 10 GG für die Schwerbehindertenfürsorge zuständigen Gesetzgebers liege, Arbeitgeber zur Einstellung von Schwerbehinderten zu verpflichten. Das gleiche gelte für die Auferlegung einer Ausgleichsabgabe als Ersatz für eine nicht erfüllte Einstellungsverpflichtung. Die Steuerqualität der Abgabe wird mit einem einzigen Satz vom Tisch gewischt: Die Abgabe sei schon deswegen keine Steuer, weil ihr Aufkommen zweckgebunden verwaltet werde und keinem öffentlich rechtlichen Gemeinwesen zufalle. Nicht entscheidend sei

---

[219] BVerfGE 55 274 (304).

[220] S. 309.

[221] S. 304.

[222] BVerfGE 55 274 (316).

[223] *Selmer,* GewArch 1981, S. 45; *Stettner,* DVBl 1981, S. 346: „Es scheint, daß das Gericht die Zeit für reif hielt, Ordnung in den Wildwuchs der außersteuerlichen Sonderabgaben zu bringen."

[224] BVerfGE 57 139.

[224a] BGBl I, S. 1005.

es, daß das Aufkommen dieser Aufgabe den Arbeitgebern teils unmittelbar, teils mittelbar zugute komme. Das Gericht stellt hier also auf den rein formalen Aspekt der Verwaltungs- und Ertragshoheit für die Abgabe ab. Auf die Entscheidung des 2. Senats zur Berufsausbildungsabgabe rekurriert es nur insofern, als es feststellt, daß durch die Abgabe eine homogene Gruppe, nämlich die der Arbeitgeber, belastet werde. Die in dem genannten Urteil aufgestellten Voraussetzungen der „Sachnähe" und der „gruppennützigen Verwendung" der Abgabe hält der Senat nur für die Aufgaben für zutreffend, bei denen die Abgabe *primär* der Finanzierung bestimmter Zwecke dient. In den Fällen, in denen andere Zwecke Anlaß zur Einführung der Abgabe seien, könnten diese Maßstäbe nicht gelten. Um eine solche Abgabe handele es sich bei der Schwerbehindertenabgabe. Hier seien die Antriebs- und Ausgleichsfunktion der Abgabe dominierend. Diese unterscheide sie deutlich von der Berufsausbildungsabgabe.

Das Gericht räumt andererseits ein, daß die Bedeutung, die die Abgabe wegen ihres hohen Aufkommens als Finanzierungsinstrument von Dauer erhalten habe, nicht außer Betracht bleiben könne. Wollte man aber die Abgabe den Anforderungen für Sonderabgaben, die primär einer Finanzierung dienen, voll unterwerfen, würde es dem Gesetzgeber unmöglich werden, mit der Abgabe, die unter diesen Umständen erheblich geringer ausfallen müßte, auf die Abgabepflichtigen in ausreichendem Maße einzuwirken. Wörtlich führt das Gericht aus: „Möglicherweise wäre dann unter dem Gesichtspunkt mangelnder Sachnähe der Arbeitgeber zu den Aufgaben, die mit der Abgabe finanziert werden, und wegen fehlender „Gruppennützigkeit" solcher Finanzierungen eine Herabsetzung der Abgabe geboten, damit mit ihr nur noch solche Aufgaben finanziert werden können, bei denen diese Voraussetzungen gegeben sind. Indessen würde eine Herabsetzung der monatlich mit 100,– DM für jeden nicht mit einem Schwerbehinderten besetzten Pflichtarbeitsplatz erhobenen Ausgleichsabgabe die Antriebs- und Ausgleichsfunktion in einer der sachgerechten Zielsetzung des Gesetzgebers entgegenstehenden Weise schwächen, zumal der verpflichtete Arbeitgeber die Abgabenschuld steuerlich absetzen kann. Das kann jedoch verfassungsrechtlich nicht geboten sein. Daher kann es bei der Beurteilung dieser Abgabe auch offen bleiben, ob ihre Verwendung in vollem Umfang den Anforderungen entspricht, die an Sachnähe und gruppennützigen Einsatz von solchen Abgaben gestellt werden, die – anders als die Ausgleichsabgabe – primär für Finanzierungszwecke erhoben werden."[224b]

Interessant ist bei Betrachtung dieser Ausführungen, daß das Gericht mit keinem Satz die Frage aufwirft, ob eine solche Abgabe evtl. als Steuer zulässig gestaltbar sei, eine Erwägung, die eigentlich nahe liegen müßte, da es doch bei der Berufsausbildungsabgabeentscheidung um die Abgrenzung zwischen Steuern und Sonderabgaben ging. Das Gericht hat sich diese Möglichkeit jedoch bereits durch seinen Ansatz, es handele sich schon deswegen nicht um eine Steuer, weil

[224b] BVerfGE 57 139 (169).

das Aufkommen zweckgebunden verwaltet werde und keinem öffentlich rechtlichen Gemeinwesen zufalle, verstellt. Auf diese Weise bleibt nur die Alternative, in solchen Fällen die Abgabe für zulässig zu erklären, weil sonst dem Gesetzgeber der Weg zu einer politisch grundsätzlich wünschenswerten und materiell nicht zu beanstandenden Regelung versperrt wäre.

In seinem Urteil zum Investitionshilfegesetz vom 06. November 1984[225] hat der 2. Senat ausdrücklich die in seinem Urteil zur Berufsausbildungsabgabe[226] dargelegten Erfordernisse für die Zulässigkeit einer Sonderabgabe bestätigt. Es hat aber darüber hinaus diese Kriterien in den Rahmen von Erwägungen gestellt, die die Zulässigkeit der Inanspruchnahme von Kompetenzen nach Art. 74 Nr. 11 oder 18 GG näher beschrieben. Der Gesetzgeber dürfe sich der Abgabe nur im Rahmen der Verfolgung eines Sachzwecks bedienen, der über die bloße Mittelbeschaffung hinausgehe. In dem Gesetz müsse außer der Belastung mit der Abgabe und der Verwendung ihres Aufkommens auch die gestaltende Einflußnahme auf die Wirtschaft zum Ausdruck kommen. Das Gesetz selbst müsse wirtschaftsregulierenden oder -lenkenden Inhalt haben; andernfalls falle es nicht in den Kompetenzbereich des Art. 74 GG. Diese Voraussetzungen seien erfüllt, wenn die Abgabe die im Berufsausbildungsurteil genannten Kriterien (Homogenität der Gruppe, Sachnähe zum Erhebungszweck, gruppennützige Verwendung des Abgabenaufkommens) erfülle.

Allerdings schränkt es zugleich die Anwendbarkeit dieser Zulässigkeitsvoraussetzungen - wohl im Hinblick auf die Entscheidung des ersten Senats zur Schwerbehindertenabgabe - wieder ein, indem es diese Grundsätze nur auf solche Abgaben angewandt wissen will, die einen Finanzierungszweck - sei es als Haupt- oder Nebenzweck - verfolgen. Als Beispiel für solche Abgaben nennt es die Preisausgleichsabgaben, die Hebammenabgabe, die Mehrwertabgabe und die Milchausgleichsabgabe. Neben diesen Ausgleichsfinanzierungsabgaben, so das Gericht, existierten in engen Grenzen Ausgleichsabgaben eigener Art, die keinen Finanzierungszweck verfolgten. Dazu gehöre die Feuerwehrabgabe, die eine möglichst gleichmäßige Verteilung einer öffentlichen Last durch die Auferlegung einer Art Ersatzgeld sicherstellte[227], die Ausgleichsabgabe nach dem Schwerbehindertengesetz, die eine auf Verhaltenslenkung gerichtete Antriebs- und Sanktionsfunktion erfülle, indem sie Arbeitgeber, die nicht die vorgeschriebene Zahl Schwerbehinderter beschäftigten, zum Ausgleich mit einer Abgabe belastete[228], sowie der Konjunkturzuschlag, der nicht der Erzielung von Einnahmen für öffentliche Haushalte gedient habe, sondern aus seinem Regelungsgehalt heraus unmittelbar der Drosselung des privaten Verbrauchs

---

[225] BVerfGE 67 256 ff.

[226] BVerfGE 55 274.

[227] BVerfGE 13 167 (170 f.).

[228] BVerfGE 57 139 (153).

diente[229]. Bei solchen Abgaben könnten die im Berufsausbildungsurteil niedergelegten Maßstäbe nicht uneingeschränkt gelten. Welche verfassungsrechtlichen Anforderungen an derartige Abgaben zu stellen sind, läßt das Gericht ausdrücklich offen.

bb) Die Systematisierungsversuche der Rechtswissenschaft

Die rechtswissenschaftliche Literatur hat sich seit Mitte der 70er Jahre in großem Umfang der Systematisierung und Differenzierung der Sonderabgaben je nach ihrer außerfiskalischen Zielrichtung gewidmet.

Als erster hat Richter[230] eine solche Einteilung vorgenommen. Er unterscheidet Abgaben ohne Ertragseffekt, die Lenkungsabgaben, die Ausgleichsabgaben, die Förderungsabgaben und die Verursacherabgaben.

Zu der ersten Spezies zählt er Abgaben, die nur erhoben werden, um das Aufkommen für bestimmte Zeit dem Geldkreislauf zu entziehen und nennt als Beispiel dafür den Konjunkturzuschlag[231].

Unter Lenkungsabgaben versteht er einmal Abgaben, deren ausschließlicher Zweck darin liegt, eine bestimmte Verhaltensweise durch Auferlegen einer Zahlungspflicht zu unterbinden (sogenannter Erdrosselungseffekt) sowie Abgaben, die eine Verhaltenslenkung ausüben, ohne „erdrosselnd" zu wirken, z.B. die Abgabe nach dem Abwasserabgabengesetz vom 13.09.1976[232].

Als Ausgleichsabgabe sieht er neben den wirtschaftsverwaltungsrechtlichen Abgaben solche mit Ersatzgeldcharakter, wie die Baden-Württembergische Feuerwehrabgabe[233], die Schwerbehindertenabgabe[234] und die Benzinbleiabgabe[235] an[236].

Als Förderungsabgaben bezeichnet er Geldleistungspflichten, deren Aufkommen entweder zur Unterstützung eines Wirtschaftszweiges verwandt wird oder der Förderung einer bestimmten Aufgabe dient[237]. Dazu rechnet er einen großen Teil der Sonderabgaben, so etwa die Abgabe nach dem Milch- und Fettgesetz[238], wiederum die Abwasserabgabe, die Weinwirtschaftsabgabe[239], die Filmabgabe nach dem Filmförderungsgesetz[240], die Abgabe nach § 4 Fischgesetz[241] und nach

[229] BVerfGE 29 402 (409).
[230] Zur Verfassungsmäßigkeit von Sonderabgaben, S. 54 f.
[231] S. 55.
[232] BGBl I, S. 2721.
[233] FeuerwehrG BW i.d.F. v. 09.02.1960, GesBl, S. 12.
[234] SchwerbehindertenG i.d.F. v. 08.10.1979, BGBl I, S. 1649.
[235] BenzinbleiG v. 05.08.1971 i.d.F. des Ergänzungsgesetzes v. 25.11.1975, BGBl I, S. 2919.
[236] S. 59 f.
[237] S. 60.
[238] v. 10.12.1952, BGBl I, S. 811.
[239] Heute i.d.F. v. 10.03.1977, BGBl I, S. 403.
[240] i.d.F. v. 25.06.1979, BGBl I, S. 803.

dem Absatzfondsgesetz[242]. Weiter rechnet er dazu den sogenannten „Kohlepfennig“ nach § 4 des 3. Verstromungsgesetzes[243] und die Berufsausbildungsabgabe[244].

Schließlich, so Richter[245], knüpften Abgaben an ein Verursacher- oder Veranlasserprinzip an, nach dem die Kosten staatlicher Maßnahmen dem Verursacher auferlegt würden. Zu solchen Abgaben rechnet er die Schleswig-Holsteinische Infrastrukturabgabe[246], die Abgabe nach § 4 Altölgesetz[247] sowie – wiederum – die Abwasserabgabe.

Richters Unterteilung haben Maunz[248], Patzig[249] und aus der finanzwissenschaftlichen Literatur Caesar[250] im wesentlichen übernommen, wobei einige noch eine weitere Kategorie, nämlich die Abgaben für die Freistellung von öffentlich rechtlichen Pflichten, hinzufügen[251].

Weitere Differenzierungen innerhalb des Systems werden von Patzig und Maunz vorgenommen. Patzig[252] untergliedert die Förderungsabgaben in eigennützige, zu denen er die Abgabe nach dem Absatzfondsgesetz sowie die Abgabe nach dem Weinwirtschaftsgesetz zählt, und fremdnützige Förderungsabgaben, für die er die Familienausgleichskassen nach dem Kindergeldgesetz 1954[253] als Beispiel nennt. Maunz[254] differenziert unter den Ausgleichsabgaben. Er nennt die Ausgleichsabgaben „im engeren Sinne“, z.B. die Hebammenabgabe nach § 14 des Hebammengesetzes[255], die Erdölbevorratungsabgabe[256] und den Kohlepfennig nach dem 3. Verstromungsgesetz[257]. Ausgleichsabgaben im weiteren Sinne sind für ihn alle besonderen Abgaben außer Gebühren, Beiträgen, Kammerbeiträgen und Sozialversicherungsbeiträgen[258].

---

241 Gesetz über den Verkehr mit Fischen und Fischwaren v. 31.08.1955, BGBl I, S. 567.

242 Gesetz über die Errichtung eines zentralen Fonds zur Absatzförderung der deutschen Land-, Forst- und Ernährungswirtschaft v. 26.06.1969, BGBl I, S. 635 i.d.F. v. 08.11.1976, BGBl I, S. 3109.

243 v. 13.12.1974, BGBl I, S. 3473.

244 AusbildungsplatzförderungsG v. 07.09.1976, BGBl I, S. 2658.

245 S. 61.

246 KAG SH i.d.F. v. 17.03.1978, GVBl S. 72.

247 v. 22.12.1968, BGBl I, S. 1419.

248 In: Maunz/Dürig/Herzog, GG, Art. 105, Rdn. 16-20.

249 DÖV 1981, S. 738-743.

250 FinArch NF 25, S. 387 ff.

251 *Patzig,* S. 738; *Maunz,* Rdn. 16.

252 S. 740 ff.

253 v. 13.11.1954, BGBl I, S. 333.

254 Rdn. 19 f.

255 v. 21.12.1938, RGBl I, S. 1843.

256 § 18 des Gesetzes vom 29.07.1978, BGBl I, S. 1073.

257 S. Fn. 243.

258 *Maunz,* Rdn. 19, Fn. 5.

Beckmann[259] kennt demgegenüber außer den rückzahlbaren Sonderabgaben nur noch die Förderungsabgaben[260] und die gruppeninternen Ausgleichsabgaben[261], die er wiederum unterteilt in Abgaben, die dem Ausgleich tatsächlicher Ungleichheiten dienen, solchen, die nur von den rechtlich Begünstigten erhoben werden, und Geldleistungspflichten, mit denen der Staat auf das Verhalten seiner Bürger einwirken will. Bei den letzteren dürfte es sich wohl um die Lenkungsabgaben im Richterschen Sinn handeln.

Einen Oberbegriff für zulässige Sonderabgaben findet Holzer[262] in dem Ausdruck „Solidarabgaben". Damit meint er Abgaben, die einem von ihm näher definierten Solidaritätsprinzip entspringen, im Rahmen unterstaatlicher Gruppen erhoben werden und dort der gemeinsamen Zielerreichung oder Umverteilungszwecken dienen sollen.

Nach der grundlegenden Entscheidung des Bundesverfassungsgerichts zum Ausbildungsplatzförderungsgesetz hat sich die Literatur zunächst im wesentlichen darauf beschränkt, die Entscheidung zu kommentieren[263] oder einzelne Abgaben an den dort niedergelegten Grundsätzen zu messen[264].

Die neuesten Versuche, die Kategorie der Sonderabgaben zu systematisieren und von anderen Abgaben abzugrenzen, stellen die Arbeiten von Arndt[265], Lehmann[266] und Henseler[267] dar. Arndt macht den Versuch, eine Kongruenz zwischen den Urteilen des Bundesverfassungsgerichts zur Berufsausbildungsabgabe[268] und zur Schwerbehindertenabgabe[269] und den im Schrifttum vorgenommenen Gliederungsversuchen zu erzielen. Lehmann beschäftigt sich im Rahmen der kommunalen Beitragserhebung mit dem Entgeltbegriff und grenzt die Sonderabgaben aus diesem aus. Demgegenüber unterzieht Henseler die aktuelle Sonderabgabenrechtsprechung des Bundesverfassungsgerichts einer Kritik, die vom Ansatz her Zustimmung verdient, wenn sie auch im Ergebnis nicht in allen Belangen geteilt werden kann.

---

259 Verfassungsrechtsfragen im Grenzbereich zwischen Steuern und besonderen Abgaben, S. 58 ff.

260 S. 74.

261 S. 59 ff.

262 Die unterstaatliche Umverteilung, S. 359 ff.

263 *Stettner,* DVBl 1981, S. 375; *Schmidt-Bleibtreu,* DB 1981, S. 743 ff.; *Klein,* Blätter für Steuerrecht 1981, S. 61 ff.; *Selmer,* GewArch 1981, S. 41 ff.

264 *Klein,* DStR 1981, S. 275 ff.; *Patzig,* DÖV 1981, S. 729 ff.; *Osterloh,* NJW 1982, S. 1617 ff.; dieselbe, JuS 1982, S. 421; *Kühne,* DB 1982, S. 1694 ff.; *Klein,* DB 1981, S. 370 ff.; *Ritch,* NJW 1984, S. 1438.

265 Steuern, Sonderabgaben und Zwangsanleihen, passim.

266 Kommunale Beitragserhebung, passim.

267 Begriffsmerkmale und Legitimation von Sonderabgaben, passim.

268 BVerfGE 55 274.

269 BVerfGE 57 139.

Die Subsumtion von Sonderabgaben unter das Merkmal der Gegenleistung, mit dem ja die Steuern herkömmlicherweise von Gebühren und Beiträgen geschieden werden (§ 1 RAO), ist bislang nur vereinzelt versucht worden[270].

Selmer hat sich in seiner Habilitationsschrift[271] allerdings ausschließlich mit den bis dahin bekannten, auch von ihm sogenannten „Ausgleichsabgaben" befaßt. Er unterschied dabei drei Formen von Ausgleichsabgaben:

1. Abgaben im Rahmen einer Marktordnungs- oder sonstigen Interventionsregelung des Staates, die die Abgabepflichtigen besonders begünstigten.
2. Geldleistungen, die aus tatsächlichen Gründen unterschiedliche Wettbewerbsverzerrungen, insbesondere infolge eines nachteiligen Standortes, ausgleichen sollten.
3. Abgaben zur Gesamtförderung einzelner Wirtschaftszweige.

Die Abgaben zu 1. faßte er als Beiträge oder beitragsähnliche Geldleistungen auf; sie enthalten nach seiner Ansicht das konstituierende Element des Beitrages, nämlich den besonderen wirtschaftlichen Vorteil, den bestimmte Gruppen von einer staatlichen Maßnahme haben. Dabei, so führte er aus, „tut man dem Begriff des Beitrags keine Gewalt an, wenn den durch ihn zu deckenden Kosten der vorteilstiftenden staatlichen Veranstaltung auch die öffentlichen Leistungen zugerechnet werden, die der Staat zum Ausgleich des durch jene Veranstaltung verzerrten wirtschaftlichen Gleichgewichts einer benachteiligten Gruppe leistet, ja zu leisten genötigt ist".

Die Abgabengruppen zu 2. und 3. begreift er als Steuern, weil sie in keiner Beziehung stünden zu einem Vorteil, der den Abgabepflichtigen durch eine staatliche Intervention verschafft würde.

Diesen Ansatz weitete er später unter dem Eindruck des Urteils des Bundesverfassungsgerichts zur Weinwirtschaftsabgabe und dem Urteil des Bundesverwaltungsgerichts zur Filmförderungsabgabe aus[272]. Er begrüßte ausdrücklich die mehr beitragsrechtliche Sicht dieser Entscheidungen, deren Einbeziehung schon in früheren Fällen bei der Beantwortung von Qualifizierungsfragen hätte hilfreich sein können. Den ursprünglich sehr strengen Maßstab, den er an die Subsumtion unter den Vorteilsbegriff gestellt hatte, lockerte er insoweit, als er nunmehr auch solche Abgaben als nichtsteuerlich ansah, bei denen die Pflichtigen durch eine gemeinsame Interessenausrichtung verbunden und mitgliedschaftlich strukturiert seien, in Anlehnung an die Struktur der Verbandslasten. Die Grenze zur Steuer liege dort, wo die formale Struktur des Aufgabenträgers

---

[270] So von *Selmer,* Steuerinterventionismus und Verfassungsrecht, S. 199 f.; derselbe DStZ/A, S. 396 ff.; *Beckmann,* Verfassungsrechtsfragen im Grenzbereich zwischen Steuern und besonderen Abgaben, S. 58 ff.; *Maunz,* Sonderabgaben, Art. 105 Rdn. 12 ff.; *Henseler,* Sonderabgaben, S. 81 ff.

[271] Steuerinterventionismus und Verfassungsrecht.

[272] DStZ/A 1975, S. 396.

ersichtlich nur das Vehikel einer Mittelgewinnung zur Subventionierung Dritter oder ganz allgemein einer isolierten abgabenrechtlichen Umverteilungsaktion bilde. Nach dem Urteil des Bundesverfassungsgerichts zur Berufsausbildungsabgabe stellte er jedoch, mit dem Gericht übereinstimmend, wieder auf den Finanzierungszweck als essentielles Merkmal ab[273]. Die Abgrenzung zwischen Zwecksteuer und Sonderabgabe richte sich danach, ob ein besonderer oder ein allgemeiner Staatsbedarf die Abgabe verursache. Letzterer sei dann nicht gegeben, wenn mit den Einnahmen nur der von der belasteten Gruppe selbst hervorgerufene besondere Bedarf gedeckt werde.

Beckmann[274] und Henseler[275] versuchen ebenfalls, das Gegenleistungsmerkmal in ihre Betrachtungen einzubeziehen, bleiben aber auf halbem Wege stehen, weil sie einerseits einen zu engen Entgeltbegriff vertreten, zum andern, so insbesondere Henseler[276], bereits aus der Ähnlichkeit einer Abgabe mit Gebühr oder Beitrag auf ihre Gegenleistungsqualität schließen. Henseler genügt daher bereits die Feststellung, eine Abgabe sei beitragsähnlich, um ihr die Steuerqualität zu nehmen, wobei niemand bislang Inhalt und Reichweite dieser Ähnlichkeit dargestellt hat. Ein derart vages Abgrenzungsmerkmal in einem Bereich, in dem das Bundesverfassungsgericht aus Gründen der bundesstaatlichen Ordnungsfunktion der Finanzverfassung die strikte Abgrenzung von Steuern und außersteuerlichen Abgaben gefordert hat, kann nicht Grundlage eben dieser Grenzziehung sein.

Maunz[277] versucht demgegenüber, alle nichtsteuerlichen Abgaben als Gegenleistungen für besondere Leistungen des Staates darzustellen, allerdings ohne nähere Begründung.

Soweit der Stand der Sonderabgabendiskussion. Dem unvoreingenommenen Leser wird es wohl kaum gelingen, sich hiernach einen Eindruck von Wesen und Umfang des Begriffs der „Sonderabgabe“ zu verschaffen. Die ungeheure Verwirrung, in die die Verwendung dieses Begriffs die Rechtswissenschaft gestürzt hat, mögen einige Orginalzitate belegen, die die begriffliche Quintessenz aus einigen Untersuchungen gerade neuren Datums widerspiegeln.

Richter[278] umreißt als Resümee seiner Untersuchungen den von ihm gefundenen Sonderabgabenbegriff wie folgt: „Die Sonderabgabe ist eine von einer steuererhebungsberechtigten Körperschaft auferlegte Abgabe, die sich von den Vorzugslasten durch die fehlende individuell zurechenbare Gegenleistung der öffentlichen Verwaltung und von dem Sozialversicherungsbeitrag durch das

---

[273] GewArch 1981, S. 41 ff.

[274] Verfassungsrechtsfragen, S. 58 ff.

[275] Sonderabgaben, S. 80 ff.

[276] S. 81.

[277] In: Maunz/Dürig/Herzog, GG, Art. 105, Rdn. 12 ff.

[278] Zur Verfassungsmäßigkeit von Sonderabgaben, S. 73.

Fehlen eines speziellen sozialversicherungsrechtlichen Bezugs unterscheidet. Von der Steuer läßt sie sich sondern, wenn das Aufkommen der Abgabe keiner Gebietskörperschaft zufließt, wenn die Abgabe zu keinem effektiven Einnahmenzufluß bei einer juristischen Person des öffentlichen Rechts führt oder wenn sie erdrosselnd wirkt. Die Sonderabgabe verfolgt zudem in jedem Fall zumindest auch einen außerfiskalischen Zweck. Ist die Rechtsqualität einer Abgabe dennoch nicht bestimmbar, ergibt sie sich aus der gesetzgeberischen Einordnung.

Unerheblich ist, ob die Sonderabgabe auch zur Erzielung von Einnahmen oder zur Deckung des Finanzbedarfs erhoben wird. Die Erträge der Sonderabgabe können sowohl Gebietskörperschaften als auch sonstigen juristischen Personen zufließen. Das Abgabenaufkommen kann einer gesetzlichen Zweckbindung unterliegen. Entspricht die spätere Verwendung der Mittel nicht der gesetzlichen Bestimmung, entfällt die Abgabenpflicht und löst einen Erstattungsanspruch aus."

Auffallend ist, neben der Länge der Definition, daß in der gesamten Begriffsumschreibung nur eine einzige positive Angabe enthalten ist, nämlich daß die Sonderabgaben in jedem Fall zumindest auch einen außerfiskalischen Zweck verfolge. Alles andere sind negative Abgrenzungen.

Holzer[279] faßt seine Überlegungen wie folgt zusammen: „Zunächst ist zu konstatieren, daß unter der Geltung des Grundgesetzes die traditionelle Dreiteilung der öffentlichen Abgaben in Steuern, Gebühren und Beiträge in der Tat nur von historischer Bedeutung ist, da das Grundgesetz neben der Anforderung von Steuern und den herkömmlichen Entgeltabgaben jedenfalls auch die Erhebung von Abgaben des Typs erlaubt, der von den dem Soliaritätsprinzip gemäßen, im Rahmen unterstaatlicher Gruppen erhobenen und dort der gemeinsamen Zielerreichung/oder Umverteilungszwecken dienenden Geldleistungen repräsentiert wird.

Diese werden hier unter der Herauslösung aus den wenig aussagekräftigen Begriffen „Sonderabgaben" respektive „Abgaben eigener Art" als *Solidarabgaben* bezeichnet. Als Untergruppen gehören zu ihnen jedenfalls die dem Solidaritätsprinzip gemäßen sogenannten Ausgleichsabgaben, die eigenfinanzierten Förderungsabgaben sowie die typusgerechten, d.h. von solidarfremden Verwendungszwecken befreiten Beiträge zu den Einrichtungen der Sozialversicherung.

Mit den Steuern bilden die Solidarabgaben weder eine Obergruppe noch halten sie unbedingt etwa die gleiche Distanz zu dieser wie zum finanzrechtlichen Beitrag. Zwar sind sie zwischen Steuer und Finanzbeitrag angesiedelt, jedoch kann ihr Abstand von beiden von Fall zu Fall verschieden sein. Dieser bemißt sich nämlich nach dem Anteil des gegenleistungsbezogenen (privatnützigen) bzw. gegenleistungsfreien (fremdnützigen) Elements ihres regelmäßig vorhan-

---

[279] Die unterstaatliche Umverteilung, S. 359 ff.

denen Mischcharakters. Theoretisch sind sie also auf der gesamten Bandbreite zwischen Steuern und Vorzugslasten anzutreffen.

Das entscheidende Abgrenzungskriterium zu den letzteren ergibt sich aus dem Fehlen einer am Äquivalenzprinzip orientierten, gesicherten Korrelation zwischen Abgabepflicht und dem zu den Pflichtigen zurückfließenden Vorteil. Das wesentliche Unterscheidungsmerkmal zu den Steuern ergibt sich indessen daraus, daß der gegenleistungsfreie Teil der Solidarabgaben, anstelle durch die gesamtstaatliche Solidarität, durch eine gegenstandsbezogene unterstaatliche Gruppensolidarität legitimiert sein muß. Von den Steuern divergieren die Solidarabgaben auch noch insoweit, als sie kompetenzrechtlich - ebenso wie die Vorzugslasten - den Art. 73 ff. GG unterstehen."

Arndt[280] weist darauf hin, daß es notwendig sei, die außersteuerlichen Abgaben zu systematisieren und entwickelt die Rechtsprechung des Bundesverfassungsgerichts zu den Sonderabgaben zu einer Typologie mit je eigenen Zulässigkeitskriterien fort.

„Zu unterscheiden ist zwischen Sonderabgabe, Lenkungsabgabe und Ausgleichsabgabe. Fremdnützige Sonderabgaben sind unzulässig. Zwischen Lenkungsabgabe und Lenkungssteuer kann der Gesetzgeber nach Belieben wählen. Ausgleichsabgaben unterliegen noch strengeren Regeln als die gruppennützige Sonderabgabe. Die Realität kennt lediglich Abgaben mit Mischcharakter"[281].

Arndt unterteilt die Sonderabgaben nun in vier Gruppen, in gruppennützige und fremdnützige auf der einen Seite, sowie in Lenkungs- und Ausgleichsabgaben auf der anderen Seite[282]. Die letzteren sieht er als eine von den ersteren unterschiedliche Kategorie an. Als Ausgleichsabgaben nennt er die wirtschaftsverwaltungsrechtlichen Ausgleichsabgaben[283], die Baden-Württembergische Feuerwehrabgabe und die vieldiskutierte Abgabe für Wehrpflichtige, die keinen Wehrdienst geleistet haben. Daneben kennt er die Ausgleichsabgaben „im weiteren Sinne". Dazu „zählen auch solche Abgaben, die volkswirtschaftliche Kosten denjenigen anlasten, die sie verursacht haben (sog. Verursacherabgaben)"[284].

Und schließlich: „Von den Sonderabgaben unterscheiden sich die Ausgleichsabgaben ausschließlich durch ihre Zweckrichtung. Bei ihnen geht es nicht um gruppennützige oder fremdnützgie Verwendung, sondern um ein Ausgleichen von Vor- und Nachteilen. Diese unterschiedliche Zielrichtung spricht allerdings dafür, an die kompetenzrechtliche Zulässigkeit von Ausgleichsabgaben einen noch strengeren Maßstab anzulegen, als ihn das Bundesverfassungsgericht für gruppennützige Sonderabgaben vorsieht. Der Nutzen der Abgabepflichtigen ist

---

280 Steuern, Sonderabgaben und Zwangsanleihen, S. 37.

281 S. 12.

282 S. 38.

283 S. 38.

284 S. 39.

nämlich bei gruppennützigen Sonderabgaben am größten, bei fremdnützigen am geringsten. Die Ausgleichsabgabe liegt im mittleren Feld dieser imaginären Nutzenskala. Die Gefahren, die der Finanzverfassung in ihrer ordnenden und freiheitssichernden Funktion von diesen drei außersteuerlichen Abgaben drohen, sind aber umso größer, je enger die Verwandtschaft mit der Steuer wird, deren Charakteristikum es gerade ist, daß sie ohne Gegenleistung abverlangt wird." „Das entwickelte ‚System' von Sonderabgaben mit je eigenen Zulässigkeitskriterien ist auf viele außersteuerliche Abgaben nicht ohne weiteres anwendbar, da die ‚reine' gruppennützige Sonderabgabe ebenso selten ist wie die ‚reine' Lenkungsabgabe. Die meisten Sonderabgaben haben Mischcharakter"[285].

Nachfolgend zeigt Arndt auf, daß die Schwerbehindertenabgabe Lenkungs- und Ausgleichsfunktion habe, die Förderungsabgabe nach dem Absatzfondsgesetz eine gruppennützige Sonderabgabe sei, die zugleich dem Ausgleich zwischen wirtscahftlich schwächeren und leistungsfähigeren Mitgliedern dieser Gruppe diene, die Abwasserabgabe wiederum Lenkungs- und Ausgleichsfunktion habe, und es sich bei der Investitionshilfeabgabe[285a] sogar um eine Abgabe mit vierfachem Mischcharakter handele. Die Kompetenzproblematik von Sonderabgaben mit Mischcharakter sei noch ungeklärt, obgleich es Abgaben mit Mischcharakter schon immer gegeben habe. Zur Normierung dieser letzteren Abgabe, so Arndt[286], habe die Bundesregierung eine weitere Kategorie der Sonderabgaben entwickelt, nämlich die „Abgabe eigener Art"[287], um nicht die Anforderungen des Bundesverfassungsgerichts an die Zulässigkeit von Sonderabgaben erfüllen zu müssen.

Zur Filmförderungsabgabe führt er aus: Das Bundesverwaltungsgericht[288] „charakterisiert die Filmabgabe als beitragsähnliche Ausgleichsabgabe, was nach neuer Terminologie einer Sonderabgabe mit Mischcharakter, einer Ausgleichs- und gruppennützigen Sonderabgabe entspricht".

Zur Zulässigkeit fremdnütziger Sonderabgaben wird das Bundesverfassungsgericht zitiert. Sie dürfe der Gesetzgeber nur statuieren, „wenn die Natur der Sache eine finanzielle Inanspruchnahme der Abgabepflichtigen zugunsten fremder Begünstigter aus triftigen Gründen eindeutig rechtfertigt. Methodisch gesehen handelt es sich bei der fremdnützigen Sonderabgabe um eine Ausnahme von der Ausnahme".

Lehmann schließlich[289] ordnet die nichtsteuerlichen Abgaben in zunächst einmal 6 Sachverhaltstypen ein, die er dann wiederum unterteilt. Als Erhebungs-

---

[285] S. 40 f.

[285a] Gesetz zur Wiederbelebung der Wirtschaft und Beschäftigung und zur Entlastung des Bundeshaushaltes v. 20.12.1982, BGBl I 1982, S. 1857.

[286] S. 42.

[287] BT-Drs. 9/2074, S. 72.

[288] BVerwGE 45, 1 ff.

[289] Kommunale Beitragserhebung, S. 3-5.

prinzipien nennt er für die ersten 5 Kategorien das Verursacherprinzip (die Verursachung (Veranlassung) von Aufwendungen/Kosten steht der zwangsweisen Zahlung gegenüber), das Leistungsprinzip (die erhaltene öffentliche Leistung steht der zwangsweisen Zahlung gegenüber) und das Vorteilsprinzip (die Vorteilhaftigkeit steht der zwangsweisen Zahlung gegenüber). Verursacher- und Leistungsabgaben „im engen Sinn" (!) erfaßt er in Kategorie I und II als Sonderabgaben, Abgaben für Vorteile in Kategorie III und IV als Entgeltabgaben, einerseits als Aufwendungsersatz für öffentliche Leistungen, andererseits für vorteilhafte öffentliche Leistungen, wobei er aber auch die Möglichkeit eines Vorteilsausgleichs durch Sonderabgaben anerkennt (Kategorie V), und schließlich erfaßt er in Kategorie VI die übrigen Sonderabgaben wie Lenkungs-, Förderungs- und Umverteilungsabgaben. Sein Schema erklärt er wie folgt: „Das Schema verwendet in den Zeilen, die insbesondere aus der Gebührenliteratur bekannten drei Kriterien (a) der Verursachung von Aufwendungen/Kosten, (b) der öffentlichen Leistung und (c) den Vorteil. Das Entgeltprinzip erfordert das gleichzeitige Vorliegen aller drei Merkmale (= Konstellationen III und IV). Die merkmalsärmeren Konstellationen I, II und V führen nicht zu Entgeltabgaben, sondern nur zu Sonderabgaben. Bei den (1) Verursacherabgaben i.e.S. fehlt die öffentliche Leistung, bei den (2) Leistungsabgaben i.e.S. fehlt die Vorteilhaftigkeit, und bei den (3) Vorteilsausgleichsabgaben (Vorteilsabgaben i.e.S.) fehlt die öffentliche Leistung. Es ist selbstverständlich einem Autor unbenommen, bestimmte Sonderabgaben (z.B. (2)) den Gebühren zuzuschlagen, nur ist mit Schema 1 klargestellt, daß dann Gebühren nicht stets zu den Entgeltabgaben gehören.

Das Durcheinander in der Literatur beruht auf dem zeilenweisen Vorgehen, so daß nicht einmal für die Entgeltabgaben ein widerspruchsfreies Konzept erzielt wird. Bei den Gebühren wird auf die öffentliche Leistung abgestellt, so daß die Kontellationen II – IV als entgeltfähig eingeordnet werden. Bei den Beiträgen wird der Vorteil in den Vordergrund gerückt, so daß die Konstellationen III – V als entgeltfähig angesehen werden. Somit werden einerseits aufwendungsersetzende Zahlungen für vorteilslose Leistungen und andererseits vorteilsausgleichende Zahlungen für leistungslose Vorteile in die Entgeltabgaben hineinvermengt. Das Durcheinander wird entweder eingestanden – aber nicht beseitigt – oder unbemerkt zu deshalb nur vermeintlich eindeutigen Schlußfolgerungen verwendet. Schema I zeigt, daß das Entgeltprinzip nicht neben Verursachungs-, Leistungs- und Vorteilsprinzip steht, sondern Kriterien bündelt. Die mit Aufwendungen verbundene vorteilhafte öffentliche Leistung steht dem Zwangsentgelt (Beitrag, Gebühr) gegenüber."

Der Leser wird angesichts der sich immer weiter steigernden und sich gegenseitig befruchtenden, ja geradezu zwanghaft anmutenden Differenzierungsversuche in der rechtswissenschaftlichen Sonderabgabendiskussion möglicherweise das Empfinden haben, die Lektüre ähnele eher einer Satire als einem wissenschaftlichen Beitrag. Das Problem, das hier geradezu ins Auge springt, dürfte, wie in manchen anderen Wissenschaften auch, in der Meinung liegen, die Atomisierung der Materie müsse die Erkenntnis des Ganzen herbeiführen[290]. Bisweilen ist das Ganze eben doch mehr als die Summe seiner Teile[291].

Zu konstatieren ist, daß all diese Versuche nicht viel mehr Klarheit in die Sonderabgabenproblematik gebracht haben. Viele haben den Blick auf das Wesen dieser Abgaben eher getrübt und die Einordnung neuer Abgaben erschwert. Der solcherort dargestellte Sonderabgabenbegriff ist nicht mehr operabel. Er gibt der beliebigen Zuordnung aller Abgaben Raum, die nicht sogleich in die gängige Trias Gebühren/Beiträge/Steuern einzuordnen sind, enthält aber außer negativen Beschreibungen keine positiven Begriffmerkmale, die ihn von anderen Kriterien zuverlässig und kompatibel abgrenzbar machte. So ist er heute für den Rechtsanwender kaum noch zu durchschauen und damit für die Praxis untauglich.

Das zeigt allein schon der Blick auf die Diskussion zur Fehlbelegungsabgabe, deren Meinungsvielfalt und begriffliche Unsicherheit aber kein Einzelfall ist, sondern sich bei den meisten anderen neuen Abgaben wiederholt.

cc) Die essentialia des Sonderabgabenbegriffs

Im folgenden sollen daher die verschiedenen – meist negativen – Behauptungen über das Wesen der Sonderabgaben auf ihre Stichhaltigkeit untersucht werden, um Kriterien zu erhalten, die es erlauben, die Fehlbelegungsabgabe eindeutig einer der heute üblichen vier Abgabearten zuzuordnen.

Läßt man alles schmückende Beiwerk beiseite, so werden als essentialia des Sonderabgabenbegriffs folgende Merkmale angesehen:

1. Mit Sonderabgaben werden *nicht oder nicht primär* fiskalische, sondern sonstige politische Zwecke verfolgt[292]. Solche Ziele können vielfältiger Art sein, sie dienen dem Ausgleich staatlicher Kosten, dem Ausgleich unter mehreren Teilnehmern am Markt, der Verhaltenslenkung, der Förderung ganzer Wirtschaftszweige, der solidarischen Umverteilung, mehreren von diesen zugleich oder u.U. auch allen gemeinsam.
2. Sonderabgaben werden nicht als Gegenleistungen für staatliche Leistungen erhoben.
   Dabei werden unter dem Begriff der Gegenleistung folgende Tatbestände erfaßt, die sich vor allem auf die Verknüpfung der Abgabe mit der staatlichen Leistung beziehen:

---

[290] So ähnlich *Arndt*, Steuern, Sonderabgaben und Zwangsanleihen, S. 37 f.: „Deshalb ist es notwendig, die Vielfalt der Sonderabgaben zu ordnen und zu systematisieren, um auf diese Weise Übersicht und Klarheit zu gewinnen."

[291] *Capra*, Wendezeit, S. 11 f.

[292] s.o. A III 2. a).

a) Die Abgabe steht einer *individuell zurechenbaren* oder *unmittelbaren* staatlichen Leistung gegenüber[293].

b) Die Abgabe ist mit einer *vorteilhaften* staatlichen Leistung verknüpft[294].

c) Die Abgabe wird *aus Anlaß* einer staatlichen Leistung auferlegt (formaler Gegenleistungsbegriff)[295].

d) Die Abgabe ist mit der staatlichen Leistung in der Weise verknüpft, daß sie bei Wegfall der Staatsleistung entfiele, zurückerstattet würde o.ä.[296].

3. Der Ertrag der Sonderabgabe fällt einer nicht nach Art. 105 ff. GG steuerertragsberechtigten Körperschaft oder Anstalt (Sonderfonds) zu, also *keiner Gebietskörperschaft*[297].

In all diesen Kriterien wird die „differentia specifica" der Sonderabgaben sowohl in Abgrenzung zu den Steuern wie auch in Abgrenzung zu den sog. „Entgeltabgaben" gesehen. Im nachfolgenden Teil werden in der hierdurch vorgegebenen Gliederung die Besonderheiten dieser Abgabenart zu klären versucht. Das Schwergewicht liegt dabei eindeutig auf der Ebene des Gegenleistungsbegriffs, der als anerkanntes negatives Element des verfassungsrechtlichen Steuerbegriffs (§ 1 RAO, § 3 AO 1977) mit seiner Reichweite nicht nur die Sonderabgabe, sondern vor allem auch die Steuer einzugrenzen und zu definieren vermag.

B. Der Sonderabgabenbegriff als Ergebnis unnötig restriktiver Interpretationen des Steuer- und des Gegenleistungsbegriffs

I. Das Fehlen des Einnahmeerzielungszwecks

Der Zweck, Einnahmen für den Finanzbedarf des Staates oder der Gemeinden zu erzielen, ist anerkanntermaßen den Steuern wie auch den Gebühren und den Beiträgen eigen. Den Sonderabgaben wird unterstellt, ihnen mangele es gerade an dieser Zweckbestimmung oder sie verfolgten dieses Ziel nur nebenher.

1. Der Einnahmeerzielungszweck in der steuerbegrifflichen Diskussion

Im Grunde ist die Diskussion um den Einnahmeerzielungszweck bei den Sonderabgaben anachronistisch. Für den Bereich der Steuern ist heute Allgemeingut, daß der Zweck, Einkünfte zur Bestreitung von Staatsaufgaben zu erzielen, Nebenzweck sein kann (§ 3 AO), ja nicht selten völlig in den Hintergrund

---

293 s.o. S. 45 f.

294 s.o. S. 51 f.

295 s.o. S. 46 f.

296 *Vogel/Walter*, BK, Art. 105, Rdn. 46.

297 s.o. A I 1.

tritt[1]. Das Bundesverfassungsgericht hat bei den Steuern das „Zweckmerkmal" in ständiger Rechtsprechung[2] derart weit ausgelegt, daß als nicht der Einnahmeerzielung dienend in diesem Bereich nur Abgaben angesehen werden, bei denen die Finanzfunktion in eine reine „Verwaltungsfunktion mit Verbotscharakter"[3] umschlage, wo also die Absicht des Gesetzgebers dahin gehe, Einnahmen zu verhindern, statt zu erzielen (erdrosselnde Steuern)[4]. Jede andere Verbindung außerfiskalischer Zwecke mit Steuergesetzen in jeder beliebigen Intensität unterhalb dieser Grenze ist daher mit dem Einnahmeerzielungsmerkmal vereinbar.

Damit wird auf dem Feld der Sonderabgaben eine Diskussion fortgesetzt, die im Bereich der Steuern längst beendet ist und als ausweglos erkannt wurde.

2. Theorie des „durchlaufenden Postens"

Auch die aus dem Zweckmerkmal hergeleitete Theorie des „durchlaufenden Postens", nach der die in einem Sonderfonds verwalteten Mittel keine staatlichen Einnahmen darstellen, weil sie sogleich wieder an Begünstigte auszukehren seien[5], ist in jüngerer Zeit nicht mehr vertreten worden.

Völlig zu Recht hat das Schrifttum darauf hingewiesen, daß staatliche Stellen, seien es Behörden der unmittelbaren oder mittelbaren Staatsverwaltung, Ausgaben erst dann tätigen können, wenn sie vorher Einkünfte erzielt haben[6]. Dabei ist es gleichgültig, ob die Ausgaben im Haushaltsgesetz und Haushaltsplan isoliert ausgewiesen werden oder ob die Mittelverwendung bereits im Abgabengesetz selbst geregelt ist. Erzielte Einnahmen werden regelmäßig nur im Ausgeben ihrer rechtmäßigen Zweckbestimmung zugeführt[7], ja staatliche Einnahmen lassen sich im demokratischen Rechtssstaat überhaupt nur durch ihre Wiederverwendung im öffentlichen Interesse rechtfertigen.

Auch die Tatsache, daß in vielen Fällen mit den Erträgen von Sonderabgaben Private subventioniert werden, ändert daran nichts. Die Gewährung von Subventionen ist immer staatliche Intervention aus Gründen des Gemeinwohls[8] und damit eine Aufgabe, die vom Staat erfüllt wird, nicht von privater Seite. Die Vermögensverschiebung erfolgt gerade nicht unmittelbar zwischen Privatleuten, sondern über staatliche Stellen[9], die sie im öffentlichen Interesse nach bestimm-

---

[1] BVerfGE 55 274.

[2] BVerfGE 16 147; 19 101; 19 119; 21 160; 30 250; 38 61.

[3] BVerfGE 38 61.

[4] BVerfGE 16 147 (161).

[5] s.o. A III 2. a); *Bühler/Strickrodt,* Steuerrecht, S. 60; *Huber,* Wirtschaftsverwaltungsrecht, Bd. II, S. 260.

[6] *Götz,* AöR 85, S. 212; *Richter,* Sonderabgaben, S. 69.

[7] *Beckmann,* a.a.O., S. 55.

[8] *Bleckmann,* Subventionsrecht, S. 15.

[9] *Bleckmann,* S. 13.

ten, dem öffentlichen Recht folgenden und dem Gemeinwohl verpflichteten Kriterien wieder verteilen. Wirtschaftlich mag daher der Staat als bloßer Vermittler zwischen privaten Wirtschaftssubjekten innerhalb des Systems der „erzwungenen Selbsthilfe“ der Wirtschaft erscheinen[10]. Juristisch handelt es sich um hoheitliche Eingriffe in den Wirtschaftsablauf[11]. Bereits der Begriff der „erzwungenen Selbsthilfe“ ist ein Widerspruch in sich. Die Begriffe des Zwangs und der Selbsthilfe schließen sich gegenseitig aus. Daß der Zwang überhaupt nötig ist, zeigt, daß die Betroffenen sich gegenseitig gerade nicht selbst helfen, vielmehr sieht es der Staat als seine Aufgabe an, den Benachteiligten zu Hilfe zu kommen und zieht zu diesem Zweck nicht die Allgemeinheit, sondern die Begünstigten heran, um sich die notwendigen Finanzmittel zu verschaffen[12].

Die im Abgabengesetz vorgesehene Zweckbestimmung einer Abgabe, der Subventionierung zu dienen, hindert also unter keinem Gesichtspunkt, weder dem des durchlaufenden Postens noch der erzwungenen Selbsthilfe, die Feststellung, daß die Abgabe der Erzielung staatlicher Einnahmen dient[13].

3. Nebenzwecktheorie und Theorie des besonderen Finanzbedarfs

Gleichwohl zeigt sich in der verfassungsrechtlichen Rechtsprechung eine Tendenz, bestimmte Ausprägungen des Zweckmerkmals, die in der Steuerbegriffsdiskussion als unnötig oder ungeeignet verworfen wurden, in die Sonderabgabenproblematik zu verlagern.

So hat das Gericht die Nebenzwecktheorie, die es von Anfang an als für die Begriffsabgrenzung untauglich abgelehnt hatte[13a], in seiner Entscheidung über die Schwerbehindertenabgabe wieder aufleben lassen[14], allerdings nicht zur Abgrenzung von Steuern und nichtsteuerlichen Abgaben, sondern zur Differenzierung innerhalb der Sonderabgabenkategorie. Daß sich auch hier dieser Theorie kein geeigneter Anwendungsbereich erschließt, hat der 2. Senat des Bundesverfassungsgerichts in seinem Urteil zur Investitionshilfeabgabe deutlich gemacht: „Verfolgt eine Sonderabgabe jedoch einen Finanzierungszweck - sei es als Haupt- oder als Nebenzweck -, so gelten die angeführten Kriterien in vollem Umfang. Hinzutretende Lenkungszwecke, seien sie dominant oder nur beiläufig, ändern daran nichts“[15]. Damit ist nun wohl endgültig davon auszugehen, daß die

[10] BVerfGE 18 315 (328); BVerwGE 6 129; 6 134 (138); 6 282 (288).

[11] Heute wohl h. M.; *Maunz,* in: Maunz/Dürig/Herzog, GG, Art. 105, Rdn. 11; *Patzig,* DÖV 1981, S. 743; *Selmer,* Steuerinterventionismus und Verfassungsrecht, S. 196; *Beckmann,* Verfassungsrechtsfragen im Grenzbereich zwischen Steuern und besonderen Abgaben, S. 55.

[12] *Beckmann,* S. 53.

[13] So im Ergebnis auch: *Götz,* AöR 85, S. 212 ff.; *Selmer,* Steuerinterventionismus und Verfassungsrecht, S. 194 ff.; *Richter,* Sonderabgaben, S. 60; *Beckmann,* S. 58; *Kloepfer,* Steuerinterventionismus und Verfassungsrecht, StuW 1972, S. 178; *Patzig,* DÖV 1981, S. 743; implizit auch BVerfGE 67 256 (277), wenn es von Ausgleichs-Finanzierungsabgaben spricht.

[13a] BVerfGE 3 407 (436).

[14] BVerfGE 57 139 (167, 169).

Nebenzwecktheorie zumindest als Differenzierungskriterium einzelner Abgabenkategorien ad acta gelegt ist.

Gerade in der Rechtsprechung des Bundesverfassungsgerichts aber findet sich das Zweckmerkmal in einem Gewand wieder, in dem sich weder der Wortlaut des § 1 RAO noch der des § 3 AO 1977 leicht wiedererkennen läßt. Das Gericht hat nämlich mehrfach darauf hingewiesen, eine Abgabe könne deswegen nicht als Steuer angesehen werden, weil ihre Erträge nicht zur Deckung des *allgemeinen Finanzbedarfs* des Staats bestimmt seien[16]. Allerdings geht auch hier in den beiden neueren Entscheidungen zur Berufsausbildungsabgabe und zur Investitionshilfe nicht mit hinreichender Deutlichkeit hervor, ob das Gericht damit eine Begriffsbestimmung der Sonderabgaben vornehmen oder die Kriterien für ihre Zulässigkeit niederlegen will. Soweit die Ausführungen der Begriffsbestimmung dienen[17], sind dieser Ansicht dieselben Argumente entgegenzuhalten, die gegen die Theorie vom durchlaufenden Posten sprechen. Vor allem aber wird ein besonderer Finanzbedarf des Staates auch durch Steuern gedeckt, nämlich durch die Zwecksteuern, die nach allgemeiner Ansicht – entgegen dem in § 7 des Haushaltsgrundsätzegesetzes verankerten Non-affectations-Prinzips – verfassungsrechtlich unbedenklich sind. Darüber hinaus ist die Frage zu stellen, ob denn nicht auch durch Steuern besondere staatliche Finanzierungsbedürfnisse gedeckt werden, wenn die Gelder im jeweiligen Haushalt nach dem jährlich aufgestellten Haushaltsplan verausgabt werden. Auf den Sinn der Unterscheidung zwischen allgemeinem und besonderem Finanzbedarf des Staates wird aber unter einem anderen Aspekt noch zurückzukommen sein[18]. Im übrigen ist sicher, daß auch Gebühren und Beiträge einen besonderen staatlichen Finanzbedarf decken, insofern vermag diese Differenzierung jedenfalls kein Kriterium speziell des Sonderabgabenbegriffs darzustellen[19].

4. Das Fehlen des Einnahmeerzielungszwecks als Differenzierungsmerkmal innerhalb der Sonderabgaben

Einen weiteren Schritt, aus dem Finanzierungszweckmerkmal rechtliche Folgerungen zu ziehen, und zwar in der Weise, daß es nicht nur als Abgrenzungskriterium zur Steuer, sondern innerhalb der Sonderabgabenkategorie nutzbar gemacht wird, hat das Bundesverfassungsgericht nun jüngst in seinem Urteil zur Investitionshilfe[20] gemacht. Es unterscheidet zwischen Abgaben, die

---

[15] BVerfGE 67 256 (278).

[16] BVerfGE 18 315 (328); 55 274 (298); BVerfGE 67 256 (275).

[17] Im Schrifttum wird das Kriterium des allgemeinen/besonderen Finanzbedarfs von *Mattern*, BB 1970, S. 1405, 1408 und vor allem *Müller*, BB 1970, S. 1105, 1109, neuerdings auch von *Selmer*, GewArch 1981, S. 43 aufgegriffen.

[18] s. u. B III. 1. b).

[19] Wie hier auch *Beckmann*, Verfassungsrechtsfragen, S. 49.

[20] BVerfGE 67 256.

der Finanzierung dienen, und solchen, die keinen Finanzierungszweck verfolgen[21]. Nur erstere unterwirft es den Anforderungen des Berufsausbildungsurteils. Die Behauptung, die Abgabe verfolge keinen Finanzierungszweck, mag beim Konjunkturzuschlag wegen seiner Rückzahlbarkeit noch hinnehmbar sein. Warum aber Feuerwehrabgabe und Schwerbehindertenabgabe, die beide vom Gesetz mit einer ausdrücklichen Zweckbindung versehen waren und erhebliche Erträge brachten und noch erbringen, keinen Finanzierungszweck verfolgen sollen, ist nicht nachvollziehbar. Ausgleichs- und Antriebsfunktion, wie sie der Schwerbehindertenabgabe und der Feuerwehrabgabe attestiert werden, sind einer großen Anzahl von Sonderabgaben eigen, die Ausgleichsfunktion z.B. allen Ausgleichsabgaben[22], die Antriebs- und Sanktionsfunktion den sog. Lenkungsabgaben, zu denen in der Literatur etwa die Abwasserabgabe[23] oder die Berufsausbildungsabgabe[24] gerechnet werden. Hinzuzufügen ist, daß jede öffentlich rechtliche Geldleistung, und wenn sie noch so puristisch zur Finanzierung öffentlicher Aufgaben gedacht ist, wie auch im Grunde jeder privatrechtliche Preis, geeignet ist, das Verhalten der Betroffenen zu beeinflussen.

Vollends unverständlich wird die Behauptung, die Abgaben verfolgten keinen Finanzierungszweck, wenn man dieser Aussage die Ausführungen des Bundesverfassungsgerichts im Bereich des Steuerrechts, z.B. zur Sonderbesteuerung des Werkfernverkehrs[25], zur Zweigstellensteuer für Wareneinzelhandelsunternehmen[26] oder zur Besteuerung des Straßengüterverkehrs[27] gegenüberstellt. In all diesen Fällen handelte es sich um Abgaben, bei denen der Finanzierungszweck fast total hinter den auf Verhaltenslenkung ausgerichteten Zwecken des Gesetzgebers zurücktrat: Eindämmung des Werkverkehrs, Schutz der ortsansässigen Einzelhandelsunternehmen vor Konkurrenz, das waren die Zwecke, die der Gesetzgeber mit der Einführung dieser Steuern verfolgte. Die Reihe ließe sich, beginnend mit der im Grundgesetz von 1949 verankerten Wertzuwachssteuer, beliebig fortsetzen.

Kriterien, nach denen entschieden werden könnte, wann der Finanzierungszweck noch vorliegt und wann nicht mehr, hat das Bundesverfassungsgericht nur in seiner Rechtsprechung zum Steuerrecht gegeben, nämlich dort, wo die Erzielung von Einnahmen ersichtlich geradezu verhindert werden sollte[28], in seiner Sonderabgabenrechtsprechung hat es solche Kriterien nicht entwickelt. Die Differenzierung erscheint daher eher zufällig und willkürlich als von griffigen Kriterien getragen[29]. Dieser Mangel ist es, der der beliebigen Zuordnung von

---

[21] BVerfGE 67 256 (277).

[22] s. o. A. III 2. b) bb).

[23] *Richter*, Sonderabgaben, S. 55 f.

[24] *Caesar*, „Pfennigabgaben", FinArch N.F. 38, S. 385 ff.

[25] BVerfGE 16 147.

[26] BVerfGE 21 160

[27] BVerfGE 38 61.

[28] s. o. A I 2.

Abgaben Tür und Tor öffnet. Das zeigt sich in der Rechtsprechung des Bundesverfassungsgerichts selbst am anschaulichsten. Das Urteil zur Berufsausbildungsabgabe[30] hatte eine grundlegende Auseinandersetzung mit „den Sonderabgaben" zum Inhalt. Einschränkungen für die Anwendbarkeit der dort aufgestellten Grundsätze wurden nicht gemacht. Bereits das kurz danach ergangene Urteil zur Schwerbehindertenabgabe[31] schränkte die Anwendbarkeit der aufgestellten Zulässigkeitsvoraussetzungen auf primär der Finanzierung dienende Abgaben ein. Und die jüngste Entscheidung des Bundesverfassungsgerichts[32] nimmt die Sonderabgaben, denen angeblich kein Finanzierungszweck zugrundeliegt, aus dem Anwendungsbereich heraus, verzichtet aber ausdrücklich auf die Darlegung eigener Zulässigkeitsvoraussetzungen für solche Abgaben.

Hier wird also auf dem Feld der Sonderabgaben eine Diskussion wiederbelebt, die im Bereich des Steuerrechts längst ad acta gelegt ist. Der über 60 Jahre alte Verlauf der Diskussion um den Einnahmeerzielungszweck im Steuerbegriff hat gezeigt, daß dieses Merkmal letztlich nur die eindeutig pathologischen Fälle – erdrosselnde oder rückzahlbare Abgaben – auszusondern vermocht hat. Jeder sonstige politische Zweck ist mit dem Wesen der Steuer vereinbar. Gewisse Sonderabgaben, die nicht oder nicht primär der Finanzierung staatlicher Aufgaben dienen sollen, dienen (in engen Grenzen![33]) als letzter Anwendungsbereich eines Kriteriums, das in der Vergangenheit eine saubere Begrifflichkeit eher verhindert als hervorgebracht hat.

Ein ganz anderes Verständnis dieser Aussagen erschließt sich allerdings dem, der von der Finanzierungsfunktion absieht und an die Ziele anknüpft, die mit der Verwendung des „Zweckmerkmals" nach dem Willen seiner Schöpfer verfolgt werden sollten. Eine entsprechende Auslegungsmöglichkeit des Einnahmeerzielungszwecks hat kürzlich Henseler[34] aufgezeigt. Ursprünglich, so Henseler, habe es der Ausgliederung von Geldstrafen und -bußen und insgesamt aller Ungehorsamsfolgen, soweit es sich um Geldleistungen handelte, aus dem Steuerbegriff gedient. Die heutigen „Ersatzgelder", etwa die Baden-Württembergische Feuerwehrabgabe oder die Schwerbehindertenabgabe, wiesen insoweit Ähnlichkeit mit jenen auf, als sie einen Verstoß gegen öffentlich-rechtliche Pflichten mit der Auferlegung einer Geldleistung verbänden. Der Rechtsgrund für die Abgabe liege also in diesen Fällen in dem pflichtwidrigen Verhalten des Abgabeschuldners. Der Beschreibung dieser Causa habe das Einnahmeerzielungszweck-

[29] Vgl. *Mußgnugs* Äußerung über die mehr vom Rechtsgefühl als von griffigen Kriterien getragene Grenzziehung zwischen Steuern und Sonderabgaben, Die zweckgebundene öffentliche Abgabe, Festschrift für Forsthoff, S. 274.

[30] BVerfGE 55 274.

[31] BVerfGE 57 139.

[32] BVerfGE 67 256 (278).

[33] BVerfGE 67 256 (277).

[34] Begriffsmerkmale und Legitimation von Sonderabgaben, S. 57 ff.

merkmal dienen sollen, ein Zusammenhang, den auszudrücken es allerdings völlig ungeeignet war[35].

Die Interpretation hat nun allerdings mit dem, was in den vergangenen Jahrzehnten unter „Einnahmeerzielungszweck" oder „Finanzierungszweck" verstanden wurde, nicht mehr viel gemein. Sie wirkt aber deswegen auf den ersten Blick überzeugend, weil sie nicht mehr mit diffusen und vor allem zu anderen Teilen des Steuerbegriffs inkompatiblen „fiskalischen" Zwecken arbeitet, sondern auf die Legitimation, die Causa der Abgabe als Ahndung eines Pflichtenverstoßes abstellt. Die Lösung würde auch die Differenzierung des Bundesverfassungsgerichts erklären, welches ja gerade die Schwerbehindertenabgabe und die Feuerwehrabgabe als „nicht der Finanzierung dienend" bezeichnet hat. Es mag aber im Rahmen dieser Arbeit offen bleiben, ob eine solche Auslegung des Zweckmerkmals seiner Zielsetzung entspricht, zumal das pr. Oberverwaltungsgericht Ersatzabgaben, bei denen die Entstehung der Abgabepflicht nicht vom Willen des Schuldners abhängig sei, als Steuern bezeichnet hat[36].

5. Die generelle Untauglichkeit des „Zweckmerkmals" zur begrifflichen Differenzierung

Mit den wesentlichen Ursachen für die Verwirrung in Rechtsprechung und Jurisprudenz hat sich Bodenheim in seiner Untersuchung über den Zweck der Steuer[37] befaßt. Er zeigt auf, daß überhaupt keine verbindlichen Indikatoren vorliegen, mit deren Hilfe entscheidbar wäre, wann eine Abgabe noch fiskalischen Zwecken dient und wann nicht mehr. „Die Sicherheit der Verwendung der Begriffe ‚fiskalischer vs. nicht-fiskalischer' Steuerzweck verhält sich geradezu umgekehrt proportional zu dem evidenten Mangel an Kriterien, mit denen man diese Zwecke individualisieren zu können glaubt und ihren qualitativen Unterschied behauptet bzw. implizit unterstellt"[38].

Wie man auch immer zu Bodenheims Ergebnissen steht, so ist ihm jedenfalls darin beizupflichten, daß das Einnahmeerzielungszweckmerkmal im Sinne der sog. „Zweckdichotomie" zur begrifflichen Differenzierung und damit auch zur Kompetenzabgrenzung ungeeignet ist. Die Ursachen liegen in der Eigenart jeder Abgabe als Geldleistungspflicht begründet.

Mit jeder Abgabe werden dem Bürger Geldmittel entzogen und dem Staat zugewendet. Die Entzugswirkung tritt auf der Seite des Pflichtigen ein, die Zuwendungs- oder Vermögensmehrungswirkung beim Staat. „Einnahmeerzielung" oder „Finanzierung" sind nur andere Ausdrücke für den zuletzt genannten Wirkungsbereich. Beide Effekte sind jedoch nur die zwei sich gegenseitig bedingenden Seiten desselben Vorgangs.

---

[35] *Bodenheim,* Der Zweck der Steuer, S. 303.

[36] Pr. OVGE 62 507 (508); 84 153 (154).

[37] *Bodenheim:* Der Zweck der Steuer – Verfassungsrechtliche Untersuchung zur dichotomischen Zweckformel fiskalisch-nichtfiskalisch, passim.

[38] *Bodenheim,* S. 211.

Jede Steuer, wie auch jede nichtsteuerliche Abgabe, zeitigt aber auch Wirkungen, die über die reine Belastung hinausgehen, lenkt Verhalten in dem Bereich, in dem sie eingesetzt wird. Solche Wirkungen sind die Folge jeder Geldleistungspflicht, sei es des privatrechtlichen Preises, sei es der öffentlichen Abgaben. Mit öffentlichen Abgaben, ob vom Gesetzgeber bezweckt oder nicht bezweckt, werden objektiv Reaktionen der betroffenen Bürger ausgelöst, die in der Reduzierung oder Steigerung der Nachfrage nach einem Gut, in der Vermeidung bestimmter Verhaltensweisen oder in Ausweichreaktionen liegen können[39].

Damit enthalten alle Abgaben strukturell zwei Wirkungsebenen, die Belastungs- oder Finanzierungswirkung durch bloßen Entzug resp. Zuwendung von Geldmitteln und die Gestaltungswirkung[40]. Beide Wirkungen treten unabhängig davon ein, ob sie vom Gesetzgeber bezweckt sind oder nicht, also auch dann, wenn er auf eine von ihnen überhaupt keinen Wert legt. Von ihnen ist nun allerdings die Belastungswirkung für den Gesetzgeber in jedem Fall offensichtlich, während die Gestaltungswirkungen auf so vielen verschiedenen Ebenen und in so vielfältiger Art und Weise stattfinden, daß die Konsequenzen aus der Auferlegung der Steuer häufig nur schwer zu erkennen sind.

Der Einnahmeerzielungszweck ist der Zweck, mit dem der Gesetzgeber die Finanzierungs- bzw. Belastungswirkung belegt, also die *offenkundig* jedem Steuergesetz innewohnende Wirkung. Unabhängig davon, wieweit die verschiedenen Zwecke für sonstige verfassungsrechtliche Fragestellungen fruchtbar gemacht werden können[41], ist die Behauptung, eine Wirkung, die auf den ersten Blick erkennbar ist, sei vom Gesetzgeber nicht beabsichtigt, durch nichts nachgewiesen und einfach willkürlich. Sie wird heute im Steuerrecht auch ernsthaft nicht mehr aufgestellt, der Einnahmeerzielungszweck auf eine bloße „Ertragsrelevanz“[42] reduziert. Damit lassen sich nur noch solche Abgaben aufgrund des Zweckmerkmals aus dem Steuerbegriff ausscheiden, die überhaupt keine Belastungswirkungen, sondern nur noch Gestaltungswirkungen auslösen, etwa in der Weise, daß alle potentiell Steuerpflichtigen ihr ausweichen[43], oder rückzahlbare Abgaben.

Für die begriffliche Abgrenzung zwischen Steuern und Nichtsteuern und damit auch für die Kompetenzproblematik – Art. 105 ff. GG vs. Art. 70 ff. GG –, ist festzuhalten, daß durch die alternative Fragestellung, die Wahl zwischen Finanzierungszwecken dienenden Abgaben und solchen, die diese Zwecke nicht verfolgen, eine Ausschließlichkeit hergestellt wird, die tatsächlich nicht besteht. Die Begriffe sind inkommensurabel, hier werden Äpfel und Birnen verglichen. Es gibt keinen eigenständigen, rein ökonomischen, eigentlich steuerrechtlichen

[39] *Birk,* Das Leistungsfähigkeitsprinzip als Maßstab der Steuernormen, S. 73, 84.

[40] Vgl. *Birk,* S. 68.

[41] Dafür die h. M., vgl. *Birk,* Leistungsfähigkeitsprinzip, S. 69 m.w.N., S. 153 ff.; dagegen *Bodenheim,* Der Zweck der Steuer, passim.

[42] *Knies,* Steuerzweck und Steuerbegriff, S. 123 ff.

[43] *Birk,* S. 70 Fn. 9.

Bereich, es gibt keine ausreichenden Indikatoren für die Abgrenzung einer rein steuerlichen Materie von anderen Sachbereichen. Vielmehr ist die Ausübung der Steuerkompetenz stets auf außersteuerrechtliche Bereiche angewiesen; das zeigt sich u.a. in der Anknüpfung der Steuernormen an einen bestimmten Steuergegenstand[44].

Die nunmehr vorgenommene Verlagerung der Finanzierungszweckdiskussion in den Bereich der Sonderabgaben ändert an der grundsätzlichen Unbrauchbarkeit des „Zweckmerkmals" für Schlußfolgerungen, die sich aus seinem Fehlen ergeben sollen, nichts. Zwar geht es hier nicht mehr um die Kompetenzabgrenzung, es wird auch zugegeben, daß nicht der Finanzierung dienende Sonderabgaben nur in engen Grenzen existieren[45], womit gleichzeitig auch eingeräumt wird, daß der Mehrzahl der Sonderabgaben ein Einnahmeerzielungszweck innewohnt, gleichwohl werden aber doch nicht finanzierende Abgaben von den aufgestellten Zulässigkeitsvoraussetzungen ausgenommen.

Diesen Versuchen sind die Erfahrungen aus der steuerrechtlichen Diskussion entgegenzuhalten: Ebenso wenig wie es valide Indikatoren für eine Aufspaltung der Finanzierungsfunktion in Haupt- und Nebenzweck gibt, jedenfalls nicht solche, die eine eindeutige Terminologie ermöglichen[46], sind Kriterien für die Existenz oder Nichtexistenz des Finanzzwecks überhaupt greifbar, solange mit der Abgabe Einnahmen - zum Teil in nicht unerheblichem Ausmaß - tatsächlich erzielt werden. Ausgenommen von dieser Feststellung mögen die Fälle der erdrosselnden und der rückzahlbaren Abgaben sein. Der Erdrosselungsfall, den Knies[47] mit Recht als theoretischen Extremfall ohne sonderlichen Realitätsgehalt bezeichnete, ist bislang nur von der berühmten Potsdamer Nachtigallensteuer aus dem Jahre 1844 bekannt, mit deren Auferlegung es gelang, das damals in Mode gekommene Halten von Nachtigallen in der Stadt Potsdam völlig zu unterbinden. Rückzahlbare Abgaben haben gerade in jüngster Zeit größere Relevanz erlangt. Das Bundesverfassungsgericht dürfte in seiner jüngsten Entscheidung[48] aber einer Neuauflage solcher Abgaben einen Riegel vorgeschoben haben. In diesen beiden Ausnahmefällen mag die Verneinung des Einnahmeerzielungszwecks berechtigt sein, weil hier in objektiv erkennbarer Weise Einnahmen tatsächlich nur vorübergehend erzielt werden.

Entfällt der Finanzierungszweck als begriffliches Merkmal zur Unterscheidung zwischen Sonderabgaben und Steuern, aber auch zwischen Sonderabgaben und Gebühren / Beiträgen, von denen ja nie bezweifelt wurde, daß sie der Finanzierung staatlicher Aufgaben dienen, sind darüber hinaus allenfalls Geldleistun-

---

[44] *Bodenheim*, S. 294 ff.

[45] BVerfGE 67 256 (278).

[46] BVerfGE 3 407 (436); vgl. die Nachweise bei *Bodenheim*, S. 239, Fn. 215; die Frage, ob rechtliche Folgerungen anderer Art aus der Finanzierungsfunktion zu ziehen sind - dazu vor allem *Vogel*, StuW 1977, S. 97 ff. - wird von diesen Ausführungen nicht berührt.

[47] Steuerzweck, S. 130.

[48] BVerfGE 67 256.

gen aus dem Steuerbegriff auszuschließen, die an rechts- oder pflichtwidriges Verhalten anknüpfen[49], so bleibt für die übergroße Mehrheit, wenn man mit der absolut herrschenden Meinung die Tatbestandsmerkmale des § 1 RAO als Grundlage des verfassungsrechtlichen Steuerbegriffs ansieht, allein das Gegenleistungskriterium, nach dem sich Steuern und Nichtsteuern gegeneinander abgrenzen ließen.

II. Der Gegenleistungsbegriff des § 1 RAO

Daß Abgaben, die als Gegenleistung für eine besondere Leistung des Staates erhoben werden, nicht als Steuern anzusehen sind, folgt unmittelbar aus § 1 RAO und ist in der rechtswissenschaftlichen Literatur unumstritten. Der Gegenleistungsbegriff als negativer Betandteil des Steuerbegriffs ist, wenn überhaupt, bislang ausführlich vorwiegend unter Teilaspekten untersucht worden, je nachdem, ob Gebühren oder Beiträge Untersuchungsobjekt waren. Das Hauptaugenmerk der rechtswissenschaftlichen Literatur lag auf dem Gebiet des Gebührenrechts, das Recht der Beiträge ist hier eher etwas stiefmütterlich behandelt worden. Eine Definition der Gegenleistung oder des Entgelts, die für beide Kategorien Gültigkeit besitzt, ist bislang, abgesehen von Autoren, die – ohne nähere Begründung – als Gegenleistungsabgaben nur solche ansehen, die vorteilhaften Staatsleistungen gegenüberstehen[50], nur von Vogel / Walter[51] und von Wilke versucht worden, von letzterem auch nur, weil er die Beiträge als besondere Art der Gebühren ansieht[52]. Im übrigen wird das Vorliegen oder Nichtvorliegen der Gegenleistung entweder ohne Begründung oder unter Berufung auf Vogels Definition behauptet[53]. Wie oben[54] bereits dargelegt, legen Rechtsprechung und Schrifttum dem einheitlichen Begriff der Gegenleistung unterschiedliche Auslegungen zugrunde, je nachdem, ob er innerhalb des Beitrags- oder Gebührenrechts verwandt wird. Für die Gebühren ist heute unbestritten, daß sie nicht nur für vorteilhafte Leistungen gezahlt werden, sondern auch für unvorteilhafte oder neutrale. Wesentlich ist, daß der Abgabepflicht individuell zurechenbare staatliche Leistungen gegenüberstehen[55], während das rechtswissenschaftliche Verständnis des Beitragsbegriffs auch heute noch den Vorteil als begriffsimmanent ansieht[56]. Diese unterschiedliche Auslegung ein

---

[49] s. o. B I 4.

[50] s. o. A II 1. Fn. 79, 80.

[51] BK, Art. 105, Rdn. 44.

[52] *Wilke,* Gebührenrecht und Grundgesetz, S. 100, 139.

[53] s. o. S. 131 ff.; BVerfGE 55 274 (298); BVerfG NJW 1985, S. 37; *Mattern,* BB 1970, S. 1405; *Meessen,* BB 1971, S. 928; *Brodersen,* Festschrift für Wacke, S. 103; *Selmer,* DStZ (A) 1975, 396, 397 f.; *Selmer,* GewArch 1981, S. 41; *Richter,* Sonderabgaben, S. 39; *Wendt,* Die Gebühr als Lenkungsmittel, S. 49.

[54] A II 2. a) und c).

[55] BVerfGE 50 217 (226); *Wilke,* Gebührenrecht und Grundgesetz, S. 89; *Wendt,* Die Gebühr als Lenkungsmittel, S. 47 ff. sowie die auf S. 74 Fn. 74 genannten Autoren.

[56] s. o. A II 2. a).

und desselben Begriffs, je nach dem Rechtsgebiet, auf dem er angewandt wird, müßte eigentlich von vornherein Verwunderung auslösen, zumindest sollte wohl zu Recht nach einer Begründung für die unterschiedliche Handhabung gefragt werden. Leider ist sie bislang nicht gegeben worden.

In der Folge soll daher zunächst der Umfang des Gegenleistungsbegriffs geklärt werden, insbesondere die Frage, ob tatsächlich unterschiedliche Ausprägungen des Gegenleistungsbegriffs im Gebühren- und Beitragsrecht existieren, anschließend wird die Frage beantwortet werden, welches sonstige Kriterium Gebühren und Beiträge voneinander zu scheiden vermag. Dabei wird es, wenn auch nicht ausschließlich, besonders auf den vorkonstitutionellen Befund ankommen, da das Grundgesetz nur diesen seinem Steuerbegriff unterlegen konnte.

Neben diesen Problemen, die die Art der der Abgabepflicht gegenüberstehenden staatlichen Leistung betreffen, beziehen sich andere Streitobjekte der wissenschaftlichen Diskussion auf die Funktion der Abgabe selbst. Die vorliegende Arbeit wird sich daher mit dem formalen Gegenleistungsbegriff[57] und dem materiellen Gegenleistungsbegriff, der heute von Vogel/Walter[58] und Wendt[59] vertreten wird, auseinanderzusetzen haben.

1. Die besondere Leistung des Staates

a) Ihre Vorteilsneutralität

aa) im Gebührenrecht

Wie bereits dargestellt, steht für die Gebühren ihre Vorteilsneutralität heute außer Frage. Es ist vielmehr das Kriterium der zurechenbaren staatlichen Leistung, deren Kosten sie decken soll, das sie von den Steuern abgrenzt[60].

Wilke[61] meint, vier Prinzipien zu erkennen, von denen der Gesetzgeber sich bei der Auferlegung von Gebühren für staatliche Leistungen leiten läßt, nämlich das Vorteilsprinzip, das Interessenprinzip, das Veranlassungsprinzip und das Verschuldensprinzip. Er räumt dabei ein, daß das Interessenprinzip nur schlecht von dem Vorteilsprinzip zu unterscheiden sei und eng mit ihm verwandt sei[62]. Dasselbe gelte für das Verschuldensprinzip, das sich auch mit dem Veranlassungsprinzip erklären lasse[63]. Genaugenommen finden sich also hier zwei Prinzipien wieder, das Vorteilsprinzip und das Verursacher- oder Veranlasserprinzip.

---

[57] s. o. A II 1.

[58] BK, Art. 105 Rdn. 46.

[59] Die Gebühr als Lenkungsmittel, S. 54 ff.

[60] s. o. S. 45 ff.

[61] Gebührenrecht und GG, S. 84 f.

[62] Gebührenrecht und GG, S. 84.

[63] Gebührenrecht und GG, S. 85.

Wilke meint, der Erkenntniswert der von ihm gefundenen vier Prinzipien sei gering. Die Untersuchung wird aber zeigen, daß gerade die Erkenntnis dieser Dualität von Vorteil und Kostenverursachung als Anknüpfungspunkt für Gebührentatbestände für den Umfang des Gegenleistungsbegriffs in § 1 RAO (§ 3 AO) von großem Wert ist. Denn hier findet sich die Dualität einer jahrzehntelang geführten Begriffsdiskussion wieder, die sich in der Nutzen- und der Kostentheorie oder auch in dem Äquivalenzprinzip und dem Kostendeckungsprinzip niederschlug[64]. Völlig zu Recht betont Wilke, daß sich das Gebührenrecht nicht auf einen einzigen Grundgedanken zurückführen lasse[65]. Es sind vielmehr *entweder* das Vorteilsprinzip *oder* das Kostenverursachungsprinzip, die sich in allen Gebührentatbeständen wiederfinden und nach denen sich der Kreis der Abgabepflichtigen und in den meisten Fällen auch der Verteilungsmaßstab bestimmt. Als Oberbegriff für beide wird heute in Rechtsprechung und Schrifttum häufig das Kriterium der Zurechenbarkeit verwendet[66].

Für Wilke, der Gebühren und Beiträge als dasselbe Phänomen ansieht[67], ist die Einbeziehung der Beiträge in diesen Rahmen nur folgerichtig. Dasselbe gilt für die finanzwissenschaftliche Literatur, die Gebühren und Beiträge nicht mehr nach dem Vorliegen und der Intensität eines Vorteils unterscheidet, sondern von der Teilbarkeit, Adressiertheit oder Zurechenbarkeit staatlicher Leistungen ausgeht[68]. Demgegenüber hält sich in der Rechtsprechung und in Teilen des rechtswissenschaftlichen Schrifttums hartnäckig die Meinung, Beiträge würden für – wirtschaftliche – Vorteile erhoben[69]. Dabei wird geflissentlich die Untersuchung auf die Beiträge des Kommunalabgabenrechts beschränkt und die Kammer-, Verbands- und sonstige Beiträge als nicht in die Systematik passende „Exoten" ausgeschlossen oder einer Sonderbetrachtung unterworfen. Wir finden also beim Beitragsbegriff in diesen Fällen dasselbe merkwürdige Verfahren vor, das schon beim Gegenleistungsbegriff festgestellt wurde: Einem immerhin einheitlichen Begriff – hier Beitrag, dort Gegenleistung – werden zwei verschiedene Inhalte unterlegt, wobei zwar der Unterschied erläutert wird, nicht aber das gemeinsame Merkmal.

---

[64] Vgl. o. A II 1.

[65] Gebührenrecht und GG, S. 85.

[66] BVerfGE 50 217 (226); *Wilke,* S. 89; *Hansmeyer-Fürst,* Gebühren, S. 34 f.; *Hedtkamp,* Finanzwissenschaft, S. 233; *Zeitel,* Handwörterbuch der Wirtschaftswissenschaft, Bd. II, S. 348; *Kreft,* Die begriffliche Abgrenzung von Steuer und Gebühr, S. 55 f.; *Wendt,* Die Gebühr als Lenkungsmittel, S. 50.

[67] Gebührenrecht und GG, S. 136.

[68] *Zeitel:* Hdwb. der Wiwi II, S. 348; *Hansmeyer/Fürst,* Gebühren, S. 34 f.; *Hedtkamp:* Finanzwissenschaft, S. 233; *Bohley,* Gebühren und Beiträge, S. 26 ff.; derselbe: Gebühren und Beiträge, Handbuch der Finanzwissenschaft, 3. Aufl., Bd. II, S. 921 ff.

[69] BVerfGE 7 244 (254); BVerfGE 9 291 (297 f.), 42 223 (227 f.); BVerfGE 49 343 (352 ff.); *Mai,* Sonderabgaben, S. 142, 145; *Bopp,* Feuerwehrabgabe, S. 178; *Eyben,* Die Abgabenform des Beitrags, S. 50 ff.; *Auer,* Sonderabgaben, S. 44; *Henseler,* Begriffsmerkmale und Legitimation von Sonderabgaben, S. 17, 80.

bb) im Beitragsrecht

(1) Daß die Verbands- und Kammerbeiträge nicht unbedingt einen Vorteil voraussetzen, ist wohl allgemein anerkannt[70]. Gleichwohl vermittelt natürlich auch hier wie bei den Gebühren der übergroße Teil der beitragspflichtigen staatlichen Leistungen seinen Empfängern Vorteile, seien sie wirtschaftlicher oder ideeller Art. Die Besonderheit dieser Beiträge ist aber in der korporativen Struktur der Staatstätigkeit, innerhalb derer sie erhoben werden, gesehen worden[71]. Vielfach findet sich auch die Formulierung, es handele sich nicht um Beiträge „in der engeren Bedeutung dieses Begriffs"[72], oder sie enthielten keine Gegenleistung „im engeren Sinne"[73], sie seien keine Beiträge im „finanzrechtlichen Sinne"[74].

In der Tat dürfte wohl der überwiegende Teil der korporativen Zwangsbeiträge dem Vorteilsprinzip unterliegen. Die Gegenleistung besteht hier z.B. in der Vertretung der allgemeinen Berufs- oder Verbandsinteressen der Mitglieder[75]. Daneben aber existieren Beiträge zu korporativen Zwangsvereinigungen, die auf die Verursachung der Kosten abstellen. Besonders gut kommt diese Doppelfunktion in den §§ 81, 84 Wasserverbandsverordnung[76] zum Ausdruck: „Die Beitragslast verteilt sich auf die Mitglieder im Verhältnis der Vorteile, die sie von der Aufgabe des Verbandes haben, und den Lasten, die der Verband auf sich nimmt, um ihren schädigenden Wirkungen zu begegnen oder um ihnen Leistungen abzunehmen." (§ 81) „Soweit Eigentümer keinen Vorteil haben und keinen Schaden verursachen, sind sie von allen Beitragslasten frei" (§ 84).

In denselben Rahmen gehören etwa die Beiträge nach § 19 Abs. 2 Flurbereinigungsgesetz[77] oder nach § 29 Wasserhaushaltsgesetz[78].

Dazu sind auch die Beiträge nach § 18 des Erdölbevorratungsgesetzes[79] zu zählen, wonach die zur Erfüllung der Aufgaben des Erdölbevorratungsverbandes erforderlichen Mittel durch Beiträge seiner Mitglieder aufgebracht werden.

---

[70] BVerwGE 42 210 (217); *Tipke/Kruse,* RAO, § 1 A 11 a; *Vogel/Walter,* BK, Art. 105 Rdn. 39; *Eyben,* Die Abgabenform des Beitrags, S. 170.

[71] *Selmer,* Steuerinterventionismus und Verfassungsrecht, S. 183, 185 m.w.N.; *Isensee,* Nichtsteuerliche Abgaben, S. 447 ff.

[72] *Klein,* DVBl 1959, S. 319; *Wolff/Bachof,* Verwaltungsrecht I, S. 312; BVerwGE 42 210.

[73] *Vogel/Walter,* BK, Art. 105 Rdn. 40, offenbar unter Aufgabe der in DVBl 1958, S. 491 ff. geäußerten Auffassung, es handele sich um Steuern.

[74] *Richter,* Sonderabgaben, S. 47; *Selmer,* Steuerinterventionismus und Verfassungsrecht, S. 185: kein Institut des Finanzrechts, wobei er die Herausnahme aus dem Finanzrecht durch die Rechtsprechung als voreilig bezeichnet und die Befürchtung äußert, ob hier nicht über die offene Flanke der allgemeinen Kompetenzordnung die Wurzel zu einer zweiten apokryphen Steuerverfassung gelegt worden sei.

[75] *Klein,* DVBl 1959, S. 316.

[76] Vom 03.09.1937, RGS NW, S. 130.

[77] Vom 16.03.1976, BGBl I, S. 546.

[78] Vom 16.10.1976, BGBl I, S. 3017.

[79] Vom 29.07.1978, BGBl I, S. 1073.

§ 18 Abs. 3 stellt für die Höhe der Beitragssätze allein auf den zu erwartenden Mittelbedarf im jeweiligen Haushaltsjahr und damit auf die Kostendeckung ab. Wie in all diesen Fällen werden die Betroffenen – hier die Hersteller oder Importeure von Erdölerzeugnissen – zwangsweise zu Mitgliedern eines Verbandes zusammengeschlossen (§ 9). Ein besonderer Vorteil dieser Mitglieder an der Bevorratung von Erdöl, der über den Vorteil der Allgemeinheit aus dieser Aufgabe hinausginge, ist weit und breit nicht erkennbar. Die Mitglieder des Verbandes werden ausschließlich im Dienste einer gesamtwirtschaftlich motivierten Rohstoffsicherungspolitik in die Pflicht genommen[80].

(2) Die Vorteilslosigkeit beitragspflichtiger Leistungen ist aber beileibe nicht auf die Beiträge zu korporativ organisierten Vereinigungen beschränkt. Sie existiert völlig unabhängig von der Organisationsform, wie überhaupt der Beitragsbegriff auf der Ebene der staatlichen Leistung keine formale Komponente aufweist, etwa in der Weise, daß „öffentliche Einrichtung" die Funktionseinheit einer Hoheitsperson[81] sei. Einrichtung ist nichts anderes als ein Synonym für die öffentliche Leistung, wie die nachfolgenden Beispiele zeigen werden – nicht die Tatsache, daß es keine öffentliche Einrichtung „Reblausbekämpfung" o.ä. gab, hat das Bundesverfassungsgericht daran gehindert, die badische Weinabgabe als Beitrag anzusehen, sondern ausschließlich ihre materielle Funktion[82].

So konnten nach § 9 a pr. KAG die Arbeitgeber verpflichtet werden, Beiträge für den Bau von Arbeitnehmerwohnungen zu leisten. In Abs. 1 Satz 2 hieß es dazu: „Als wirtschaftlicher Vorteil ist dabei für die Heranziehung von Arbeitgebern zu Beiträgen die Tatsache anzusehen, daß durch die geplanten Wohnungen eine unter den Arbeitnehmern der Arbeitgeber hervorgetretene Wohnungsnot gemildert oder einer drohenden Wohnungsnot vorgebeugt wird." Das, was hier als wirtschaftlicher Vorteil definiert wird, hat mit realen Vorteilen nichts mehr zu tun. Die Frage, ob und wie seine Arbeitnehmer untergebracht sind, berührt den Arbeitgeber primär nicht. Die Leistung des Staates, den Bau von Arbeitnehmerwohnungen zu fördern, wird erst dann und nur unter der Voraussetzung zum „Vorteil", wenn man eine besondere Verantwortung oder Fürsorgepflicht des Unternehmers für seine Arbeiter statuiert, die sich auch auf ihre Unterbringung in Wohnungen bezieht, so daß der Wohnungsbau durch den Staat als ersparte Aufwendungen der Arbeitgeber erscheint.

Ebenfalls dem Verursacherprinzip und nicht dem Vorteilsprinzip unterliegen die Beiträge (Vorausleistungen) für die außergewöhnliche Abnutzung der Wege[83]. Hierdurch wurde denjenigen, die eine Verkehrsanlage dauernd in außer-

---

[80] *Caesar,* Pfennigabgaben, FinArch NF 38, S. 393.

[81] VG Düsseldorf, Beschluß v. 11.06.1985 – 14 K 1084/85, S. 17; *Wolff/Bachof,* Verwaltungsrecht II, § 98 II a.

[82] BVerfGE 7 244 (252, 256).

[83] Pr. VO über die Erhebung von Vorausleistungen für die Wegeunterhaltung vom 25.11.1923, GS, S. 540.

gewöhnlichem Maße abnutzten, ein besonderer Wegebeitrag auferlegt. Die Höhe der Beiträge richtete sich nach dem Grad der Abnutzung, nicht nach dem den Einzelnen entstehenden Vorteil. Dabei konnte der Vorteil, den der außergewöhnliche Abnutzer hatte, durchaus erheblich geringer sein als der Vorteil desjenigen, der die Verkehrsanlage nur in gewöhnlichem Umfang benutzte, erhebliche Vorteile daraus zog, aber gleichwohl keine besonderen Beiträge zu entrichten hatte[84].

Auch hier war die besondere Verantwortung für ein der Allgemeinheit zustehendes Gut Anknüpfungspunkt für einen Beitrag, der die durch die Pflichtigen verursachten Kosten finanzieren, oder besser, ausgleichen sollte.

In ähnlicher Weise konnten die Gemeinden nach § 74 der Badischen Städte- und Gemeindeordnung Beiträge von denjenigen Personen einfordern, welche öffentliche Gemeindeeinrichtungen in außergewöhnlichem Maße in Anspruch nahmen und hierdurch einen erhöhten Gemeindeaufwand verursachten[85].

Ähnliches gilt für die Berufsschulbeiträge nach § 16 pr. Diensteinkommensgesetz[86]. Diese Beiträge wurden von den Arbeitgebern zur Deckung der Kosten der Berufsschulen erhoben und bemaßen sich nach der Zahl der von den Beitragspflichtigen beschäftigten Arbeitern und Angestellten.

Bei anderen Beiträgen ist wohl der Vorteilsbezug zu dem pflichtigen Personenkreis erkennbar, die Höhe der Abgabe richtet sich aber allein nach den verursachten Kosten. Dazu gehören etwa die Beiträge nach § 64 Reichsviehseuchengesetz[87], die Messebeiträge[88], die für die von den Veranstaltern geleistete Werbe- und Verwaltungstätigkeit zu entrichten waren, vor allem aber auch die „klassischen" kommunalen Beiträge nach § 15 pr. Fluchtliniengesetz[89], die Vorgänger der heutigen Erschließungsbeiträge nach §§ 127 ff. BBauG. Beide, die Beiträge nach dem Fluchtliniengesetz wie die heutigen Erschließungsbeiträge, bemessen sich nicht nach der Höhe der durch die Erschließungsanlage empfangenen Vorteile, sondern richten sich nach den anteilig verursachten Kosten der Erschließungsanlage.

---

[84] Vgl. *Odenkirchen,* Interessentenbeiträge, S. 10.

[85] Fundstelle bei *Odenkirchen,* S. 13.

[86] Gesetz über das Diensteinkommen der Gewerbe- und Handelslehrer/innen an den gewerblichen, kaufmännischen und hauswirtschaftlichen Berufsschulen (Pflichtfortbildungsschulen) i.d.F. der VO vom 22.04.1924, GS, S. 219.

[87] Vom 01.05.1894, RGBl S. 423; heute § 71 Tierseuchengesetz; § 12 Abs. 1 AG VG vom 30.07.1973, GV NW, S. 329: „Die Landschaftsverbände erheben von den Tierbesitzern Beiträge, um Entschädigungen zu leisten, Beihilfen zu gewähren, Verwaltungskosten zu bestreiten und Rücklagen zu bilden. Sie bedienen sich zur Erfüllung ihrer Aufgaben nach den §§ 9-11 der Tierseuchenkassen.

Die Tierseuchenkassen sind nicht-rechtsfähige Sondervermögen der Landschaftsverbände. Die Sondervermögen und ihre Erträge dürfen nur für die in Abs. 1 genannten Zwecke verwendet werden."

[88] Aufgrund des Gesetzes vom 09.12.1922, RGBl I, S. 929.

[89] Vom 02.07.1875, GS, S. 561.

Schließlich ist für den Bereich der Arbeitgeberbeiträge zu den Trägern der verschiedenen Sozialversicherungszweige seit jeher anerkannt, daß es sich bei den Leistungen der Sozialversicherung nicht um solche handelt, die gerade den Arbeitgebern einen wirtschaftlichen Vorteil verschaffen[90].

Die vorkonstitutionelle Rechtsprechung, insbesondere die des pr. Oberverwaltungsgerichts, hat sich vornehmlich den Beiträgen nach dem pr. KAG gewidmet und die jeweils streitbefangene Abgabe an den Voraussetzungen dieses Gesetzes gemessen. Aus diesem Grunde hat sie entscheidend für den Beitragsbegriff nach dem KAG auf den wirtschaftlichen Vorteil abgestellt[91]. Sie hat dabei aber mehrfach darauf hingewiesen, daß sich der Beitragsbegriff des pr. KAG nicht unbedingt mit dem Beitragsbegriff anderer Länder oder gar des Reiches decken müßte[92]. In seiner Entscheidung zum Rechtscharakter der Berufsschulbeiträge nach § 16 Diensteinkommensgesetz[93] hat das Gericht ausdrücklich offengelassen, ob die Berufsschulbeiträge nach finanzwissenschaftlichen Grundsätzen den Steuern oder den Beiträgen zuzurechnen seien, da im Streitfall nur zur Diskussion stand, ob es sich um Beiträge oder um Steuern im Sinne des § 14 des Reichsbahngesetzes handelte, welches wiederum auf den Beitragsbegriff des pr. KAG rekurrierte. Die mehrmalige Betonung, es handele sich nicht um Beiträge im Sinne einer ganz bestimmten Rechtsnorm, läßt den Umkehrschluß zu, daß das pr. Oberverwaltungsgericht sich durchaus darüber im klaren war, daß neben diesen, einen relativ engen Beitragsbegriff umfassenden Abgaben nach dem pr. KAG eine Reihe anderer Beitragsformen existierte.

(3) Betrachten wir das Vorteilsprinzip etwas näher. Vorteil ist jede Rechtsposition, ob von wirtschaftlichem oder ideellem Wert[94], die der Pflichtige durch die staatliche Leistung zusätzlich erlangt. Ob jemand einen Vorteil erlangt hat, hängt daher von dem Vergleich des Rechtszustandes vor dem vorteilsschöpfenden Ereignis und danach ab.

Das Ergebnis dieses Vergleichs liegt bei verschiedenen Beiträgen und Gebühren klar auf der Hand. Derjenige, der ein Museum, Theater oder Schwimmbad besucht, weiß, daß die Nutzung dieser Rechts- oder Wirtschaftsgüter nicht in seine Rechtssphäre gehört, ihm nicht zusteht. Wird ihm daher die Nutzung ein-

---

[90] s.o. S. 52.

[91] Pr. OVGE 32 109; 94 100; 69 59; 82 187; 83 111; 47 96; 58 395; 44 164; 82 187.

[92] Pr. OVGE 83 111 (116) zu den Messebeiträgen nach § 68 Abs. 2 Reichsgewerbeordnung: „Die Tatsache, daß § 68 Abs. 2 der Reichsgewerbeordnung von ‚Beiträgen' spricht, beweist in dieser Hinsicht nichts, da nicht anzunehmen ist, daß der Reichsgesetzgeber hiermit den ganz besonders gearteten Begriff des Kommunalabgabengesetzes eines einzelnen Landes gemeint haben sollte."; pr. OVGE 100 94 (104): „Wenn nun auch Berufsschulbeiträge nach der Rechtsprechung des Senats ... an sich keine ‚Beiträge' im Sinne des § 9 KAG sind, sondern sich den direkten Steuern nähern, so tragen sie andererseits doch einen beitragsähnlichen Charakter"; pr. OVGE 82 187.

[93] Pr. OVGE 82 187 (193 ff.).

[94] *Wilke,* Gebührenrecht und GG, S. 67.

geräumt, so hat sich seine Rechtsposition nunmehr durch die staatliche Leistung verbessert.

Schwieriger fällt der Vergleich bereits bei den Verwaltungsgebühren, z.B. der Gebühr für die Erteilung einer Erlaubnis, Genehmigung u.ä. Die Erlaubniserteilung an sich wäre nämlich durchaus nicht vorteilhaft für den Betroffenen, wenn der Staat nicht gleichzeitig seine Handlungsfreiheit in einer Weise beschränken würde, die die Erlaubnis überhaupt erst notwendig machte.

Der Gesetzgeber engt also den Handlungsrahmen seiner Bürger in mannigfaltiger Weise ein, indem er Gebote oder Verbote auferlegt. Indem der Staat diese grundsätzliche Beschränkung im Einzelfall wieder aufhebt, bewirkt er bei dem Betroffenen eine Verbesserung seiner Position. Das öffentliche Interesse steht hier deutlich im Vordergrund, das Privatinteresse resultiert nur aus einer vorgegebenen Rechtslage, die den Freiheitsraum der Betroffenen einschränkt[95].

Wie wenig aussagekräftig das isolierte Vorteilsprinzip ist und wie sehr es von legislativen Vorgaben abhängig ist, zeigt gerade ein Prototyp der sogenannten Vorzugslasten, die angeblich für vorteilhafte staatliche Leistungen gezahlt werden, der kommunale Kanalanschluß- oder Entwässerungsbeitrag. Denn ohne das Verbot, Abwässer auf dem eigenen oder einem öffentlichen Grundstück zu verrieseln oder in einen Bach zu leiten, müßte die Kanalisation durchaus nicht als vorteilhafte Leistung des Staates für den Grundeigentümer erscheinen. Der gleichzeitig auferlegte Anschluß- und Benutzungszwang für die öffentliche Entwässerung zeigt beispielhaft, in welcher Weise der Handlungsrahmen des Bürgers bei diesen sogenannten „echten" Beiträgen eingegrenzt wird[96]. Wilke[97] verdeutlicht den Zusammenhang des von ihm gebrauchten Kriteriums der individuellen Zurechenbarkeit mit der vorgegebenen Rechtslage, wenn er ausführt: „Die individuelle Zurechenbarkeit öffentlicher Leistungen kann beispielsweise dadurch herbeigeführt werden, daß Rechtsnormen Individualinteressen begründen und zur Befriedigung dieser Interessen öffentliche Leistungen erbracht werden. So könnte industriellen Luft- oder Wasserverschmutzern die gesetzliche Pflicht auferlegt werden, ihre Abgase und Abwässer vor der Emission zu reinigen. Würde der Staat sodann die notwendigen Reinigungsmaßnahmen in eigener Regie durchführen, würde es sich um Leistungen handeln, die auch im Interesse der Industriebetriebe lägen, so daß ihre Belastung mit Gebührenpflichten gerechtfertigt wäre."

Der angebliche Vorteil, oder besser: das, was der Bürger erhält, ist daher allenfalls eine sekundäre Folge der staatlichen Inpflichtnahme. Der eigentliche Grund für die finanzielle Heranziehung des Bürgers ist dagegen allein das öffent-

---

[95] In diesem Sinne auch *Wilke,* Gebührenrecht und GG, S. 88; *Hansmeyer/Fürst,* Die Gebühren, S. 37.

[96] Darauf verweisen auch *Hansmeyer/Fürst,* Die Gebühren, S. 37.

[97] Gebührenrecht und GG, S. 88.

liche Interesse, das die Inpflichtnahme bestimmter Personen erfordert, weil diese durch ihre Handlung oder Stellung eine besondere Verantwortung für die Durchführung der Maßnahme tragen – im Fall des Entwässerungsbeitrags: weil die Grundstückseigentümer ohne Anschlußzwang die Umwelt in besonderer Weise beeinträchtigen würden. Es ist also nicht allein der Nutzen der staatlichen Leistung, der Anknüpfungspunkt für Beiträge ist, sondern in gleicher Weise die Existenz und Zuweisung von Rechtspflichten und Verantwortlichkeiten der Abgabepflichtigen. Das gilt ohne Ansehen der Organisationsform für alle Arten beitragspflichtiger Leistungen. So hat das Bundesverfassungsgericht die Rechtfertigung der Sozialversicherungsbeiträge der Arbeitgeber seit jeher in ihrer Fürsorgepflicht für ihre Arbeitnehmer gesehen[98]. Hier liegt also die gemeinsame Wurzel aller Beitragsformen, sowohl der kommunalen Beiträge wie der Beiträge zu korporativen Zwangsvereinigungen und der Sozialversicherungsbeiträge.

Dieser Sachverhalt ist es, der das vorkonstitutionelle juristische wie finanzwissenschaftliche Schrifttum daran gehindert haben dürfte, den Vorteil als Begriffsinhalt eines umfassenden Beitragsbegriffs deutlich herauszustellen. In der rechtswissenschaftlichen Literatur wurde die Formel der „besonderen Beteiligung" am Bestande einer öffentlichen Einrichtung oder Veranstaltung gewählt[99], wobei hinzugefügt wurde, daß außer den Personen, die Sondervorteile aus öffentlichen Unternehmen zögen, solche zu Beiträgen herangezogen würden, denen das Gesetz aus politischen Gründen ein besonderes Interesse an der Anstalt *zuschreibe*[100].

Sehr prägnant hat Adolf Lampe[101] diesen Sachverhalt beschrieben. Er bezeichnet Gebühren und Taxen als Individualentgelte, die durch die Person des Zahlungspflichtigen veranlaßt werden, die Beiträge als Kollektiventgelte, die „aufgrund einer einseitigen Entscheidung der öffentlich-rechtlichen Körperschaft" erhoben werden, „die Einrichtungen trifft und die ihrerseits behauptet, daß bestimmte Gruppen von Subjekten an diesen speziell interessiert seien".

Daß sich in vielen Fällen der Vorteil zu einer bloßen Vermutung oder Fiktion verflüchtige, ist seither mehrfach betont worden[102].

Inzwischen hat die Finanzwissenschaft seit den Arbeiten von Amonn[103], Terhalle und Neumark[104] von dem Entgeltprinzip, das Gebühren und Beiträge als Gegenleistungen für vermittelte Sondervorteile sieht, mit Recht gänzlich Ab-

[98] St. Rechtsprechung des BVerfG, s. o. S. 52.

[99] s. o. A II 2. a).

[100] *Fleiner*, Institutionen, S. 398.

[101] Gebühren, Beiträge und Taxen, Wörterbuch der Volkswirtschaft, II. Bd., S. 14 ff.

[102] BVerwG DGStZ 1959, 135 (138); *Hettlage*, Handwörterbuch der Sozialwissenschaften, Bd. I, S. 728; *Büchner*, Handbuch der Finanzwissenschaft, 2. Auflage, 1956, Bd. II, S. 238; *Förster*, KStZ 1965, S. 41 f.

[103] Grundsätze der Finanzwissenschaft, Teil 1, S. 6, 163 ff.

[104] s. o. A II 2. a).

schied genommen. Staatliche Leistungen sind nicht nur deshalb Leistungen gegenüber dem Pflichtigen, weil sie ihm besondere Vorteile bringen, sie sind auch deswegen als Leistungen anzusehen, weil es sich um Aufgaben und Tätigkeiten handelt, die eigentlich dem Pflichtigen zukommen, für deren Durchführung im Grunde er die Verantwortung trägt, die ihm zurechenbar sind, ihn betreffen.

Die Tatsache, daß sich die Erkenntnis von dem Verantwortungs- und Zurechnungszusammenhang verschiedener beitragsfähiger staatlicher Leistungen so langsam und zunächst auch nur über die Aufrechterhaltung einer Vorteilsfiktion Bahn brach, liegt nun nicht daran, daß sich das Wesen der Beiträge im Laufe der Zeit in dieser Weise geändert hätte. Das dürfte die beispielhafte Auflistung von Verusacherbeiträgen aus vorkonstitutioneller Zeit hinreichend nachgewiesen haben. Das Bedürfnis, zunächst über eine Fiktion oder Vermutung die Vorstellung von dem gegenüberstehenden Vorteil oder Interesse des betroffenen Bürgers aufrechtzuerhalten, mag daraus resultieren, daß so die Sonderbelastung dem Bürger politisch leichter „verkauft" werden konnte. Tatsächlich aber war es der hier dargelegte, von einem Vorteil als Wesensmerkmal befreite, den Gebühren und Beiträgen gleichermaßen eigene Gegenleistungsbegriff, der als vorkonstitutioneller Befund dem verfassungsrechtlichen Steuerbegriff zugrunde liegt.

b) Der Unterschied zwischen Gebühr und Beitrag

Nach diesem Ergebnis fragt es sich nun allerdings, ob es danach überhaupt noch sinnvoll ist, Gebühren und Beiträge voneinander zu unterscheiden. Wilke[105] vollzieht den Schritt zur Auslöschung des Beitragsbegriffs und sieht die Beiträge als Geldleistungen an, die, ebenso wie die Gebühren, aus Anlaß individuell zurechenbarer Staatsleistungen erhoben werden. Diese Schlußfolgerung dürfte ihm wohl auch deswegen leicht gefallen sein, weil er die Verbands- und Kammerbeiträge sowie die Sozialversicherungsbeiträge aus seiner Untersuchung ausgesperrt hat[106], ansonsten wäre ihm wohl ein Charakteristikum aufgefallen, das allen Beiträgen gemeinsam ist, das aber speziell bei den Verbands- und Kammerbeiträgen besonders leicht erkennbar ist, nämlich die Unaufteilbarkeit oder Gruppenbezogenheit der Verbands- oder Kammerleistungen, für die die Beiträge gezahlt werden. Handwerkskammern, Industrie- und Handelskammern, Zahnärztekammern nehmen die Interessen ihrer Mitglieder insgesamt wahr, der Deich schützt alle potentiell von der Überschwemmung Bedrohten ohne Unterschied, die Unterhaltung des Wasserlaufs nützt allen Wasserverbandsmitgliedern. Nicht einzelne Tätigkeiten dieser Einrichtungen, für welche übrigens wiederum Gebühren erhoben werden können, kommen ihren Mitgliedern zugute, sondern ihre Existenz an sich oder, mit dem Begriff der Verantwort-

---

[105] s. o. A II 2. c).

[106] *Wilke,* Gebührenrecht und GG, S. 120.

lichkeit ausgedrückt: Der Gesetzgeber setzt das für seine Gruppe Verantwortung tragende Individuum voraus, in dessen „Interesse" die öffentlich wahrgenommenen, auf die Gruppe bezogenen Aufgaben liegen *sollten.*

Dieser Gruppenbezug, der vom Willen und von den tatsächlichen Vorteilen des einzelnen Gruppenmitglieds unabhängig ist, scheint sich bei den gerade von der juristischen Literatur in erster Linie betrachteten Beiträgen nach dem Vorbild des pr. KAG, den Beiträgen im „engeren Sinne", zu verflüchtigen. Bereits § 9 pr KAG ordnete an, daß die Beiträge nach den Vorteilen des Einzelnen zu bemessen seien. Dasselbe Gebot ergeht heute durch die kommunalen Abgabengesetze der Länder[107]. Für den Bereich der Beiträge wird damit im Grunde eine begriffliche und tatsächliche Unmöglichkeit gefordert. Die Kanalisationsanlage oder die neugebaute Straße erschließen zwangsläufig den gesamten Bereich, nie nur ein einzelnes Grundstück. Ob sie wollen oder nicht, werden sämtliche Anlieger von der Einrichtung betroffen. Die Berechnung nach dem Vorteil des Einzelnen muß daher willkürlich sein[108], das Ergebnis sind die vielen mißlungenen Versuche von Gemeinden und Verwaltungsgerichten, diesen Ansprüchen gerecht zu werden und einen einigermaßen wirklichkeitsnahen Maßstab für die Bemessung zu finden.

Wilke gibt zu, daß die genannten Beispiele eine Differenzierung zwischen Gebühren und Beiträgen zulassen, wischt die Erkenntnisse jedoch mit der Bemerkung vom Tisch, sie sei eher ein akzeptables Zufallsergebnis, das sich in anderen Zweifelsfällen nicht wiederhole, als eine Formel, die mit genügender Trennschärfe Gebühren und Beiträge zu unterscheiden vermöchte[109]. Ein Beispiel für Beiträge, bei denen sich dieses Ergebnis nicht wiederholt, bringt er nicht.

Die moderne Finanztheorie hat inzwischen mit dem oben[110] dargestellten Instrument des „exclusion principle", des Ausschließungsprinzips, die Richtigkeit der Hedtkampschen Beobachtungen sinnfällig gemacht. Der Eigentümer des Grundstücks, an dem die Entwässerungsanlage vorbeiführt, kann nun einmal nicht von der Benutzungsmöglichkeit dieser Anlage ausgeschlossen werden, sie ist zwangsläufig auch für ihn erbracht. Dagegen können alle anderen, die nicht Anlieger dieser Kanalisation sind, von der Leistung ausgeschlossen werden. Es liegt eine Art „geschlossener Klub" von Betroffenen vor[111]. Die Leistung ist an die Gruppe adressiert, nicht an den Einzelnen. Das zeigt auch die Tatsache, daß neben den Beiträgen in aller Regel Gebühren erhoben werden, wenn der einzelne Grundeigentümer sein Anwesen an die Entwässerungsleitung

---

[107] Vgl. § 8 KAG NW; § 8 KAG SH; § 4 Bln. Gebühren- und Beitragsgesetz; in derselben Weise haben auch die übrigen Bundesländer ihre kommunalen Beiträge gestaltet.

[108] So auch *Hedtkamp,* Finanzwissenschaft, S. 235.

[109] *Wilke,* Gebührenrecht und GG, S. 129.

[110] A II 2. c).

[111] *Bohley,* Gebühren und Beiträge, 1977, S. 43.

angeschlossen hat und damit den Tatbestand für die individuell zurechenbare Leistung - tatsächliche Entwässerung seines Grundstücks - gesetzt hat.

Darum ist auch Henselers Versuch, Beiträge und Sonderabgaben danach zu unterscheiden, ob der Staat die Realisierung des potentiellen Individualnutzens, sofern der Abgabenpflichtige will, garantieren kann (dann Beitrag) oder nicht (Sonderabgabe)[112], zum Scheitern verurteilt. Beitragspflichtige Staatsleistungen vermögen einen Individualnutzen eben nicht zu garantieren, ehrengerichtliche oder public-relations-Maßnahmen einer berufsständischen Vereinigung wirken sich ebensowenig meßbar für das einzelne Mitglied aus wie die staatlichen Werbemaßnahmen für die einzelnen Filmtheaterbesitzer, die deutsche Filme präsentieren. Entscheidend ist allein die besondere Eigenart der Staatsleistung, die bei den Beiträgen wie bei den von Henseler genannten Sonderabgaben in ihrer Unteilbarkeit, ihrer Unmöglichkeit liegt, ein bestimmtes, vielleicht zahlungsunwilliges Mitglied der Gruppe von ihrer Wirkung *auszuschließen.* Das ist es, was die Beiträge legitimiert, nicht aber die staatliche Garantie der Leistungsbeteiligung für alle.

Was von der Rechtswissenschaft mit dem Ausdruck „Vorteil" bezeichnet wird, drückt die Finanzwissenschaft als „Bedürfnisbefriedigung" aus[113]. Sie unterscheidet zwischen individuellen und kollektiven Bedürfnissen. Dem kollektiven Bedürfnis entspricht in juristischer Diktion das öffentliche Interesse. Kollektive Bedürfnisse sind nur deswegen kollektiv, weil sie eben nicht dem Individuum entspringen, sondern dem Willen des übergeordneten Kollektivverbandes. Damit beruht die Bedürfnisbefriedigung und damit die Erbringung der staatlichen Leistung allein auf den Präferenzen und der politischen Willensbildung des Kollektivs. Diese mag subjektiv einzelnen Individuen nützlich erscheinen, anderen aber ebenso unnütz. Wenn ihnen dennoch die Leistung oktroyiert wird, so zeigt das, daß es auf das individuelle Bedürfnis oder den individuellen Vorteil gar nicht ankommt, sondern ausschließlich auf das Kollektivbedürfnis. Oktroyierte Leistungen, wie die allgemeinen Kollektivleistungen, die mit Steuern finanziert werden, aber auch die beitragspflichtigen Leistungen, die nur ein Teilkollektiv, aber eben auch ein Kollektiv betreffen, können nicht mit dem individuellen Nutzen begründet werden. Auch die gängige Definition, die Beiträge würden für die Möglichkeit der Inanspruchnahme staatlicher Leistungen entrichtet, erweist sich hiernach als Irrweg. Wenn schon kein individuelles Bedürfnis an der Inanspruchnahme des staatlich gewährten Wirtschaftsguts existiert, so kann die Möglichkeit der Nutzung eben dieses Guts das nicht existente individuelle Bedürfnis genausowenig befriedigen. Die Möglichkeit der Inanspruchnahme eines „Guts", an dem gar kein Interesse besteht, als Vorteil zu bezeichnen, ist ein logisches Paradoxon.

---

[112] *Henseler,* Sonderabgaben, S. 98 ff.

[113] Vgl. *Domschke,* Der Gebührenbegriff, S. 32 ff.

Nun ist auch die Erkenntnis vom Kollektiv- oder Gruppenbezug der Beiträge nichts Neues. Sie war nur gerade durch die intensive Beschäftigung von Rechtsprechung und juristischem Schrifttum mit den kommunalen Beiträgen verdrängt. So haben schon längst vor Inkrafttreten des pr. KAG Beiträge existiert, die eindeutig auf den Gruppenbezug der staatlichen Leistung hinwiesen, etwa § 30 der Gemeindeordnung für die Rheinprovinz vom 23.07.1845: „Wo bisher ... einzelne Kreis- oder Gemeindemitglieder ... zur Befriedigung solcher Bedürfnisse, welche nur eine Klasse oder Abteilung betreffen, besondere Geldbeiträge ... geleistet haben ..."

Oder in ähnlicher Weise § 59 der Westf. Landgemeindeordnung vom 19.03.1856: „Betrifft aber das Bedürfnis nur das Interesse einzelner Klassen von Gemeindemitgliedern oder einzelner für sich bestehender Abteilungen des Gemeindebezirks, so leisten auch nur diese die zur Befriedigung desselben nötigen Geldbeiträge und Dienste." Eine fast wörtlich damit übereinstimmende Bestimmung enthielt der § 12 der Landgemeindeordnung für die sechs östlichen Provinzen vom 14. April 1856, und in gleicher Richtung bewegten sich die Bestimmungen des § 13 der Kreisordnung für die sechs östlichen Provinzen vom 13. Dezember 1872 und § 110 der Provinzialordnung für diese Provinzen vom 29. Juni 1875[114].

Und so sah auch Neumann[115], der als Vater des Beitragsbegriffs gilt, einen wesentlichen Unterschied zwischen Gebühren und Beiträgen darin, ob die „Preisgestaltung" innerhalb oder außerhalb eines geschlossenen Kreises Platz greife: zu den Preisen ersterer Art gehörten die Verbands-, Vereins- und ähnliche Preise, sie würden bestimmt nach dem, was nach allgemeiner Anschauung gerecht und zweckmäßig erscheine, und bestimmten sich nach dem subjektiven Wert des Gebotenen, bei erheblichen Unterschieden auch nach den verursachten Kosten, und nur, wo gemeinnützige Motive von erheblicher Art in Betracht kämen, auch nach der Leistungsfähigkeit. Zu diesen Preisen gehörten die Beiträge. Dagegen gehörten die Gebühren zu den Entgelten, die sich nicht auf den Austausch des geschlossenen Kreises beziehen. Und schließlich sei nochmals auf den oben[116] zitierten Adolf Lampe verwiesen, der die Beiträge als Kollektiventgelte betrachtete.

Als Zwischenergebnis sei daher festgehalten: Gebühren stehen individuell, Beiträgen gruppenbezogen adressierte oder zurechenbare Staatsleistungen gegenüber.

Auch der Steuer stehen staatliche Leistungen gegenüber. Sie beziehen sich auf die größte gesellschaftliche Gruppe, die Allgemeinheit, die Gesamtheit der

---

[114] Fundstelle bei *Oldenkirchen,* Interessentenbeiträge, S. 15 f.

[115] Die Besteuerung nach dem Interesse, zitiert bei *Odenkirchen,* Interessentenbeiträge, S. 27.

[116] B II 1. Fn. 101.

Staatsbürger[116a]. Hier wird ansatzweise der Bezug zur früheren äquivalenztheoretischen Steuerrechtfertigungslehre erkennbar. Vogel / Walter[117] drücken diesen Zusammenhang so aus: Der Steuerpflichtige erhält für seine Leistung keine andere Gegenleistung als die, daß sie im Rahmen der staatlichen Organisation für die öffentlichen Aufgaben eingesetzt wird. Dadurch, daß hier die staatliche Tätigkeit und der von ihr betroffene Personenkreis in Beziehung gesetzt werden, wird erstmals für jede der drei herkömmlichen Abgabeformen eine Begrifflichkeit geschaffen, die mit der der beiden anderen jeweils kompatibel ist. Auf diese Weise kann es nicht zu Begriffsüberschneidungen oder Begriffslücken kommen[118], welche, wie bereits angedeutet, für die Entstehung des Sonderabgabenbegriffs verantwortlich sind.

Mit dieser Feststellung könnte es für die begriffliche Subsumtion einzelner Abgaben unter dieses Schema sein Bewenden haben, wenn nicht die Begriffe der Zurechenbarkeit, Verursachung oder Adressiertheit ihrerseits wieder so weit wären, daß sie nach inhaltlicher Ausfüllung verlangten. Gerade der Versuch dieser Arbeit, eine einzelne neue Abgabe in ein gefundenes begriffliches Schema einzuordnen, kann nur gelingen, wenn nicht nur die Grundsätze, sondern in gewissem Umfang auch die begrifflichen Grenzen abgesteckt sind. Nachfolgend soll daher die Frage behandelt werden, in welchen Fällen eine staatliche Leistung dem Abgabepflichtigen „zurechenbar", „gewidmet", an sie „adressiert" oder von ihnen „verursacht" ist.

c) Die besondere staatliche Leistung als zurechenbare Leistung

aa) Die Begrenztheit des Verursacher- und des Exclusionsprinzips

Obwohl gesetzliche und wissenschaftliche Definitionen das Merkmal der Kostenverursachung ganz selbstverständlich zum Bestandteil des Gebühren- und Beitragsbegriffs gemacht haben, sind die Versuche, das Prinzip näher zu erläutern, bislang sehr spärlich geblieben. Die meisten Autoren haben sich darauf beschränkt, die Verursachung als Wesenselement der Gebühr beim Namen zu nennen[119]. Das Verursacherprinzip – Verursachung im Sinne der conditio sine qua non-Formel – als Anknüpfungspunkt für die Zurechnung von

---

[116a] Vgl. *Isensee,* Nichtsteuerliche Abgaben, S. 441.

[117] BK, Art. 105, Rdn. 43.

[118] *Bohley,* Gebühren und Beiträge, 1977, S. 42.

[119] *Adolf Wagner,* Finanzwissenschaft, Bd. II, S. 35: Gebühren als „Abgaben, welche von Einzelnen oder Gruppen von Einzelnen als ein spezielles Entgelt eines ihnen ... geleisteten Dienstes oder – evtl.: und – einer durch sie verursachten Ausgabe (Kostenprovokation) ... erhoben werden"; *Strutz,* Handwörterbuch der Staatswissenschaften, 4. Aufl., Bd. IV, S. 627: Von den Steuern unterscheidet sich die Gebühr durch das „Erfordernis einer besonderen, den Pflichtigen zu Gute kommenden oder durch sie verursachten Leistung"; im übrigen die unter A II 1. Fn. 34-42 dargestellte Literatur m.w.N.

Tätigkeit oder Kosten, ist aber, wenn es nicht näher erläutert und eingegrenzt wird, von einer Weite, die es als zu diesem Zweck untauglich erscheinen läßt. Auf diesen Mangel hat Friauf in seiner Abhandlung zur Schleswig-Holsteinischen Abgabe wegen Veränderung der Gemeindeverhältnisse[120] aufmerksam gemacht, indem er darauf hinwies, daß es notwendig sei, die Frage der Verursachung kritisch zu beleuchten, und zwar nicht rein abstrakt-naturwissenschaftlich, sondern teleologisch-wertend: „Die Verursachung als Anknüpfungspunkt für bestimmte Rechtsfolgen kann, wie überall im Recht, nur aufgrund einer am Regelungszweck orientierten wertenden Beurteilung festgestellt werden."

In jüngster Zeit ist das Verursachungsprinzip insbesondere im Bereich des Umweltrechts erörtert worden. Ökonomisch wird als Ursache der Umweltprobleme die bislang kostenlose und daher überzogene Inanspruchnahme natürlicher Umweltgüter, wie z.B. Luft oder Wasser angesehen. Die bisherige Behandlung der Umweltressourcen als „freie Güter" führt so notwendigerweise zu Kostenverzerrungen, weil durch ihre kostenlose Inanspruchnahme der hierdurch bewirkte Werteverlust in der Kostenrechnung der Verursacher nicht erscheint. Umweltbelastende Produktionsverfahren werden daher anderen Möglichkeiten wegen ihrer Kostenlosigkeit vorgezogen, was eine „künstliche, preisverzerrende Verbilligung aller umweltintensiv hergestellten Güter" bewirkt[121].

Die Wirtschaftswissenschaft bietet zur Lösung dieser Probleme zwei Modelle an:

1. Die Umweltgüter werden als Bestandteil des öffentlichen Vermögens, als öffentliche Güter, begriffen. Diese Werte sind wegen ihrer Verknappung nur gegen Entgelt, das vornehmlich in Form von Abgaben erhoben wird, nutzbar. Hierdurch wird eine optimale Verteilung der zur Verfügung stehenden Ressourcen marktgerecht erreicht (Entgeltmodell)[122].
2. Der zweite Ansatz ist das Modell der „social costs"[123]. Es stellt auf die der Allgemeinheit entstehenden externen Sozialverluste ab, die statt vom Verursacher bisher von der Allgemeinheit getragen wurden. Durch Rückverlagerung (Internalisierung) der Kosten zum Urheber (in der Weise, daß die Kosten nunmehr in der Aufwandrechnung des Unternehmens erscheinen) wird die Preisverzerrung für die hergestellten Güter aufgehoben und eine optimale Faktorenallokation wieder erreicht[124].

---

[120] Kommunalabgaben zur Abwälzung von Folgekosten des Wohnungsbaus, DVBl 1978, S. 517, 522.

[121] *Kloepfer*, DÖV 1975, S. 593.

[122] *Kloepfer*, DÖV 1975, S. 593.

[123] *Crone-Erdmann*, DB 1974, S. 1878; *Kloepfer*, S. 593.

[124] *Kloepfer*, S. 593.

Aber auch hier wird die Zuordnung des genutzten Umweltgutes bzw. der entstandenen Kosten entweder zum sog. „Verursacher" oder zur Allgemeinheit als bereits getroffene Entscheidung unterstellt. Dabei ist doch die gerade in Grenzfällen zu lösende Frage, wem das Gut zugewiesen ist oder wer bestimmte Kosten endgültig zu tragen hat[125].

Auch die Kriterien der Adressiertheit, Ausschließbarkeit oder Teilbarkeit führen hier nicht weiter. Zum einen vermögen sie bereits in sich nicht ohne normative Elemente auszukommen – das exclusion principle erfordert neben der technischen und wirtschaftlichen Ausschließbarkeit ebenso die ethische Ausschließbarkeit[126], zum andern aber leisten sie, so gut sie die evidenten Fälle erklären können, aufgrund ihrer eindeutig technisch-ökonomischen Ausrichtung keinen Beitrag zur Lösung der Grenzfälle, weil diese, wie in vielen anderen Bereichen auch, das Ergebnis politisch-wertender Entscheidungen sind. Bohley selbst gibt diesen Mangel zu[127]: „Natürlich hat die Feststellung des Adressatenkreises in der Vergangenheit oft enorme praktische Schwierigkeiten bereitet, und sie kann sicher nicht nach einem generell gültigen Schema erfolgen. In manchen Fällen kann man zwar auf die physische Evidenz eines ‚Netzanschlusses' abstellen, in anderen kann man auf eine formale ‚Verbandsmitgliedschaft' zurückgreifen, in wieder anderen Fällen dürfte es aber nicht ohne das ‚Dazwischenschalten' irgendwelcher technischer Indikatoren möglich sein, zu einer Gruppenabgrenzung zu gelangen. Vielfach wird man auch eine nur politisch zu entscheidende Zuordnung von Grenzfällen nicht vermeiden können."

Die zu lösende Frage ist doch, woraus sich ergibt, daß beispielsweise die Leistungen der Sozialversicherung oder der Wohnungsbau für Arbeitnehmer nach § 9 a pr. KAG an die Arbeitgeber, die Leistungen der Tierseuchenkassen an die Gesamtheit der Tierbesitzer oder die Leistungen des Erdölbevorratungsverbandes an die Erdölimporteure und -händler adressiert sind.

Denselben Mangel in der Theorie der „public goods" hat neuerdings Peter Saladin[128] kritisiert und gemeint, die ökonomische „Staatsaufgaben-Lehre", die Theorie der „public goods", sei zu formal, als daß sie die Erfassung staatlicher Verantwortung und damit der Aufgaben des Staates leisten könne. Und in demselben Punkt hat Jürgen Schmidt[129] die Schwachstelle der ökonomischen Theorie der „social costs" gesehen: Der Theorie fehle weitgehend das Instrumentarium, weil man hier zu naturalistisch vorgegangen sei, statt den rechtlichen Rahmen mit in den Denkansatz einzubeziehen, und weil man andererseits verkannt habe, daß jede Rechtszuweisung an Individuen immer die „externalität" habe, „Sozialkosten" zu verursachen. Bedenklicher als die Mängel in der öko-

---

[125] *Schmidt*, AcP 175, S. 236.

[126] *Bohley*, Gebühren und Beiträge, 1977, S. 31 f.

[127] S. 46.

[128] Verantwortung als Staatsprinzip, S. 78.

[129] Verursacherprinzip und Sozialkosten, AcP 175, S. 222, 242.

nomischen Diskussion sei freilich die Tatsache, daß ihre Argumente in die rechtspolitische Diskussion unbesehen übernommen worden seien, vor allem weil in der juristischen Theorie das entsprechende Instrumentarium zur sachgerechten Diskussionsführung zur Verfügung stünde. Festzuhalten bleibt, daß alle angesprochenen wirtschaftswissenschaftlichen Theorien von einer wesentlichen Voraussetzung ausgehen, die weder angesprochen noch problematisiert wird, daß nämlich feststeht, wem das genutzte Wirtschaftsgut zusteht bzw. wer die Kosten eigentlich (primär) zu tragen hätte. Auf diesen Zusammenhang verweist auch Boehm[130]: „Dem Verursacher von Umweltbelastungen die unmittelbare Verantwortung, oder, wo das nicht möglich oder untunlich ist, die Kosten hierfür zuzurechnen, hat doch mehr mit Gerechtigkeit und guter Ordnung zu tun, als es ein erster Blick auf die möglichen technischen Ausformungen dieses Zurechnungsprinzips vermuten läßt - ähnlich wie bei den Zivilrechtsvorschriften, die weitgehend Kostenzurechnungsvorschriften sind."

Daß die finanzwissenschaftliche Theorie, die hier verlangte Grenzziehungs- und Wertungsaufgabe nicht vollständig erfüllen kann, mag in ihrer Natur als ökonomischer Theorie begründet sein. Demgegenüber stellt die Rechtswissenschaft das für diese Zwecke erforderliche Instrumentarium zur Verfügung. Insofern ist die begriffliche Klärung der öffentlichen Abgaben nicht nur eine finanzwissenschaftliche Aufgabe, sondern eine genuin juristische. Zur Lösung des Problems hält die Rechtswissenschaft das Kriterium der Zurechenbarkeit bereit, welches im Gebührenbereich heute in Rechtsprechung und Rechtslehre allgemeine Gefolgschaft gefunden hat[131], und dem auch die Anerkennung verschiedener finanzwissenschaftlicher Autoren[132] nicht versagt blieb.

bb) Der Inhalt des Zurechnungsprinzips

Zurechenbarkeit in der hier vorausgesetzten umfassenden Form ist speziell im Zivilrecht ein wohlbekannter Topos, während sich seine Anwendung im öffentlichen Recht vornehmlich auf das Polizei- und Ordnungsrecht beschränkt und speziell im Abgabenrecht bislang noch keine besondere Vertiefung erhalten hat. Wilke hat deswegen den verschiedenen von ihm genannten Zurechnungskriterien keine besondere Bedeutung beigemessen und gemeint, dem Gesetzgeber stehe eine weitgehende Dispositionsfreiheit über die individuelle Zurechenbarkeit zu: Individuell zurechenbar sei, was der Gesetzgeber individuell zurechne[133].

Im Abgabenrecht konkretisiert der Gesetzgeber selber, welche Leistungen zurechenbar sind. Dabei gibt er nicht nur die Personen vor, denen zugerechnet

---

[130] DÖV 1975, S. 598.

[131] BVerfGE 50 217 (226); *Wilke,* Gebührenrecht und Grundgesetz, S. 87; *Kreft,* Die begriffliche Abgrenzung von Steuer und Gebühr, S. 55 f.; *Wendt,* Die Gebühr als Lenkungsmittel, S. 48.

[132] *Hansmeyer/Fürst,* Die Gebühren, S. 34 f.; *Hedtkamp,* Finanzwissenschaft, S. 233.

[133] *Wilke,* a.a.O., S. 88.

wird, sondern auch den von ihm für zurechenbar erachteten vermögensrechtlichen Wert, entweder in Form einer Bemessungsgrundlage oder gar in Form eines absoluten Betrages. Das ist seine Aufgabe, andererseits aber die besondere Problematik des öffentlichen Rechts. Im Privatrecht ergibt sich die Zuordnung von Gütern in der Regel durch privatautonome Entscheidungen der Beteiligten. Im öffentlichen Recht ist es aber der Staat selber, der festlegt, was der Staat, was „die Allgemeinheit" ist[134]. Ihm obliegt also nicht nur die Konfliktentscheidung, sondern er ist Beteiligter an dem Konflikt. Diese Position gibt ihm einen um vieles größeren Entscheidungsspielraum als im Privatrecht, der erst an der Grenze der Grundrechte endet.

Gerade darum aber ist wesentlich zu erkennen, an welche Strukturen der Abgabengesetzgeber die Zurechnung staatlicher Leistungen knüpft. Der Begriff der Zurechnung in der Weise, wie Wilke ihn braucht, ist letztlich genauso nichtssagend und für eine Differenzierung ungeeignet wie der der Verursachung. Erst die Ausfüllung und Konkretisierung durch typische Fallgestaltungen macht ihn für die Rechtsanwendung geeignet.

Diese Aufgabe leisten für den Bereich der Güterbewegung unter Privaten, wenn man von vertraglichen Regelungen absieht, speziell die gesetzlichen Ausgleichstatbestände des zivilen Haftungs- und Bereicherungsrechtes.

(1) Bereits der erste Blick macht die Parallelen zum Recht der „Entgeltabgaben" deutlich. Hier wie dort werden Vorteile (§ 812 Abs. 1 Satz 1, 1. und 2. Alt. BGB) und Nachteile bzw. Kosten (§§ 823, 683, 904 Satz 2, 912, 917 BGB, Gefährdungshaftungstatbestände) zugerechnet. Dabei knüpft das Gesetz in beiden Fällen sowohl an Handlungen des Anspruchsgläubigers an (§ 812 Abs. 1 Satz 1, 1. Alt. BGB, § 683 BGB) wie an solche des Schuldners (§ 812 Abs. 1 Satz 1, 2. Alt., § 823 BGB, Gefährdungshaftungstatbestände, Tatbestände zivilrechtlicher Aufopferung: §§ 904 Satz 2, 912, 917 BGB), was den provozierten und oktroyierten Leistungen des Gebühren- und Beitragsrechts entspricht.

Im einzelnen sind hier wie im Abgabenrecht zwei große Gruppen zu unterscheiden: Tatbestände, die an Güterverschiebungen anknüpfen, welche mit Willen des Pflichtigen erfolgen, und solche, die Leistungen betreffen, die ohne seinen Willen erbracht werden.

Die erste Gruppe umfaßt im Zivilrecht vor allem die vertraglich vereinbarten Güterbewegungen, zu deren Ausgleich das Entgelt dient. Dem entspricht die große Masse der Gebührentatbestände, die an einen Antrag, eine sonstige Willenserklärung oder Rechtshandlung anknüpfen. Sofern die Güterbewegung nicht auf rechtsgeschäftlicher Grundlage beruht, knüpfen die gesetzlichen Tatbestände an tatsächliche Handlungen an, sei es, daß sie den dadurch erlangten Vorteil abschöpfen (§ 812 Abs. 1 Satz 1, 2. Alt.) oder die verursachten Kosten ausgleichen sollen (unerlaubte Handlungen, Gefährdungshaftung, zivilrecht-

[134] *Schapp*, Hauptprobleme der juristischen Methodenlehre, S. 38.

liche Aufopferung). Im Gebührenrecht gehören hierhin die von Wilke[135] sogenannten „Duldungsgebühren", bei denen zwar zunächst durch positive Handlungen eine Einrichtung erstellt wird, die gebührenpflichtige Leistung aber nur darin besteht, daß der Gebührenschuldner von einer ihm eingeräumten Benutzungsmöglichkeit einseitig Gebrauch macht, während der Staat sich darauf beschränkt, die Inanspruchnahme seiner Einrichtung zu dulden. Dazu zählen etwa Straßenbenutzungs- und Sondernutzungsgebühren[136]. Weiter sind hier alle sonstigen vom Verursacherprinzip geprägten Gebühren einzuordnen.

Zur zweiten Gruppe gehören die Tatbestände der Geschäftsführung ohne Auftrag und der Leistungskondiktion. Analoge Erscheinungen im Gebühren- und Beitragsrecht sind die Abgaben für sogenannte oktroyierte Leistungen. Insbesondere die Beiträge, die ausnahmslos für solche oktroyierten Leistungen gezahlt werden, finden ihre Parallele im Aufwendungsersatzanspruch im Rahmen der Geschäftsführung ohne Auftrag[137]. Sofern die Abgabe in Fällen des Leistungsoktroi an den erlangten Vorteil und nicht an die aufgewendeten Kosten anknüpft[138], findet er in der Konstellation der Leistungskondiktion seine Entsprechung.

(2) Die verschiedenen Tatbestände der zivilrechtlichen Ausgleichsordnung sind nach Inhalt und Struktur zwar durchaus uneinheitlich, lassen sich aber in ihrem Kern zurückführen auf das Spannungsverhältnis zwischen Handlungsfreiheit und Güterzuordnung[139], die Abgrenzung von Rechtsbereichen[140], oder, wie Jürgen Schmidt es dargestellt hat[141], auf die dichotomische Struktur subjektiver Rechte, ihre Zweiteilung in Aktions- und Vermögensberechtigung.

Mit „Aktionsberechtigung" bezeichnet Schmidt das Recht zum Handeln, das sich durch Zuweisung von Freiheitsbereichen durch Berechtigungsnormen an das Rechtssubjekt vollzieht, mit Vermögensberechtigung, daß ihm der Vermögens*wert* der betreffenden Handlung oder des betreffenden Sachverhaltsbereiches zukommt, ihm gebührt[142]. Dazu brauchen sich beide Berechtigungen nicht zu decken. Sie haben einen unterschiedlichen Inhalt und können deswegen

---

[135] Gebührenrecht und GG, S. 57.

[136] So steht der Heranziehung zu Sondernutzungsgebühren nicht entgegen, daß die Sondernutzung ohne förmliche Erlaubnis erfolgt ist; denn die Gebühr wird nicht für die Erlaubnis, sondern für die Sondernutzung als solche geschuldet, BVerwG v. 21.10.1970, VkBl 71 218; vgl. auch Art. 73 Bayr. Wassergesetz (1907).

[137] So hat das pr. OVG einmal den Anliegerbeitrag gem. § 15 pr. Fluchtliniengesetz als einen in Form einer öffentlichen Abgabe gekleideten Erstattungsanspruch bezeichnet, pr. OVGE 68, S. 155 f.; 81, S. 125 (129).

[138] Vgl. die Beispiele bei *Wilke,* Gebührenrecht und GG, S. 80.

[139] *Deutsch,* Haftungsrecht, S. 27.

[140] Prot. II, S. 567.

[141] *Schmidt,* Aktionsberechtigung und Vermögensberechtigung, passim.

[142] *Schmidt,* S. 55, 57.

unterschiedlichen Subjekten zukommen[143]. Die Vermögensberechtigung meint dasselbe wie der Zuweisungsgehalt des absoluten Rechts[144], überwindet aber die Beschränkung auf das Bereicherungsrecht. Schmidts Begriffe markieren die Trennung zwischen dem Recht zum Handeln und dem Recht zum kostenlosen Handeln. Die Vermögensberechtigung ist unabhängig von der Rechtmäßigkeit oder Rechtswidrigkeit einer Handlung; sie sagt darüber nichts aus. Eine derartige Aussage trifft allein die Aktionsberechtigung. Vorteile und Kosten sind dabei nur verschiedene Seiten desselben Tatbestands, der Zuweisung von Rechtsbereichen in vermögensrechtlicher Hinsicht. Der Wert der Berechtigung wird nur auf unterschiedliche Weise festgestellt: aus der Sicht des Eingreifenden (Vorteil, Bereicherung), aus der Sicht des Berechtigten (Kosten, Schaden), wobei der Regelfall der Wertung im Zivilrecht allerdings die Wertfeststellung durch Wertvereinbarung (Entgelt) ist[145].

Der kurze Abstecher ins Zivilrecht zeigt deutlich die formalen wie die inhaltlichen Parallelen der privatrechtlichen Ausgleichstatbestände mit den Tatbeständen des Gebühren- und Beitragsrechts auf. Hier wie dort geht es um die Zuordnung von Gütern und um den Ausgleich dieser Zuordnung widersprechender sozialer Sachverhalte, wobei die Beteiligten im Abgabenrecht nicht Privatrechtssubjekte sind, sondern Bürger und Allgemeinheit bzw. Staat.

Schmidt[146] hat am Beispiel des Verursacherprinzips diese Parallelen deutlich gemacht. Jede Verhaltenssteuerung durch den Einsatz ökonomischer anstelle administrativer Mittel (Geboten und Verboten) setzt den Denkansatz der Trennung zwischen dem Recht zum Handeln (Aktionsberechtigung) von dem Recht zum kostenlosen Handeln (Vermögensberechtigung) voraus[147]. Entscheidend ist, daß deutlich wird, wem die Vermögensberechtigung von der Rechtsordnung zugewiesen ist, eine Feststellung, die gerade dann besonders schwierig zu treffen ist, wenn die zugrundeliegende Handlung erlaubt ist, die Aktionsberechtigung also dem Handelnden zugewiesen ist. Das gilt insbesondere für die bislang freien Güter, wie Luft, Licht, Wasser. Die Entscheidung über ihre Zuordnung ist allein Sache der Rechtsordnung, dem Gesetzgeber steht, bis zur Grenze der Grundrechte, politischer Spielraum zu.

Öffentliche Güter oder Leistungen[148] pflegen zunächst nur bereitgestellt zu werden. Individuell oder gruppenbezogen zurechenbar werden sie auf zweierlei Weise: Entweder die bloße Bereitstellung betrifft nur eine Gruppe, oder die Zurechenbarkeit wird durch eine Handlung des Abgabepflichtigen ausgelöst.

---

[143] *Schmidt*, S. 59.

[144] Dazu *Wilburg*, Die Lehre von der ungerechtfertigten Bereicherung, S. 27 ff.; *Esser*, Schuldrecht II, § 50 I 1; *Larenz*, Schuldrecht II, § 62 I b; *Fikentscher*, Schuldrecht, § 99 IV.

[145] *Schmidt*, Aktionsberechtigung und Vermögensberechtigung, S. 110.

[146] Verursacherprinzip und Sozialkosten, AcP 175, S. 222 ff.

[147] *Schmidt*, Verursacherprinzip, S. 239.

[148] Beide Begriffe werden im folgenden synonym verwandt.

Die letztere Konstellation erfaßt die Leistungen, die Gegenstand von Gebührentatbeständen sind. Die Handlung wird in der Regel auf Auslösung der staatlichen Leistung bzw. Nutzung des öffentlichen Gutes gerichtet sein, sei es durch Antrag oder sonstige Rechtshandlung oder durch tatsächliche Benutzung, sie braucht es aber nicht, wenn die Rechtsordnung ansonsten deutlich macht, daß die Vermögensberechtigung dem Handelnden nicht zukommt; das kann sie tun durch die Erklärung der Handlung als rechtswidrig wie auch durch ausnahmsweise Gestattung der Handlung trotz Zuordnung des Vermögenswertes zum öffentlichen Bereich[149].

Die zuerst genannte Ebene, also diejenige, auf der die Zurechnung durch bloße Bereitstellung eines öffentlichen Gutes erfolgt, ist das Gebiet der Beiträge. Hier werden Leistungen in der Tat ohne Anknüpfung an eine Handlung des Pflichtigen verabfolgt. Die rechtliche Problematik liegt hier in der Zurechnung von Kosten oder Vorteilen, ohne daß der Pflichtige sie durch ein konkretes Verhalten ausgelöst hat. In aller Regel rechnen Beitragstatbestände Kosten zu. Im Zivilrecht wird ein sich aus dieser Konstellation ergebender Konflikt durch die Regeln über die Geschäftsführung ohne Auftrag gelöst. Das analoge Problem liegt in der Bestimmung des fremden Geschäfts. Die Fremdheit des Geschäfts, das jemand besorgt, ist ein normatives Tatbestandsmerkmal, das, ähnlich der Widerrechtlichkeit des Deliktsrechts und der Rechtsgrundlosigkeit des Bereicherungsrechts, nichts anderes als das bereits oben dargestellte Werturteil über die Zuordnung einer Vermögensmehrung oder -minderung (nach Schmidt: Vermögensberechtigung) ausdrückt[150]. Wollschläger[151] beschreibt die Geschäftsführung ohne Auftrag als Fortwirkung der Güter- und Lastenzuständigkeit des Geschäftsherrn, als Zurechnung des Handelns auf einen anderen als den Handelnden, nämlich den, der endgültig dafür zuständig ist. Die Zuständigkeit am Geschäft wird dabei nach dem Gesamtzusammenhang aller Normen bestimmt, die Güter und Lasten mit den zugehörigen Risiken und Befugnissen zuweisen. Die hier angesprochene Fortwirkung bezieht sich ausdrücklich nicht nur auf die Eigeninteressen des Geschäftsherrn, etwa wenn der Geschäftsführer Verwendungen auf das Eigentum des Geschäftsherrn vornimmt, sondern in gleicher Weise auf dessen Pflichtenstellung[152].

---

149 Inwieweit es Gebührentatbestände gibt, die, wie *Wilke*, Gebührenrecht und GG, S. 79 ff., meint, auf reinem Leistungsoktroi beruhen und nicht an ein bestimmtes Verhalten des Pflichtigen anknüpfen, mag hier auf sich beruhen. Zumindest reicht die Tatsache, daß bestimmte allgemeine Rechtspflichten bestehen, die die Inanspruchnahme des öffentlichen Gutes anordnen (TÜV-Überprüfung, Pflanzenbeschau des Importeurs, Anschluß- und Benutzungszwang) nicht aus, das Verhalten des Pflichtigen als Anknüpfungspunkt für die individuelle Zurechenbarkeit der staatlichen Leistung abzulehnen. Wie bereits oben beschrieben, sind solche Konstellationen, in denen der Staat die Inanspruchnahme bestimmter Leistungen zur Pflicht macht oder bestimmte Handlungen von Genehmigungsvorbehalten abhängig macht, gerade typisch für Gebühren- und Beitragstatbestände. Und die in Anspruch nehmende Handlung ist gerade in diesen Fällen ein finales, auf Auslösung der staatlichen Leistung gerichtetes Verhalten.

150 Vgl. *Wollschläger*, Die Geschäftsführung ohne Auftrag, S. 55.

151 S. 57, 59.

Der Terminus der Güter- und Lastenzuständigkeit wird von Wollschläger anstelle des herkömmlichen Interessenbegriffs verwendet, weil dieser ein zu großes Bedeutungsspektrum erfaßt, nämlich Neigung, Motiv, Nutzen, Vorteil, ideeller Wert, Geldwert und anderes mehr. Hier wird man sogleich an die parallele Diskussion im Beitragsrecht erinnert, wo der Begriff des Interesses vor allem mit Vorteilhaftigkeit, speziell wirtschaftlicher Vorteilhaftigkeit, gleichgesetzt wird. Aber eben darauf kommt es auch im Beitragsrecht nicht an. Entscheidend ist allein das rechtlich relevante Interesse, das Wollschläger mit „Güter- und Lastenzuständigkeit" übersetzt.

Speziell in der Lastenzuständigkeit, in der Pflichtenfortwirkung hat das Bundesverfassungsgericht seit jeher den Rechtsgrund für die Belastung der Arbeitgeber mit Sozialversicherungsbeiträgen gesehen, indem es auf die Fürsorgepflicht der Arbeitgeber hinwies[153]. Und bereits an dieser Stelle sei darauf hingewiesen, daß das Bundesverfassungsgericht im Berufsausbildungsurteil[154] genau diesen Zusammenhang mit dem Begriff der besonderen Verantwortung umschreibt.

Der Blick über den öffentlich-rechtlichen Zaun hat deutlich gemacht, daß die besondere Leistung im Gebühren- und Beitragsrecht die Grundstrukturen der zivilrechtlichen Güterzuordnung widerspiegelt, mit der Maßgabe, daß es hier nicht um Vermögensverschiebungen unter Privaten geht, sondern um solche zwischen Bürger und Allgemeinheit.

2. Die Funktion der „Gegenleistungs"-abgabe selbst

Bleibt zu klären, welcher Zusammenhang zwischen der Abgabe und der den Abgabepflichtigen zurechenbaren Staatsleistung besteht, wie beide Leistungen miteinander verknüpft sind. Hierüber existieren heute im wesentlichen zwei Versionen, die bereits dargestellte[155] formale Auffassung, die Wilke und ein Teil der neueren Finanzwissenschaft vertreten und die materielle Theorie, deren näherer Inhalt von Vogel/Walter[156] zu definieren versucht wurde.

a) Der formale Gegenleistungsbegriff

Aus der Erkenntnis, daß sich das Gebührenrecht nicht auf einen einheitlichen Grundgedanken zurückführen lasse[157], und daß sich daraus keine materielle Be-

---

[152] *Wollschläger,* S. 59.

[153] BVerfGE 11 105 (113, 116); 14 312 (318).

[154] BVerfGE 55 274 ff.

[155] A II 1.

[156] BK, Art. 105, Rdn. 46.

[157] *Wilke,* Gebührenrecht und Grundgesetz, S. 85.

grenzung der Gebührenhöhe ergebe, hat Wilke gefolgert, daß ein materieller Zusammenhang zwischen Abgabe und Staatsleistung nicht bestehe. Die Abgabe stehe der öffentlichen Leistung im Tatbestand des Abgabengesetzes rein formal gegenüber. Sie werde lediglich aus Anlaß dieser Leistung erhoben[158]. Auf der anderen Seite benutzt er das zweifellos materielle Kriterium der Zurechenbarkeit, das bei einem solchen Verständnis völlig isoliert im Raume steht: auf der einen Seite eine kostenträchtige staatliche Leistung, die dem Kreis derer, die die Abgaben entrichten sollen, zugerechnet wird – hier ist das verknüpfende Band doch schon mit dieser Art von Definition vorgegeben: Was liegt näher, als das Ziel der auf der anderen Seite stehenden Abgabe darin zu sehen, daß sie diese zurechenbare Leistung entgelten, bezahlen, ausgleichen, finanzieren soll? Und so stellt Wendt[159] mit Recht die Frage, welchen Stellenwert Wilke seiner Aussage beimesse, Gebühren hätten den Zweck, die Kosten der individuell zurechenbaren öffentlichen Leistungen zu decken. Insoweit treten bereits innere Widersprüche auf, die gegen die formale Theorie sprechen.

Zum andern kritisiert Wendt[160] zu Recht, daß Wilke die gebührenrechtliche Entgeltlichkeit in diesem formalen Sinne verstehe, ohne der Frage näher nachzugehen, ob das Entgeltlichkeitsmerkmal eine speziellere historische Ausprägung erfahren habe. Angesichts jahrzehntelanger Bemühungen in Rechts- und Finanzwissenschaft um die Rechtfertigung sowohl der Gebühren und Beiträge wie auch der Steuern muß ein von jeder Rechtfertigung losgelöster, formaler Abgabenbegriff Unverständnis auslösen. Wendt[161] weist denn auch überzeugend nach, daß der Gegenleistungsbegriff in seiner historisch gewordenen Erscheinungsform immer einen materiellen Inhalt gehabt hat, und zwar den des Ausgleichs für die in Anspruch genommene besondere Leistung der Verwaltung. Wendt bezeichnet die Gebühr daher als „ausgleichende Gegenleistung“[162].

In der Tat liegt in der Funktion des Ausgleichs der Kern des Gegenleistungsbegriffs, so wie er historisch gewachsen ist und vom Verfassungsgeber in seinem Willen aufgenommen wurde. So sprach schon Otto Mayer[163] in diesem Zusammenhang von einer „Forderung ausgleichender Gerechtigkeit“. Dieser Ausgleich kann sich allerdings auf den Ausgleich von privaten Vorteilen wie auch von staatlichen Aufwendungen beziehen. Und je nachdem kann er als Entgelt oder als Ausgleich verursachter Kosten aufgefaßt werden. In der Sprache moderner Nationalökonomie bedeutet das: Für marktgängige Güter wird ein Entgelt gezahlt, das sich in seiner Höhe vornehmlich nach den Sätzen des Marktes bemißt, also bestimmten Kostengrenzen nicht unterworfen ist; für nicht

---

158 S. 283.

159 Die Gebühr als Lenkungsmittel, S. 54 Fn. 139 b.

160 S. 45.

161 S. 54 ff.

162 S. 59.

163 Verwaltungsrecht II, S. 231.

marktgängige Güter wird ein Ausgleich geleistet, wobei sich dieser Ausgleich in der Regel wohl an den Kosten des Guts orientieren wird. Der Begriff des Entgelts, so wie er im Zivilrecht gebraucht wird, setzt immer die Freiwilligkeit der Leistung voraus[164]; die Übertragbarkeit des Begriffs auf nicht marktgängige Formen staatlicher Leistungen, insbesondere Leistungen, die nicht freiwillig in Anspruch genommen, sondern oktroyiert werden, ist, jedenfalls wenn er im zivilrechtlichen Sinn benutzt wird, ausgeschlossen. Die beide Formen von Abgaben verbindende Funktion ist die des Ausgleichs, nicht die des Entgelts. Gleichwohl wurde im Abgabenrecht der Entgelt- oder Gegenleistungsbegriff als Oberbegriff für beide Funktionen gebraucht, wohl, wie oben bereits angedeutet, weil sich eine liberalistische Theorie eine private Verantwortlichkeit nicht anders als auf der Basis ökonomischer Austauschverhältnisse vorstellen konnte. Sehr schön wird diese Funktion des Entgeltbegriffs als Oberbegriff deutlich in der bekannten Definition Adolf Wagners[165], der die Gebühren definiert als „Abgaben, welche von einzelnen oder Gruppen von einzelnen als ein *spezielles Entgelt* eines ihnen vom Staate geleisteten Dienstes oder *einer durch sie dem Staat verursachten Ausgabe* (Kostenprovokation) bei der Ausübung einer Staatstätigkeit in einer von der Staatsgewalt einseitig bestimmten Weise und normierten Höhe erhoben werden."

Neben diesem historischen Befund spricht schließlich gegen die Anerkennung eines formalen Gegenleistungsbegriffs die Tatsache, daß damit die letzte Bastion der Abgrenzung gegenüber der Steuer fallen würde. Folgerichtig hat Bohley[166] die rein formal verstandenen Gebühren und Beiträge dem Steuerbegriff als Oberbegriff unterstellt. Dieser Weg mag für eine finanzwissenschaftliche Theorie gangbar sein, für eine sich am Grundgesetz orientierende rechtswissenschaftliche Betrachtung ist er es nicht. Hier ist die Grenze zur Steuer peinlich genau einzuhalten, weil die Steuer Bestandteil der Finanzverfassung ist, welche einen der tragenden Eckpfeiler der bundesstaatlichen Ordnung des Grundgesetzes darstellt[167]. Mit einem formalen Verständnis des Gegenleistungsbegriffs aber wäre es ohne weiteres möglich, die Gebühren- und Beitragsgewalt zu einer nicht limitierten Finanzierungskompetenz auszubauen und damit eine Art konkurrierendes Steuersystem zur grundgesetzlichen Finanzverfassung zu schaffen[168].

---

[164] *Wilke*, Gebührenrecht und GG, S. 92 f.

[165] Finanzwissenschaft, I. Bd., 2. Auflage, 1877, S. 312 f.

[166] Gebühren und Beiträge, 1977, S. 62 ff.

[167] BVerfGE 55 274 (300).

[168] *Wendt*, Die Gebühr als Lenkungsmittel, S. 54.

b) Der materielle Gegenleistungsbegriff

aa) Der solcherart als Ausgleich verstandene Gegenleistungsbegriff enthält damit einen materiellen Kern[169]. Vogel / Walter[170] versuchen, diesen Inhalt näher zu beschreiben, indem sie eine Gegenleistung dann annehmen, wenn der Abgabepflichtige entweder einen Rechtsanspruch auf Vollzug der betreffenden Maßnahme erwerbe oder aber der rechtliche Bestand der Gegenleistungspflicht von der Verwirklichung der finanzierten Aufgabe irgendwie abhänge (z.B. Wegfall, Stundung, Rückerstattungsanspruch)[171].

Die Autoren versuchen mit dieser Definition offenbar, drei verschiedene Aufgaben zu erfüllen.

Die erste liegt in einer näheren Umschreibung des inneren Zusammenhangs zwischen Abgabe und staatlicher Leistung. Der Zusammenhang kann durch Beschreibung der Zweckbestimmung und damit der causa der Abgabe dargestellt werden, wie es in dieser Arbeit geschieht[172], er kann es aber auch durch Erläuterung des Rechtsverhältnisses, das aus der Zweckbestimmung entsteht. Das ist der Weg, den Vogel / Walter beschreiten.

Die zweite Aufgabe sehen sie darin, den Gegenleistungsbegriff aus der Enge des Vorteilsmerkmals herauszuführen, das in Rechtsprechung und Literatur immer wieder als das Wesen der Beiträge angesehen wird. Dieses Unterfangen gelingt aber nur unvollständig. Mit der Wendung, der rechtliche Bestand der Abgabe hänge von der Verwirklichung der finanzierten Aufgabe irgendwie (!) ab, beschreiben sie nicht mehr als die Abhängigkeit von Abgabe und staatlicher Leistung, die besondere Eigenart der staatlichen Leistung beschreiben sie mit dem Wort „irgendwie", also gar nicht. Die Definition führt damit nicht aus der Enge des Vorteilsbegriffs heraus, sondern argumentiert auf einer ganz anderen Ebene, sie befaßt sich ausschließlich mit der inneren Abhängigkeit der Abgabe, nicht aber mit dem besonderen Charakter der Staatsleistung.

Und schließlich vermag die Begriffsbestimmung das dritte Ziel, das ihr die Autoren gesetzt haben, nicht zu erreichen. Das Problem, welches zur Lösung heransteht und was Vogel / Walter mit ihrer Definition bewältigen wollen, ist, wie die Autoren selbst betonen[173], die Abgrenzung zwischen Beiträgen / Benutzungsgebühren auf der einen Seite und den Zwecksteuern. Denn ein großer Teil der Beitrags-, Gebühren- und, wie hinzugefügt werden muß, Sonderabgabennormen weist mit den Zwecksteuern die Gemeinsamkeit auf, daß ihr Verwen-

---

[169] *Wendt,* Die Gebühr als Lenkungsmittel, S. 54 ff.; *Beckmann,* Verfassungsrechtsfragen im Grenzbereich zwischen Steuern und Sonderabgaben, S. 69.

[170] BK, Art. 105, Rdn. 44.

[171] Wie *Vogel / Walter* auch *Wendt,* Die Gebühr, S. 48 ff.; *Beckmann,* Verfassungsrechtsfragen, S. 26; *Lerche,* Fernsehabgabe und Bundeskompetenz, S. 22.

[172] s. u. B II 2. b) bb).

[173] BK, Art. 105, Rdn. 44.

dungszweck im Abgabengesetz bereits festgelegt ist. Da Steuern die Gesamtheit der staatlichen Leistungen, den allgemeinen Staatsbedarf, finanzieren, handelt es sich bei der Zweckverwendungsvorschrift lediglich um eine intern-haushaltsrechtlich wirkende Regelung des Gesetzgebers. Sie weist keinen inneren Zusammenhang mit dem Kreis der Abgabepflichtigen auf[174]. Die Frage, die sich damit in all diesen Fällen dem Rechtsanwender stellt, ist: Enthält die finanzierte öffentliche Aufgabe einen inneren Zusammenhang bzw. eine Abhängigkeit von der Abgabe oder ist sie lediglich haushaltsrechtlicher Appendix einer Steuerregelung?

Wie bereits die Fragestellung zeigt, ist Vogel / Walters Definition nicht geeignet, sie zu lösen. Sie enthält dieselben Begriffe („Abhängigkeit"), die schon die Fragestellung enthält und kann von daher nicht weiterführen. Die Abgrenzung von Beiträgen und Zwecksteuern ist kein reines Definitionsproblem, sondern eine Frage der Qualifikation von Abgaben. Die isolierte Definition vermag das Problem einer Lösung nur dann näher zu bringen, wenn in dem zu beurteilenden Gesetz Elemente dieser Definition wiedergefunden werden können.

Das ist bei vielen Verwaltungs- und Benutzungsgebührengesetzen der Fall; bei ihnen setzt die Entstehung der Abgabeschuld meistens die Durchführung der staatlichen Maßnahme voraus. Die Kommunalabgabengesetze überlassen die Regelung des abgabebegründenden Tatbestandes in der Regel den Satzungsgebern der Gemeinde oder Gemeindeverbände, welche durchweg die Verwirklichung der öffentlichen Leistung zur Voraussetzung der Abgabepflicht machen[175]. Dasselbe gilt für die kommunalen Beiträge[176]. In diesen Fällen entsteht die Gebühren- und Beitragsschuld von vornherein nicht, wenn die staatliche Maßnahme nicht verwirklicht wird. Die Abhängigkeit ist eindeutig. In diesen Fällen bedürfte es aber Vogel / Walters Definition nicht, da die Gegenleistungsfunktion hier nicht zu bezweifeln ist.

Die Abgrenzungsproblematik tritt erst dort zutage, wo die von Vogel / Walter angesprochene Abhängigkeit dem Gesetz nicht ohne weiteres entnommen werden kann. Und hier hilft dann auch der Verweis auf Rechtsfolgen, die bei Wegfall der staatlichen Leistung eintreten sollen (Wegfall, Stundung, Rückerstattungsanspruch), nicht weiter, weil gerade diese Rechtsfolgen in Gebühren- und Beitragsnormen nicht geregelt sind.

Bereits der Erwerb eines Rechtsanspruchs auf Vollzug der öffentlichen Maßnahme ergibt sich im Gebührenrecht in vielen Fällen nicht aus der Gebührenzahlung, sondern aus der Antragstellung, während im Beitragsrecht, etwa bei

---

174 Vgl. BVerfGE 7 244 (254).

175 Z. B. § 9 der Gebührensatzung für die Abwasserbeseitigung, die Abfallbeseitigung und die Straßenreinigung in der Stadt Münster vom 31.10.1978, ABl 1978, S. 196; § 11 Abs. 1 zweiter Halbsatz BVwKostG vom 23.06.1970, BGBl I, S. 821; § 11 GebG NW v. 23.11.1971, GV NW, S. 345.

176 Vgl. § 8 Abs. 7 KAG NW v. 21.10.1969.

den kommunalen Beiträgen, die Verpflichtung der Verwaltung, die Maßnahme durchzuführen, aus dem Ratsbeschluß resultiert. Ja selbst die Nichtverwirklichung der staatsrechtlichen Maßnahme kann eine Gebührenpflicht auslösen, wenn, etwa bei den Verwaltungsgebühren, der Antrag abgelehnt wird. Darüber hinaus ist zu beachten, daß im öffentlichen Recht Gebühren- und Beitragspflichtigen durch Verwaltungsakt festgelegt werden und damit die Frage zu stellen wäre, wie sich die von Vogel / Walter geschilderten Rechtsfolgen zur Bestandskraft von Verwaltungsakten verhalten. So sind nach § 21 BVwKostG überzahlte oder zu Unrecht erhobene Kosten unverzüglich zu erstatten, zu Unrecht erhobene Kosten jedoch nur, soweit eine Kostenentscheidung noch nicht unanfechtbar geworden ist; nach diesem Zeitpunkt können zu Unrecht erhobene Kosten nur aus Billigkeitsgründen erstattet werden[177]. Vor allem aber verweisen die kommunalen Abgabengesetze der Länder regelmäßig auf die allgemeinen Steuergesetze, insbesondere die Abgabenordnung, wenn sie die Fälligkeit, die Stundung, den Zahlungsaufschub, den Erlaß oder die Erstattung regeln wollen[178].

Derartige steuerrechtliche Vorschriften aber enthalten naturgemäß wegen des Rechtscharakters der Steuer als gegenleistungsloser Abgabe keine speziellen Bestimmungen über die Rechtsfolgen des Wegfalls der staatlichen Leistung.

Insgesamt bringt Vogel / Walters Begriffsbestimmung der Gegenleistung den Rechtsanwender, der vor dem Problem steht, eine konkrete Abgabe qualifizieren zu müssen, der Lösung nicht näher, weil die Umschreibung keine größere Nähe zu dem konkreten Gesetzestext aufweist als der umschriebene Begriff. Auch die umgekehrte Aussage, daß der Bestand der Abgabe von der Verwirklichung der staatlichen Leistung irgendwie (!) abhänge, bringt den Rechtsanwender nicht weiter.

bb) Stattdessen ist von der Tatsache auszugehen, daß jede Abgabe eine Leistung darstellt. Der Begriff der Leistung ist untrennbar mit dem Willen des Handelnden und damit mit dem von diesem verfolgten Zweck verbunden[179]. Denn Leistung als menschliches Handeln ist willentliches Handeln und verfolgt als solches immer einen Zweck[180]. Der Leistungsbegriff ist darum ein finaler Begriff. Er ist unlösbar mit dem Rechtsgrund verknüpft, ja überhaupt nur im Verhältnis zum Rechtsgrund zu bestimmen[181].

Rechtsgrund und damit Zweck der Geldleistung, die der Bürger der öffentlichen Hand zuwendet, ist in allen Fällen einer zwangsweise auferlegten Abgabe der, eine Verpflichtung zu erfüllen. Diese Verpflichtung ergibt sich aus

---

[177] Gleichlautend § 21 GebG NW.

[178] Vgl. § 12 KAG NW.

[179] *Liebisch,* Das Wesen der unentgeltlichen Zuwendungen im bürgerlichen Recht und im Reichssteuerrecht, S. 24 f.; *Klinke,* Causa und genetisches Synallagma, S. 18 m.w.N.

[180] *Klinke,* S. 20.

[181] *Liebisch,* S. 24 f.

dem Verwaltungsakt, der Satzung, dem Gesetz. Die Abgabe selbst ist demnach lediglich Erfüllung einer Verpflichtung, die ihrerseits nun wieder eines Rechtsgrundes bedarf. Im Zivilrecht ergibt sich dieser Rechtsgrund in der Regel aus dem erklärten Willen der Beteiligten, der bestimmte Rechtsfolgen zur Entstehung bringt. Im öffentlichen Recht ist es ausschließlich der Wille des Gesetzgebers, der der Gesetzesnorm ihren Zweck und damit ihren Rechtsgrund gibt. Der Begriff der Leistung, also auch der Gegenleistung, setzt daher notwendig diesen finalen Charakter voraus. Insofern besteht kein Unterschied zwischen öffentlichem Recht und Privatrecht.

Im Abgabenrecht fällt daher die Frage nach dem Zweck, dem Rechtsgrund der Leistung zusammen mit der Frage nach dem Sinn und Zweck der Abgabennorm. Dieses Problem aber wird dort, wo das Gesetz es nicht ausdrücklich beantwortet, im Bereich der Rechtsanwendung mit dem Mittel der Auslegung gelöst.

Die Erkenntnis des Rechtsgrundes (ratio juris) der Norm fällt hier zusammen mit der Erkenntnis des Rechtsgrundes der Leistung. Für diesen Zweck hält die Rechtswissenschaft sämtliche Kriterien der Auslegung bereit, angefangen mit dem Wortsinn über den Bedeutungszusammenhang des Gesetzes, die Absichten und Zwecke des historischen Gesetzgebers, über die objektiv teleologische Auslegung bis hin zur verfassungskonformen Auslegung[182]. Finaler Gegenleistungsbegriff bedeutet damit: Abzustellen ist auf den Willen des Gesetzgebers, so wie er objektiv im Gesetz seinen Ausdruck findet. Aus diesem Grunde sind rein formale oder rein objektiv auf die Wirkung abstellende Definitionsversuche nicht geeignet, das Wesen von Abgabenleistungen zu erfassen. Und aus dieser Finalität der Leistung erklärt sich auch der zweifache Gebrauch finaler Begriffe in der Steuerdefinition des § 1 RAO, des Einnahmeerzielungszwecks und des Zwecks, Gegenleistung zu sein.

(1) Die Abgabenbegriffe enthalten damit in gewissem Umfang einen auf den Willen des Gesetzgebers ausgerichteten subjektiven Charakter, der sich in der Abgabendiskussion bisher in zweierlei Hinsicht ausgewirkt hat: Auf der einen Seite steht das Spannungsverhältnis zwischen dem objektiven Inhalt der staatlichen Leistung und der vom Gesetzgeber gewählten Bezeichnung der Abgabe als Gebühr oder Beitrag, ein Problem, das immer dort diskutiert wurde, wo Abgabe und staatliche Tätigkeit schlechterdings keinen Bezug mehr zueinander aufweisen konnten, sei es wegen der Höhe der Abgabe, sei es wegen der Beziehungslosigkeit der öffentlichen Aufgabe zum Kreis der Abgabepflichtigen. Die andere Fragestellung wird von Abgaben ausgelöst, bei denen diese innere Verbindung im Normtatbestand gerade nicht ausgedrückt ist, denen sie aber gleichwohl innewohnen kann.

---

[182] *Larenz,* Methodenlehre der Rechtswissenschaft, S. 307 ff.

Das erstere Problem ist ausgiebig Gegenstand rechtswissenschaftlicher Erörterungen gewesen[183] und bedarf hier nicht weiterer Vertiefung. Angemerkt sei nur soviel, daß die heute herrschende Meinung[184] offenbar gerade diese Finalität des Gegenleistungsbegriffs im Blick hat, wenn sie den Gebührenbegriff nur dann als gesprengt ansieht, wenn Leistung und Gegenleistung zueinander in einem offenbaren Mißverhältnis stehen, oder, wie Strutz[185] es bereits ausdrückte, „ein so offenbares Mißverhältnis zwischen Leistung und Gegenleistung besteht, wie es dem die Abgabe auferlegenden Gemeinwesen nicht entgehen konnte“[186].

Die zweite Fallgestaltung tritt insbesondere im Bereich der Beiträge und Sonderabgaben auf. Hier hat das Bundesverfassungsgericht in ständiger Rechtsprechung ausgeführt, für die Qualifikation einer Abgabe komme es nicht auf die Bezeichnung an, die der Gesetzgeber gewählt habe, sondern auf ihren materiellen Gehalt[187], ihren legitimierenden Gesichtspunkt[188], ihre Funktion[189]. Finaler Gegenleistungsbegriff in diesem Sinne bedeutet also nicht willkürliche Nomenklatur, sondern die Tatsache, daß Funktion, Zielrichtung, Rechtsgrund der Abgabe der gerechte Ausgleich staatlicher Leistungen ist.

(2) Das dritte Problemfeld finden wir zwar auch im Gebühren- und Beitragsrecht, vornehmlich aber auf dem Gebiet der Sonderabgaben, deren Problematik sich auf diese Weise – jedenfalls zu einem großen Teil – auf eine reine Auslegungsfrage reduziert.

Bereits viele Gebühren- und Beitragsnormen verwenden weder den Begriff der Gegenleistung noch den des Vorteils. Der Gebrauch der Verhältniswörter „für“ oder „zu“ läßt aber ohne weiteres auf die Ausgleichs- oder Entgeltsfunktion schließen, so etwa § 12 pr. KAG: „In Badeorten, klimatischen und sonstigen Kurorten können die Gemeinden für die Herstellung und Unterhaltung ihrer zu Kurzwecken getroffenen Veranstaltungen Vergütungen (Kurtaxen) erheben.“

Oder § 6 pr. KAG: „Die Gemeinden, Amtsbezirke, Ämter und Bürgermeistereien sind berechtigt, für die Genehmigung und Beaufsichtigung von Neubauten, Umbauten und anderen baulichen Herstellungen, sowie für die ordnungs- und feuerpolizeiliche Beaufsichtigung von Messen und Märkten, von Musikaufführungen, Schaustellungen, theatralischen Vorstellungen und sonstigen Lustbarkeiten Gebühren zu erheben.“

---

[183] Vgl. o. A II 1.

[184] s. o. A II 1.

[185] Gebühren, Handwörterbuch der Staatswissenschaft, Bd. IV, S. 625.

[186] Ähnlich auch *Wendt*, Die Gebühr als Lenkungsmittel, S. 74.

[187] BVerfGE 7 244 (252); 55 274 (305).

[188] BVerfGE 9 291 (298).

[189] BVerfGE 18 274 (286).

Wählt der Gesetzgeber die Fassung „zur Deckung der Kosten", etwa in § 21 pr. Kreis- und Provinzialabgabengesetz[190] oder in § 64 des Gesetzes betreffend die Abwehr und Unterdrückung von Viehseuchen[191] sowie in den meisten Gesetzen über Verbands- und Kammerbeiträge, so ist die Funktion der Abgabe schon längst nicht mehr so eindeutig, weil nur die Finanzierungsfunktion angesprochen wird, nicht aber die Entgeltfunktion. Rückschlüsse können hier vornehmlich aus dem Gebrauch der Begriffe Gebühr oder Beitrag gezogen werden, wobei die Bezeichnung allein nicht ausschlaggebend ist[192].

In einigen Fällen läßt der Gebühren- oder Beitragsmaßstab den Schluß auf den Vorteil oder die besondere sonstige Verursachung des Pflichtigen zu, so insbesondere in den Kommunalabgabengesetzen, in anderen Fällen ist das keineswegs der Fall, vor allem nicht in den Normen, die die Maßstäbe für die Beiträge zu den korporativen Verbänden oder Kammern setzen, da diese in der Regel nach der Leistungsfähigkeit der Mitglieder bemessen werden.

Die Abgrenzungsproblematik kommt aber vor allem in den Fällen zum Tragen, wo das Gesetz weder durch Wortlaut noch durch Selbstqualifikation noch durch die Maßstabswahl den Rechtscharakter zu erkennen gibt – solche Abgaben wurden in der jüngsten Vergangenheit immer häufiger als Sonderabgaben bezeichnet, wobei man hinzufügen muß, daß sich der Gesetzgeber zunehmend unverfänglicher Begriffe wie „Abgabe" oder „Geldleistung" bedient, wohl um angesichts der allgemeinen Begriffsverwirrung die Abgabe nicht selbst qualifizieren zu müssen.

„Sonderabgabentatbestände" lassen den Zurechnungszusammenhang zwischen der finanzierten Aufgabe und dem Kreis der Abgabepflichtigen rein äußerlich nicht erkennen. Die Abgaben werden im Rahmen des Gesetzes, das sich in der Regel mit der zu finanzierenden öffentlichen Aufgabe und der damit verbundenen Einrichtung der zuständigen Behörde befaßt, in dem rein haushaltsrechtlichen Zusammenhang der Finanzierung und Mittelbewirtschaftung geregelt[193]. Andere Gesetze regeln die zu finanzierende öffentliche Aufgabe ausführlich, befassen sich aber zusätzlich mit der sonstigen, interventionistischen Funktion der Abgabe selbst[194]. Und schließlich existieren Gesetze, die die zu finanzierende

---

[190] v. 23.04.1906: „Die Landschaftsverbände sind berechtigt, zur Deckung ihrer Ausgaben nach den Bestimmungen dieses Gesetzes Gebühren und Beiträge zu erheben."

[191] v. 01.05.1894, RGBl, S. 423; der Text des § 64 begann: „Wenn zur Bestreitung der Entschädigungen Beiträge nach Maßgabe des vorhandenen Pferde- und Rindviehbestandes erhoben werden . . .".

[192] BVerfGE 7 244 (254).

[193] So etwa § 10 Absatzfondsgesetz v. 08.11.1976, BGBl I, S. 3109; § 12 Mühlenstrukturgesetz v. 22.12.1971, BGBl I, S. 2098; § 4 III. Verstromungsgesetz v. 13.12.1974, BGBl I, S. 3473; § 16 Weinwirtschaftsgesetz v. 10.03.1977, BGBl I, S. 453; § 66 Filmförderungsgesetz v. 25.06.1979, BGBl I, S. 803; § 10 ff. Künstlersozialversicherungsgesetz v. 27.07.1981, BGBl I, S. 705.

[194] § 8 Abs. 1, § 4 ff. SchwerbG v. 08.10.1979, BGBl I, S. 1649; § 10, 11 Getreidegesetz v.

Aufgabe nur noch in Form einer Verwendungszweckvorschrift bezeichnen; dieses Verfahren wendet der Gesetzgeber dann an, wenn staatliche Aufgabe und die zugehörige Behörde nicht erst noch neu geschaffen werden, sondern bereits existieren, so daß die Abgabe nur noch als zusätzliche Finanzquelle erscheint[195].

Ein dem Gesetz innewohnender Zurechnungszusammenhang kann sich dem Rechtsanwender in all diesen Fällen nur durch Auslegung des Gesetzestextes erschließen.

Das Auslegungsproblem liegt im Fall der Sonderabgaben insbesondere darin, daß der Gesetzgeber mit diesen Abgaben außer dem Ausgleichszweck häufig weitere - lenkende - Absichten verfolgt und diese Zwecke in vielen Fällen sogar in den Vordergrund stellt. Solche Zwecke, die kumulativ vorliegende öffentliche Interessen definieren, ergeben sich vielfach bereits aus den Gesetzesüberschriften[196]. Die Belastung der Pflichtigen mit der Abgabe könnte sich daher in diesen Fällen ebenso gut mit den interventionistischen Zielvorstellungen erklären lassen, mit anderen Worten, die Abgabe wäre sowohl als Steuer wie auch als „Gegenleistungsabgabe" denkbar.

Die hier beschriebene Multifunktionalität von Abgaben ist nun gerade kein Charakteristikum von Sonderabgaben, sondern sie ist typischerweise den Gebühren und Beiträgen eigen, die ausnahmslos neben dem Ausgleich zurechenbarer Leistungen auch, bisweilen sogar in erster Linie, öffentliche Interessen verfolgen. „Sonderabgabengesetze" stellen häufig eben diese öffentlichen Belange in den Vordergrund, was aber nicht bedeutet, daß sie materiell nicht auch den den Gebühren und Beiträgen eigentümlichen Zurechnungszusammenhang aufweisen könnten.

Solche Motiv- und Zweckbündelungen sind allerdings keine Besonderheit des Abgabenrechts, sie liegen fast jedem Gesetz wie auch fast jeder Leistung zugrunde[197]. Die Lösung des Problems kann in allen Fällen nur in der Feststellung des für die Begriffsbestimmung rechtlich relevanten Zweckes liegen. Rechtlich beachtlich für die Unterscheidung zwischen Steuern und Nichtsteuern ist, da der verfassungsrechtliche Steuerbegriff auf § 1 RAO rekurriert, der Zweck der

16.08.1977, BGBl I, S. 1523; § 30ff. Bundesberggesetz v. 13.08.1980, BGBl I, S. 1310; § 8 Milch- und Fettgesetz v. 20.02.1952, BGBl I, S. 811.

[195] § 38 FeuerwehrG BW v. 09.02.1960, GesBl, S. 12; § 12 AFWoG.

[196] So etwa das Gesetz über Maßnahmen zur Sicherung der Altölbeseitigung v. 23.12.1968, BGBl I, S. 1419; Gesetz über abschließende Maßnahmen zur Schaffung einer leistungsfähigen Struktur des Mühlengewerbes v. 22.12.1971, BGBl I, S. 2098; Gesetz zur Verminderung von Luftverunreinigungen durch Bleiverbindungen in Otto-Kraftstoffen für Fahrzeugmotore v. 05.08.1971, BGBl I, S. 1234; Neufassung des Gesetzes zur Sicherung der Eingliederung Schwerbehinderter in Arbeit, Beruf und Gesellschaft v. 08.10.1979, BGBl I, S. 1649; Gesetz über die weitere Sicherung des Einsatzes von Gemeinschaftskohle in der Elektrizitätswirtschaft v. 17.11.1980, BGBl I, S. 2137; Ausbildungsplatzförderungsgesetz v. 07.09.1976, BGBl I, S. 2658.

[197] *Larenz,* Methodenlehre, S. 316 f., 321; *Klinke,* Causa und genetisches Synallagma, S. 21.

Abgabe, Gegenleistung für eine besondere Leistung des Staates zu sein. Nachdem, wie dargestellt, der Einnahmeerzielungszweck als geeignetes Kriterium für diese Differenzierung, von wenigen Ausnahmen abgesehen, ausscheidet, bleibt der Gegenleistungszweck der einzige, der diese rechtliche Relevanz zu entfalten vermag. Kann daher die Absicht, zurechenbare Staatsleistungen auszugleichen, dem Gesetz entnommen werden, so vermögen zusätzliche Zielvorstellungen den Rechtscharakter der Abgabe nicht zu verändern.

Für diese Feststellung sind alle Möglichkeiten der Gesetzesauslegung zu nutzen. Finalität der Abgabe in diesem Sinne heißt also nicht, daß der subjektive Wille des Gesetzgebers in dem Sinne dominiert, daß die bloße Bezeichnung den Charakter einer Abgabe bestimmt, sondern sie meint den im Gesetz verobjektivierten Willen des Gesetzgebers im Sinne des normativen Sinnes des Gesetzes, des Rechtsgrunds der Norm[198]. Führen sowohl subjektive wie objektive Auslegungsmethoden nicht zu einer eindeutigen Erkenntnis des Zurechnungszusammenhangs zwischen Verwendungszweck und Abgabepflichtigen, so kann in letzter Instanz die verfassungskonforme Auslegung das Mittel sein, eine solche Verknüpfung festzustellen. Das Bundesverfassungsgericht hat in vielen Entscheidungen betont, daß eine Bestimmung nur dann verfassungswidrig sei, wenn sie nicht „verfassungskonform" ausgelegt werden könne. Wenn eine Auslegung, die den Verfassungsprinzipien nicht widerspreche, nach den übrigen Auslegungskriterien möglich sei, so sei sie jeder anderen, bei der die Norm verfassungswidrig sein würde, vorzuziehen[199]. Eine solche Auslegung ist vor allem für Abgabengesetze in Betracht zu ziehen, bei denen bereits die formale Gestaltung nicht den Vorschriften der Art. 105 ff. GG entspricht, wo also die Einnahmen entweder nicht steuerertragsberechtigten Körperschaften zufließen (Art. 106) oder nicht durch Bundes- oder Landesfinanzbehörden verwaltet werden (Art. 108). In diesen Fällen ist die Frage zu stellen, ob der Ausgleich der mit der Abgabe finanzierten staatlichen Leistung (u.a. auch) Rechtsgrund für die Belastung der Pflichtigen mit der Abgabe sein *kann*.

Das ist immer dann der Fall, wenn die Staatsleistung dem Kreis der Abgabepflichtigen objektiv einen besonderen Vorteil vermittelt oder den Abgabepflichtigen eine besondere Verantwortung für die zu finanzierende öffentliche Leistung zukommt.

Diese Situation wird von Vogel/Walters Definition der Gegenleistung nicht erfaßt. Sie scheint für den Anwender aus dem Gegenleistungsbegriff auszuscheiden, weil die Begriffsbestimmung bereits das Auslegungsziel fixiert und ihm damit nur solche Abgaben unterstellt, bei denen sich der Rechtscharakter *eindeutig* aus dem Gesetz ergibt. Daraus mag resultieren, daß zwischen Entgelt-

---

[198] *Larenz,* Methodenlehre, S. 305 f.

[199] Umfassende Nachweise zur verfassungsgerichtlichen Rechtsprechung bei *Larenz,* Methodenlehre, S. 329, Fn. 48.

abgaben und Steuern ein Raum für Sonderabgaben als gegenleistungslose Abgaben gesehen wird, obwohl solche Abgaben neben öffentlichen (gestaltenden) Interessen auch Gegenleistungs- oder Ausgleichszwecke verfolgen.

Entscheidend für die Qualifikation einer Abgabe ist damit die Bestimmung des Abgabenzweckes durch das Gesetz als Ausgleich für zurechenbare Staatsleistungen. Zur Zurechnung öffentlicher Güter ist dem Gesetzgeber ein weites Ermessen eingeräumt, es endet an den Grundrechten. Das ist der Grund, warum das Bundesverfassungsgericht immer wieder betont hat, die von ihm aufgestellten Zulässigkeitsvoraussetzungen dürften nicht machbar sein[200].

Ist die Zielsetzung des Gesetzes eindeutig, erfolgt sie ausdrücklich, so kann sich der Rechtsanwender nicht über den Wortlaut des Gesetzes hinwegsetzen, es handelt sich um eine nichtsteuerliche Abgabe auch dann, wenn die gesetzlich vorgenommene Zurechnung gegen das Willkürverbot oder sonstige Grundrechte verstößt. Die damit als Gebühr oder Beitrag qualifizierte Abgabe unterliegt aber in einem solchen Fall dem Verdikt der Verfassungswidrigkeit.

Ist die Zweckbestimmung dem Gesetz nicht ohne weiteres und eindeutig zu entnehmen, kann sie nur durch Auslegung ermittelt werden. Eine wichtige Auslegungshilfe stellt hier die Verwendungszweckvorschrift dar. In diesen Fällen kommt es bereits für die Qualifikation der Abgabe und nicht erst für ihre Zulässigkeit darauf an, ob die Zurechenbarkeit der staatlichen Leistung insgesamt gewahrt ist oder ob die vorgegebenen Strukturen der Rechts- oder Sozialordnung eine solche Zurechnung nicht rechtfertigen. Ist sie vor dem Hintergrund der Grundrechte gerechtfertigt, handelt es sich um eine Gebühr oder einen Beitrag, ist sie es nicht, um eine Steuer, und zwar in der besonderen Form der Zwecksteuer.

III. Die Gegenleistungs- oder Ausgleichsfunktion als das spezifische Differenzierungsmerkmal zwischen Steuern und nichtsteuerlichen Abgaben

1. Der Gegenleistungsbezug der sog. Sonderabgaben

a) Gegenleistungsbegriff und Systematisierungsversuche im Schrifttum

Ein in diesem Sinne final verstandener Gegenleistungszusammenhang liegt den meisten der in Rechtsprechung und Literatur abgehandelten „Sonderabgaben“ zugrunde.

So zeigt bereits die von Richter[201] eingeführte Terminologie der Ausgleichs-, Förderungs- und Verursacherabgaben die ethymologische Verwandtschaft mit

---

[200] BVerfGE 55 274 (306 f.).

[201] s. o. A III. 2. b) bb).

den verschiedenen Varianten des dargestellten Gegenleistungsbegriffs. Inhaltlich gleichen auch diese Abgaben, wie die Gebühren und Beiträge, zurechenbare Staatsleistungen aus. Daß ein materieller Unterschied zu den Entgeltabgaben nicht besteht, deutet bereits die Tatsache an, daß die Abgaben von den verschiedenen Gesetzen teils als „Abgaben", zum anderen Teil aber auch als „Beiträge" oder „Umlagen" bezeichnet werden.

Die Sonderabgaben weisen aber eine Gemeinsamkeit auf, die die meisten Gebühren- und Beitragstatbestände nicht enthalten, und zwar in der Erstellung des öffentlichen Gutes, dem die Abgabe gegenübersteht. Viele, aber beileibe nicht alle Gebühren- und Beitragstatbestände beziehen sich auf Güter, die in Eigenregie der Verwaltung erstellt und betrieben werden (Verwaltungsbehörden, öffentliche Anstalten, Ver- und Entsorgungsanlagen, Schwimmbad, Theater etc.). Demgegenüber werden Güter, deren finanziellem Ausgleich Sonderabgaben dienen, durch bloße Auferlegung öffentlich-rechtlicher Bindungen geschaffen und unterhalten, wobei die hierfür notwendigen Aufwendungen in der Gewährung von Subventionen oder der Zahlung von Entschädigungen liegen.

Das darf aber nicht zu dem Mißverständnis führen, diese Eigenart der staatlichen Leistung sei ein Spezifikum gerade der Sonderabgaben. Die Beiträge zu den Tierseuchenkassen, die Beiträge nach § 9 a pr. KAG und viele Verbands- und Kammerbeiträge zeigen beispielhaft, daß auch den herkömmlichen Entgeltabgaben diese Strukturen nicht fremd sind.

Der eine Teil der öffentlichen Leistungen wird durch Subventionierung Privater bei gleichzeitiger öffentlich-rechtlicher Bindung durch Auflagen oder Bedingungen zugunsten bestimmter Zwecke erstellt. Die Verwaltung erbringt in diesen Fällen die Leistung nicht in Eigenregie, sondern läßt sie durch Private ausführen, was aber nichts daran ändert, daß sie zu dem angestrebten Zweck Kosten aufwenden muß (Subventionen), durch die die Schaffung des öffentlichen Gutes in Form einer öffentlich-rechtlichen Bindung des Privaten erst ermöglicht wird. Dieser Art staatlicher Leistung stehen die *Förderungsabgaben* im Richterschen Sinn gegenüber. Als solche werden im Schrifttum vornehmlich die Abgaben nach dem Weinwirtschaftsgesetz[202] und nach dem Filmförderungsgesetz[203] angesehen. In beiden Fällen hat die staatliche Leistung die Aufgabe, Qualität und Absatz der von einem bestimmten Wirtschaftszweig (Weinwirtschaft, Filmwirtschaft) erzeugten Produkte zu fördern. Entsprechendes gilt für die Beiträge nach § 10 Absatzfondsgesetz[204], welche Maßnahmen finanzieren, die den Absatz und die Verwertung von Erzeugnissen der deutschen Land-, Forst- und Ernährungswirtschaft fördern sollen, die Umlage nach § 22 Milch- und Fettgesetz sowie den Beitrag gem. § 6 Fischgesetz[205], während der Beitrag nach

[202] v. 29.08.1961, BGBl I, S. 1622, heute i.d.F. v. 10.03.1977, BGBl I, S. 403.
[203] i.d.F. v. 25.06.1979, BGBl I, S. 803.
[204] i. 08.11.1976, BGBl I, S. 3109.
[205] v. 31.08.1955, BGBl I, S. 567, heute i.d.F. des § 16 Absatzfondsgesetz.

§ 12 des Gesetzes zur Förderung der Rationalisierung im Steinkohlenbergbau[206] Rationalisierungs- und Stillegungsmaßnahmen unterstützt.

Hier sind diejenigen, die von der öffentlich-rechtlichen Bindung betroffen werden, nicht identisch mit denen, denen die Leistung zugerechnet wird. Die Situation ist hier nicht viel anders als im Fall einer Auftragsvergabe an private Unternehmer, die mit der Herstellung eines in Verwaltungsregie betriebenen öffentlichen Gutes beauftragt sind, nur daß hier eben die rechtliche Form der Herstellung eine andere ist: sie erfolgt auf öffentlich-rechtlichem Wege durch Gewährung von Subventionen und Auferlegung einer öffentlich-rechtlichen Bindung.

Der andere Bereich, in dem öffentliche Güter durch Auferlegung öffentlich-rechtlicher Pflichten hergestellt werden, ist der der sog. *Ausgleichsabgaben.* Hier betrifft die rechtliche Bindung genau diejenigen, denen das Gut potentiell zugerechnet wird, nämlich alle auf dem jeweiligen Markt Tätigen: die Garantie eines betimmten Mindesteinkommens kommt potentiell jeder Hebamme zugute, die Marktordnung jedem Beteiligten[207]. Die in diesen Fällen auferlegte Rechtsbindung hat die Eigenschaft, bei einem Teil der Gruppe Vorteile hervorzurufen, bei dem anderen die entsprechenden Nachteile. Diese Eigenschaft ist nun allerdings keine Besonderheit staatlicher Leistungen, denen Ausgleichsabgaben gegenüberstehen, sondern Folge jeglicher Rechtszuweisung bzw. jeder Auferlegung von Rechtspflichten, andernfalls wäre die Position nicht rechtlich relevant: Jedem Vorteil, der durch die Zuweisung von Rechten erlangt wird, steht der Nachteil dessen gegenüber, der diese Position nunmehr nicht mehr in Anspruch nehmen darf. Umgekehrt steht jeder Auferlegung von Rechtspflichten der Vorteil dessen gegenüber, dem die Erfüllung der Rechtspflicht dient[208].

An sich entsteht das rechtliche Gefälle zwar unter den Beteiligten an dem jeweiligen Markt oder der Preisbindung, da der Staat es aber unternimmt, die Benachteiligten zu entschädigen, ist es letztlich doch wieder der Staat, der das öffentliche Gut mit seinen Mitteln herstellt.

Eine solche Struktur weisen die Abgaben nach § 12 Milch- und Fettgesetz[209], § 7 Mühlengesetz[210] oder § 14 Hebammengesetz[211] auf. Derartige Abgaben existieren aber bereits seit langem, etwa in den uralten Beiträgen zu den Vieh-

[206] v. 29.07.1963, BGBl I, S. 549.

[207] BVerfGE 17, 287 (292 f.); 18 315 (328); BVerwGE 6 282 (289); *Friauf,* Die Finanzverfassung in der Rechtsprechung des BVerfG in: BVerfG und GG, 1976, S. 310.

[208] Vgl. *Schmidt,* Verursacherprinzip und Sozialkosten, AcP 175, S. 241, der zu dem Fall der Entstehung von Sozialkosten angesichts von Rechtszuweisungen an Dritte Stellung nimmt.

[209] v. 10.12.1952, BGBl I, S. 811.

[210] v. 27.06.1957, BGBl I, S. 664, heute § 12 Mühlenstrukturgesetz v. 22.12.1971, BGBl I, S. 2098.

[211] v. 21.12.1938, RGBl, S. 1893.

seuchenkassen, bei denen auch alle Beteiligten potentielle Nutznießer und Benachteiligte durch die öffentliche Einrichtung waren.

Hierzu müssen auch die bodenordnenden Abgaben nach § 64 Abs. 3 BBauG[212], §§ 41, 42 StBauFG und wohl auch der vieldiskutierte Planungswertausgleich[213] gerechnet werden. Die Terminologie ist auch hier wieder einmal uneinheitlich, teilweise werden sie als Beiträge, teilweise als Ausgleichsabgaben bezeichnet. Den Umlegungswertausgleich haben das BBauG und das Bundesverfassungsgericht[214] als Beitrag oder als beitragsähnliche Zahlungspflicht bezeichnet, aber auch die Ausgleichsabgaben nach dem StBauFG werden vielfach als Beiträge bezeichnet[215], ebenso der Planungswertausgleich[216]. Das Bundesverfassungsgericht hatte demgegenüber in einem Rechtsgutachten die Wertsteigerungsabgabe als Steuer eingeordnet[217]. Das Urteil hatte sich allerdings nur mit der Frage auseinanderzusetzen, ob die Abgabe wegen ihrer bodenpolitischen Zielsetzung mit der Einnahmeerzielungsfunktion der Steuer vereinbar sei. Nicht geklärt wurde, ob die Wertsteigerungsabgabe eine Gegenleistung für eine besondere Leistung der öffentlichen Hand sei und damit als Beitrag zu qualifizieren sei[218].

An dieser Stelle sei auch sogleich darauf hingewiesen, daß von diesen äquivalenztheoretisch begründeten Abgaben die Wertzuwachssteuer nach der ursprünglichen Fassung des Art. 105 GG, die sich ausschließlich auf die Wertsteigerungen von Grund und Boden bezog[219], säuberlich unterschieden wird. Die Bodenwertzuwachssteuer erfaßt alle Bodenwertzuwächse, also nicht nur die durch staatliche Leistung vermittelten, sondern auch solche, die auf der konjunkturellen Entwicklung und auf der Wahrnehmung von Marktchancen beruhen[200]. An diesen Beispielen zeigt sich deutlich die Ausgleichsfunktion der nichtsteuerlichen Abgaben, welche die Wiederherstellung eines der Gerechtigkeit entsprechenden Zustandes suchen, im Gegensatz zu der Steuer, die als allgemeiner Beitrag zur Deckung des staatlichen Finanzbedarfs unabhängig ist von der Legitimität der belasteten Rechtsposition, ja typischerweise gerade zu Recht

[212] Entsprechende Vorschriften finden sich in den ehem. Aufbaugesetzen der Länder.

[213] Vgl. die Darstellung des Wissenschaftlichen Beirats beim BMF: Probleme und Lösungsmöglichkeiten einer Bodenwertzuwachsbesteuerung, Schriftenreihe des BMF, F 22, S. 109 sowie den Entwurf der Bundesregierung zur Änderung des BBauG, BT-Drs. 300/74 v. 10.05.1974.

[214] BVerfGE 18 274 (287).

[215] Vgl. die Darstellung bei *Gaentzsch*, Bodenwertabschöpfung im StBauFG, S. 131 ff.

[216] *Andreae*, Grundsteuern, in: Handbuch der Finanzwissenschaft, 3. Aufl., Bd. II, S. 596.

[217] BVerfGE 3 407 (435 f.).

[218] So auch *Andreae*, Hdb. der Finanzwissenschaft II, S. 596.

[219] *Hedtkamp*, Lehrbuch der Finanzwissenschaft, S. 244.

[220] *Friauf*, Steuergesetzgebung als Instrument der Bodenordnung, DVBl 1972, S. 653; Wissenschaftlicher Beirat beim BMF, Probleme und Lösungsmöglichkeiten einer Bodenwertzuwachsbesteuerung, S. 109.

erworbene, verdiente, von der Rechtsordnung dem Pflichtigen zugeordnete Objekte „betrifft".

Daß mit dem Ausgleich staatlicher Leistungen zugleich das vermögensrechtliche Gefälle unter den Betroffenen ausgeglichen wird, ist jeder Gebühr und jedem Beitrag ebenso eigen, ja es liegt in der Funktion der Rechtsordnung überhaupt, dem Gedanken ausgleichender Gerechtigkeit zu dienen. Das spezifische Charakteristikum der Gegenleistungsabgaben ist nicht die Funktion des Ausgleichs unter den Privaten, sondern des Ausgleichs im Verhältnis zwischen Staat und Bürger.

Die dritte von Richter dargestellte Variante, die *Verursacherabgabe,* die wir vornehmlich im Energie- und Umweltbereich finden, entspringt dem Kostenzurechnungsgedanken, der, wie bereits umfassend dargelegt, den Gebühren und Beiträgen ebenfalls eigen ist. Dazu sind die Ausgleichsabgaben nach § 4 des 3. Verstromungsgesetzes[221], nach § 4 des Altölgesetzes[222] und die Abwasserabgabe[223] zu zählen.

Die Lenkungsfunktion von Abgaben[224] ist demgegenüber wiederum kein Spezifikum nichtsteuerlicher Sonderabgaben, sondern Funktion des Rechts überhaupt. Verhaltenssteuerung oder zumindest Verhaltensbeeinflussung übt jedes Gesetz durch seine präventive Wirkung aus, die schon allein in der Drohung, daß bestimmte Rechtsfolgen eintreten, liegen kann[225]. Aus diesem Grunde ist es auch nicht weiter verwunderlich, daß sowohl mit nichtsteuerlichen Abgaben, also Gebühren und Beiträgen, genauso wie mit Steuern Lenkungseffekte ausgeübt werden.

Keinen Gegenleistungsaspekt enthalten die *Abgaben für die Freistellung von öffentlich-rechtlichen Pflichten,* womit die Abgaben nach dem Baden-Württembergischen Feuerwehrgesetz[226] und nach dem Schwerbehindertengesetz[227] gemeint sind. Sie knüpfen weder an eine Handlung der Verwaltung noch an eine solche der Pflichtigen an. Sofern man das Unterlassen als Handlung wertet, was angesichts der teilweise bestehenden Unmöglichkeit, die Rechtspflicht überhaupt zu erfüllen, schon sehr zweifelhaft ist, müßte diese Handlung in einem kausalen Zusammenhang mit dem im Abgabentatbestand bezeichneten öffentlichen Gut stehen. Diese Voraussetzung liegt aber weder im Fall der Feuerwehrabgabe noch in dem der Schwerbehindertenförderung vor. Beiden Abgaben ist zwar auch hier eine gewisse Ausgleichsfunktion eigen, sie betrifft aber nicht den

---

[221] v. 13.12.1974, BGBl I, S. 3473.

[222] v. 23.12.1968, BGBl I, S. 1419.

[223] v. 13.09.1976, BGBl I, S. 2721.

[224] s. o. A III 2. b) bb).

[225] *Schapp,* Die Hauptprobleme der juristischen Methodenlehre, S. 36.

[226] i.d.F. v. 09.02.1960, GesBl, S. 12.

[227] i.d.F. v. 08.10.1979, BGBl I, S. 1649.

hier notwendigen Ausgleich zwischen Staat und Bürger, sondern lediglich einen für notwendig erachteten Ausgleich ungleicher Belastungen der Staatsbürger. Es ist also nicht das Fehlen der Finanzierungsfunktion, das diese Abgaben kennzeichnet[228], sondern die fehlende Zielsetzung, die mit der Abgabe finanzierte staatliche Aufgabe auszugleichen[229].

Die vorstehende beispielhafte Auflistung von Sonderabgaben zeigt zugleich, wie wenig relevant für die Einordnung die Bezeichnung der Abgabe und die Organisationsform der staatlichen Einrichtungen sind, die die Abgaben finanzieren sollen. Einige werden als Ausgleichsabgaben bezeichnet und in Fonds und Sonderkassen verwaltet, so etwa die Abgabe nach § 12 MuFG, § 7 Mühlengesetz, § 12 Mühlenstrukturgesetz, § 4 3. Verstromungsgesetz, andere durch selbständige Anstalten des öffentlichen Rechts, etwa die Abgabe nach § 8 Schwerbehindertengesetz, § 4 Altölgesetz, § 66 Filmförderungsgesetz oder § 16 Weinwirtschaftsgesetz. Andere werden wieder als Beiträge oder Umlagen bezeichnet, wobei die Pflichtigen körperschaftlich zu einer juristischen Person vereinigt sein können - so im Falle der Beiträge gem. § 12 des Gesetzes zur Förderung der Rationalisierung im Steinkohlenbergbau und nach § 18 des Erdölbevorratungsgesetzes - oder auch nicht, letztere Form findet sich in den Beiträgen nach §§ 4 und 6 Fischgesetz, der Umlage gem. § 22 Milch- und Fettgesetz oder dem Beitrag nach § 10 Absatzfondsgesetz. Die Organisationsform wird allein von Zweckmäßigkeitserwägungen des Gesetzgebers bestimmt, sie hat auf die innere Beziehung zwischen staatlicher Aufgabe und Abgabenbelastung keinen Einfluß.

b) Gegenleistungsbegriff und Sonderabgabenrechtsprechung des Bundesverfassungsgerichts

Die neuere Sonderabgabenrechtsprechung des Bundesverfassungsgerichts beschreibt, wenn auch nicht im Rahmen einer Begriffsbestimmung, sondern als Zulässigkeitsvoraussetzung für Sonderabgaben, im Kern den materiellen Inhalt des Gegenleistungsbegriffs im Sinne von § 1 RAO.

Zunächst einmal erklärt sich allein hieraus die Differenzierung des Bundesverfassungsgerichts zwischen Abgaben, die allgemeine, und solchen, die besondere staatliche Aufgaben finanzieren sollen[230]. Erstere seien Steuern, letztere Sonderabgaben. Der Auffassung ist entgegenzuhalten, daß der moderne Staat die einzelne öffentliche Aufgabe, derer er sich annimmt, ebenso aus dem allgemeinen Steueraufkommen wie durch Gebühren und Beiträge finanziert. Verzichtet er darauf, sich eine Leistung von den Betroffenen bezahlen zu lassen, so muß er sie zwangsläufig aus dem allgemeinen Haushalt begleichen. Dadurch

[228] BVerfGE 67 256 (277); s. dazu o., S. 83 ff.

[229] Was die Feuerwehrabgabe angeht, so hat das pr. OVG solche „Ersatzabgaben" bereits in zwei Entscheidungen als Steuern gekennzeichnet, pr. OVGE 62 50 (508); 84 153 (154); so im Ergebnis auch *Bopp*, Feuerwehrabgabe, S. 225; s. aber *Henseler*, Sonderabgaben, S. 57 ff.

[230] BVerfGE 55 274 (298); auch *Selmer*, GewArch 81, S. 43.

bleibt die einzelne Aufgabe aber eine besondere und wird nicht zu einer allgemeinen. Sinnvoll wird die Unterscheidung nur, wenn sie sich nicht auf die Aufgabe an sich, sondern auf die vom Gesetzgeber vorgenommene Zurechnung der staatlichen Tätigkeit zum Kreis der Abgabepflichtigen bezieht.

Wesentliches Element dieser Rechtsprechung ist aber das Kriterium der besonderen Verantwortung der Abgabepflichtigen für den Abgabezweck[231]. Der Begriff spielte im öffentlichen Recht bislang keine oder nur eine untergeordnete Rolle. Das mag daran liegen, daß er einerseits in der politischen Alltagssprache allzu oft als „floskelhaftes Versatzstück"[232] verwendet wird, ihm auf der anderen Seite eher ethische und philosophische Elemente anhaften, so daß seine Verwertung für den konkreten juristischen Umgang problematisch erschien[233].

Der darin liegenden Gefahr war sich wohl auch das Bundesverfassungsgericht bewußt, wenn es davor warnte, die besondere Verantwortung oder „Sachnähe" als formales und damit „machbares" Kriterium aufzufassen[234]. Ob eine bestimmte Gruppe eine besondere Sachnähe zu einer bestimmten Aufgabe aufweise, sei daher unter Anknüpfung an vorgegebene Strukturen der Lebenswirklichkeit bei Berücksichtigung der Rechts- und Sozialordnung zu bestimmen.

Der Begriff ist aber gerade in jüngster Zeit wieder stärker in das Zentrum verfassungsrechtlicher Thematik getreten, wie nicht nur sein Gebrauch durch das höchste deutsche Gericht im Abgabenrecht beweist, sondern auch Saladins Monographie über die Verantwortung als Staatsprinzip ebenso wie die Themenwahl der Staatsrechtslehrertagung 1982, die sich mit den Grundpflichten als verfassungsrechtlicher Dimension befaßte[235].

Die zivilrechtliche Dogmatik ist dagegen mit dem Begriff etwas unbefangener umgegangen. Dort wird Verantwortung mit Zurechnung gleichgesetzt: „Zurechnung ist Verantwortung, genauer Verantworten-Können und Verantworten-Müssen. Wer für ein Verhalten die Verantwortung trägt, hat die Folgen der Handlung auf sich zu nehmen; im Verhältnis zum Verletzten heißt das, den Schaden wieder gutzumachen. Die Verantwortlichkeit ist mögliche Zurechnung zum Willen"[236]. Und umgekehrt: „Zurechnung ist die Erklärung, daß eine Person für ein Verhalten oder einen Erfolg im Hinblick auf eine Rechtsfolge verantwortlich sei"[237].

Die strukturellen Parallelen auf den Gebieten des zivilen Haftungsrechts und des Rechts der nichsteuerlichen öffentlichen Abgaben wurden bereits oben[238]

---

[231] BVerfGE 55 274 (306); BVerfGE 67 256 (276).

[232] *Wilke,* DÖV 1975, S. 509.

[233] *Ossenbühl,* AöR 99 (1974), S. 369, 407; *Wilke,* DÖV 1975, S. 511.

[234] BVerfGE 55 274 (307).

[235] Vgl. *Götz,* VVDStRL H. 41, S. 7 ff., S. 29 f., insbesondere Fn. 96; *Hofmann,* VVDStRL H. 41, S. 42 ff.

[236] *Deutsch,* Haftungsrecht, S. 22.

[237] *Deutsch,* S. 22; *Larenz* JuS 65, S. 373.

dargestellt. Die Ursache wurde darin gesehen, daß es sich in beiden Fällen um den Ausgleich als illegitim angesehener Güterverschiebungen handelt, im einen Fall privater, im anderen öffentlicher Güter. Es kann daher nicht verwundern, wenn in beiden Bereichen dieselben Vokabeln zur Beschreibung der wesentlichen Merkmale aller Ausgleichstatbestände verwandt werden.

Verantwortung bedeutet also nichts anderes als das in dieser Arbeit bereits dargestellte Kriterium der Zurechenbarkeit, im speziellen Fall des Abgabenrechts der Zurechenbarkeit „öffentlicher Leistungen oder Güter", wobei ersteres den Bezug des Bürgers zur öffentlichen Leistung, letzteres den Charakter der öffentlichen Leistung hervorhebt, beide Begriffe aber in gleicher Weise den Zusammenhang von Staatsleistung und Handeln oder Stellung des Pflichtigen dartun. Damit schließt sich der Kreis. Das vom Bundesverfassungsgericht für die Zulässigkeit von Sonderabgaben geforderte Kriterium der Sachnähe oder besonderen Verantwortung für die Erfüllung der mit der Abgabe zu finanzierenden Aufgabe ist Synonym für die zurechenbare öffentliche Leistung des Gebühren- und Beitragsrechts. Enthält damit der Abgabentatbestand auf der einen Seite die zurechenbare Staatsleistung, so ist entscheidend für die Qualität der Abgabe der „Abgabezweck"[239], womit die Finalität der Abgabe angesprochen ist, die innere Zielrichtung und Zweckbestimmung des Abgabengesetzes als gerechter finanzieller Ausgleich der staatlichen Leistung.

Die vom Bundesverfasssungsgericht anschließend durchgeführte Subsumtion der Berufsausbildungsabgabe unter das Kriterium der besonderen Verantwortung macht die Nähe zur zivilrechtlichen Problematik der Geschäftsführung ohne Auftrag als Fortwirkung der Güter- und Lastenzuständigkeit des Geschäftsherrn[240] deutlich. Das Gericht stellt darin entscheidend auf die geschichtlich gewachsene „Aufgabenteilung zwischen staatlicher und privater Verantwortung im Berufsausbildungswesen" ab[241]. In dem in der Bundesrepublik Deutschland bestehenden dualen Berufsausbildungssystem liege die spezifische Verantwortung für ein ausreichendes Angebot an betrieblichen Ausbildungsplätzen der Natur der Sache nach bei den Arbeitgebern. Wenn der Staat in Anerkennung dieser Aufgabenteilung den Arbeitgebern die praxisbezogene Berufsausbildung der Jugendlichen überlasse, so müsse er erwarten, daß die gesellschaftliche Gruppe der Arbeitgeber diese Aufgabe auch dann erfülle, wenn das freie Spiel der Kräfte zur Erfüllung der übernommenen Aufgabe nicht mehr ausreichen sollte. Gegenüber diesem besonderen – objektiv verstandenen – Interesse (!) der Arbeitgeber sei das Interesse der Allgemeinheit deutlich geringer[242]. Dieser Kernbereich des Berufsausbildungsurteils, der Topos der besonderen Ver-

---

238 S. 106 ff.

239 BVerfGE 55 274 (306).

240 Vgl. o. B. II. 1. c) bb) (2).

241 BVerfGE 55 274 (313).

242 BVerfGE, 55 274 (314).

antwortung, enthält also sowohl von der abstrakten Darstellung her wie in der konkreten Subsumtion des Einzelfalls die Kriterien des Gegenleistungsbegriffs, die in dieser Arbeit dargetan wurden. Er ist das entscheidende Merkmal, das die gesetzgeberische Wertung über die Zuordnung von Gütern zu einem bestimmten Rechtskreis enthält.

Die beiden anderen Kriterien, die das Gericht zur Beurteilung der Zulässigkeit von Sonderabgaben heranzog, nämlich die Homogenität der abgabepflichtigen Gruppe und die Gruppennützigkeit der Mittelverwendung, sind demgegenüber in ihrem Gehalt fragwürdig.

„Homogen" ist jede Gruppe in eben dem Tatbestandsmerkmal, das diese Gruppe bezeichnet. Homogen ist allenfalls das gleichgerichtete Interesse an dem hergestellten öffentlichen Gut. Eine in diesem Sinn homogene Gruppe würden damit etwa auch „die Käufer" eines bestimmten Fernsehgeräts bilden oder „die Benutzer der Autobahnen". Patzig hat am Beispiel der Berufsausbildungsabgabe die Homogenität der Gruppe der Arbeitgeber angezweifelt[243], wobei er mit Recht darauf hinwies, daß man wohl schwerlich sagen könne, daß die „Arbeitgeber" eines Kfz-Reparaturbetriebes mit zwanzig Beschäftigten, einer mittelgroßen Fabrik und einer Kaufhaus AG eine homogene Gruppe bildeten; darüber hinaus werde die Homogentität auch dadurch in Frage gestellt, daß die Arbeitgeber der öffentlichen Hand und der Religionsgemeinschaften ebenfalls in die Gruppe einbezogen seien. Aber auch der Blick auf verschiedene andere Sonderabgaben zeigt, wie wenig Homogenität die jeweils mit der Abgabe belasteten Gruppen enthalten. So wird man wohl kaum davon ausgehen können, daß die Mineralölsteuerpflichtigen als Schuldner der Altölabgabe nach § 4 des Altölgesetzes, die Verbraucher von Elektrizität nach § 6 des 3. Verstromungsgesetzes, die Filmtheaterbesitzer, ja überhaupt alle auf einem bestimmten Markt auftretenden Wettbewerber eine homogene Gruppe seien, wie man auch immer dieses Prädikat verstehen will. Ganz und gar mißlingen muß dieser Versuch, wenn man das Merkmal im Sinne einer altruistischen Gruppensolidarität interpretiert[244]. Einerseits sagt der Begriff auch nichts weiter aus als eine bestimmte Gleichrichtung der Interessen, ob sie nun egoistischer oder altruistischer Art sind, andererseits ist zu bedenken, daß auch und gerade die Steuer einem gewissen Soldiaritätsprinzip entspringt, das durch die Solidargemeinschaft der Staatsangehörigen insgesamt geformt wird[245], so daß das Prinzip zumindest für die Grenzziehung zwischen Steuern und außersteuerlichen Abgaben nichts hergibt.

Die Ausführungen im Berufsausbildungsurteil zeigen aber, daß das Bundesverfassungsgericht mit dem Homogenitätsmerkmal nichts weiter meint als das

---

[243] DÖV 1981, S. 746.

[244] So *Holzer*, Die unterstaatliche Umverteilung, S. 241 ff., der die Sonderabgaben als Solidarabgaben bezeichnet (S. 395).

[245] *Isensee*, DÖV 1982, S. 617.

dem Art. 3 GG entspringende Willkürverbot: „Es ist dem Gesetzgeber verwehrt, für eine beabsichtigte Abgabenerhebung beliebig (!, d. Verf.) Gruppen nach Gesichtspunkten, die nicht in der Rechts- und Sozialordnung materiell vorgegeben sind, normativ zu bilden."

Das dritte Erfordernis, die gruppennützige Verwendung des Abgabeaufkommens, erfaßt weder alle von Rechtsprechung und Literatur so bezeichneten Sonderabgaben, noch deckt es das gesamte Spektrum der Gegenleistungsabgaben ab.

Zunächst einmal ist die Verwendungszweckbestimmung primär eine haushaltsrechtliche Vorschrift, die, für sich gesehen, nur eine Aussage darüber macht, für welche der vielen staatlichen Aufgaben die Mittel verwendet werden sollen, eine Selbstbindung des Gesetzgebers. Als bloße Finanzierungsvorschrift sagt sie nichts über die innere Verbindung zwischen der finanzierten staatlichen Aufgabe und der Abgabe aus. Beispiele dafür bilden die verschiedenen Arten der Zwecksteuern. Der innere Zusammenhang zwischen Abgabe und staatlicher Leistung bedarf keiner äußerlichen Zweckverwendungsvorschrift, wie das Beispiel der meisten Gebühren und eines Teils der Beiträge, insbesondere der kommunalen Beiträge, deutlich macht. Die materielle Verbindung zwischen den Tatbestandsteilen erfolgt in der Regel durch ausdrückliche Zweckbestimmung des Gesetzes[246]. Nur da, wo sie nicht erfolgt und wo die Zweckbestimmung insoweit nicht eindeutig ist, kann die Verwendungszweckbestimmung eine wertvolle Auslegungshilfe zur Ermittlung des Gesetzeszweckes darstellen[247].

Die Forderung, das Aufkommen der Abgabe müsse gruppennützig verwendet werden, beschränkt aber den Bereich zulässiger Sonderabgaben auf solche staatlichen Leistungen, die sowohl einen Vorteil vermitteln als auch rein formal-haushaltsrechtlich mit der Abgabe finanziert werden. Das aber ist weder mit der überkommenen Begriffsbildung zu vereinbaren noch von der Verfassung geboten. Keine der beiden Voraussetzungen ist ausschließliches Wesensmerkmal des Gebühren- oder Beitragsbegriffes, ebenso ist unbestritten, daß sich die kompetenzielle wie materielle Zulässigkeit entsprechender Abgabentatbestände nicht an solchen Bedingungen festmachen läßt. So könnte man bereits im Falle der Beitragstatbestände, die, wie erkannt wurde, auf der GoA-Konstellation beruhen, von einem Nutzen oder Vorteil nur dann sprechen, wenn man ihm die Bedeutung des „Interesses" im Sinne einer fortwirkenden Güter- und Lastenzuständigkeit unterlegte, eine Bedeutung, die vom allgemeinen Sprachgebrauch allerdings nicht mehr gedeckt wäre.

Keinesfalls erfaßt das Gruppennützigkeitskriterium aber den Bereich der sogenannten Verursacherabgaben, wie das Beispiel der Abwasserabgabe zeigt. Hier wird nur ein Teil derer, denen das öffentliche Gut „Gewässer" zu Gute

---

[246] s. o. B. II. 2. b) bb) (2).

[247] s. o. S. 121.

kommt, mit einer Abgabe belegt, nämlich der, der von dem Gut einen im Gesetz näher definierten besonderen Gebrauch macht. Auf die Ähnlichkeit mit den Sondernutzungsgebühren wurde bereits hingewiesen[248]. Die besondere Technik, in der die Abwasserabgabe erhoben wird, ist in diesem Zusammenhang nicht relevant. Das Aufkommen der Abwasserabgabe ist für Maßnahmen, die der Erhaltung oder Verbesserung der Gewässergüte dienen, zweckgebunden (§ 13 Abs. 1 Satz 1 AbwAG). Diese Verwendung kann man auch nicht mehr unter dem Gesichtspunkt der ersparten Aufwendungen als gruppennützig ansehen, ohne den Begriff des Nutzens völlig amorph werden zu lassen. Gleichwohl, das wurde bereits dargelegt, handelt es sich auch in diesen Fällen um Abgaben, die dem finanziellen Ausgleich zurechenbarer Staatsleistungen dienen, wobei der Abgabentatbestand eben nur auf den verursachten Schaden, nicht aber auf einen irgendwie greifbaren Vorteil Bezug nimmt. Das Oberverwaltungsgericht Münster[249] hat hier versucht, mit dem Begriff des Interesses zu operieren, hat aber zugleich Zweifel am Vorliegen einer Gruppennützigkeit des Abgabeaufkommens angemeldet. Um zur Zulässigkeit der Abgabe zu gelangen, hat es dann aber die Tür benutzt, die das Bundesverfassungsgericht in seinem Urteil zur Berufsausbildungsabgabe[250] offengelassen hat, indem es argumentiert: „Auch wenn man davon ausgeht, daß in erster Linie die Allgemeinheit Vorteile von der Verwendung des Aufkommens der Abwasserabgabe hat und die Sonderabgabe daher mehr „fremdnutzig“ als „gruppennutzig“ ist, liegen die verfassungsrechtlichen Voraussetzungen für die Zulässigkeit dieser Abgabe vor. Denn hier rechtfertigt die Natur der Sache eindeutig aus triftigen Gründen die finanzielle Inanspruchnahme der Abgabepflichtigen zugunsten der Allgemeinheit, so daß der Gruppennützigkeit keine entscheidende Bedeutung zukommt. Die Einleiter von Abwasser verursachen unmittelbar die Gewässerverschmutzung und die daraus resultierenden Schäden, während die Menschen, die das Abwasser produzieren oder als Verbraucher industrielle Abwasserproduktionen veranlassen, nur als mittelbare Verursacher angesehen werden könnten. Die Belastung der Einleiter zugunsten der Allgemeinheit dient gerade, wie die – insoweit zitierte – Begründung des Gesetzentwurfs ausführt, der gerechteren Zuordnung der Kosten für die Vermeidung, Beseitigung und den Ausgleich der durch die Gewässerverschmutzung verursachten Schäden. Gerechter ist die Belastung der unmittelbaren Verursacher dieser Schäden deshalb, weil nur sie wegen ihrer Sachnähe auch eine größere Verantwortung trifft. Dies sind triftige Gründe, welche die insoweit „fremdnützige“ Abwasserabgabe eindeutig rechtfertigen.

[248] s. o. B. II. 1. Fn. 136.

[249] Urteil v. 20.09.1983, NVwZ 1984, S. 390, 392.

[250] BVerfGE 55 274 (307).

[251] BVerfGE 55 274; 67 256.

Der Verwendungszweckvorschrift kommt daher keine konstituierende Bedeutung für die Qualifikation einer Abgabe zu, sie kann lediglich als Auslegungshilfe dienen.

Aufs Ganze gesehen hat das Bundesverfassungsgericht in seinen Urteilen zur Berufsausbildungsabgabe wie zur Investitionshilfe[251] einen wichtigen Schritt in Richtung auf eine Lösung der Sonderabgabenproblematik gemacht, die das Wesen nichtsteuerlicher Abgaben im Ausgleich zurechenbarer Staatsleistungen sieht. Die Worte „besondere Verantwortung" und „Gruppennutzen" stehen für diese Sicht. Dabei ist das Investitionshilfeurteil noch einen Schritt über seinen Vorgänger hinausgegangen, indem es dem größten Teil der existierenden Sonderabgaben den Finanzierungszweck bescheinigte. Leider ist das Gericht auf halbem Wege stehengeblieben, da es einerseits die Terminologie und damit die Kompetenzfrage nicht geklärt, sondern die auch für den Begriff entscheidende Kriterien in der materiellen Zulässigkeitsprüfung abgehandelt hat; andererseits hat es aber auch nicht sämtliche zulässigen Gegenleistungsabgaben erfaßt. Die Rechtsprechung wie die Literatur im Gefolge des Berufsausbildungsurteil zeigen, wie verwirrend diese Situation sowohl im materiellen, wie vor allem auch im terminologischen Bereich ist; der nichtssagende, gestaltlose Begriff „Sonderabgabe" hat seinen eigenen Anteil daran[251a]. Das Bundesverfassungsgericht muß sich darüber im klaren sein, daß sich daran nichts ändern wird, solange es die Begriffsbildung nicht von der Sicht auf den Finanzierungszweck endgültig löst und den materiell-finalen Elementen des Gegenleistungsbegriffs unterstellt.

2. Der fehlende Gegenleistungsbezug bei der Zwecksteuer

Demgegenüber fehlt den Zwecksteuern jene Funktion, besondere Leistungen der Verwaltung auszugleichen. Das kann in dreierlei Hinsicht der Fall sein.

Einem Teil der Zwecksteuern mangelt es an der inneren Beziehung der Abgabepflichtigen zum Verwendungszweck gänzlich, etwa im Falle des Stabilitätszuschlags[252], dessen Aufkommen auf Sonderkonten der Deutschen Bundesbank angesammelt wurde und je nach Bedarf entsprechend den Zielen des Stabilitätsgesetzes freizugeben war, der Überlinger Zweitwohnungssteuer gem. § 6 Abs. 2 KAG BW[253], deren Erträge öffentlichen Einrichtungen für Kur- und Erholungszwecke dienen, oder der Schleswig-Holsteinischen Infrastrukturabgabe gem. § 9 KAG SH[254], welche die Bauherren neuer Wohnungen zur Finanzierung von Einrichtungen heranzog, die in der Gemeinde infolge von Baumaßnahmen erforderlich wurden, z.B. der Erweiterung von Verwaltungsgebäuden, von Schulen, Kindergärten, Friedhöfen etc. Aus dem Bereich vorkonstitutioneller Zweck-

---

[251a] So auch *Isensee*, Nichtsteuerliche Abgaben, S. 445.

[252] StabZG v. 26.06.1973, BGBl I, S. 681.

[253] BVerfG NJW 1984, S. 785.

[254] Vgl. BVerfGE 49 343.

steuern fallen unter diese Kategorie etwa die große Anzahl von Lustbarkeitssteuern, die für Zwecke der Armenpflege verwendet wurden, die Vermögenssteuer vom 03.07.1913, die die Mehrausgaben durch die Erhöhung der Friedenspräsenzstärke bestreiten sollte[255], die Wohnungsabgaben der 20er Jahre, insbesondere die Wohnungsluxussteuer, die Inhaber besonders großer Wohnungen betraf und deren Erträge zur Belebung der Neubautätigkeit von Wohnungen verwendet werden sollten, sowie die Hauszinssteuer, deren Aufkommen denselben Zwecken diente und die, ähnlich wie eine Wertzuwachssteuer, die inflationsbedingten Wertsteigerungen von Gebäuden abschöpfen sollte[256].

Eine zweite Gruppe von Zwecksteuern enthält den Ausgleichs- oder Äquivalenzgedanken insofern, als ein Teil ihrer Erträge für Zwecke verwendet wird, die diesen inneren Zusammenhang mit der Abgabenbelastung aufweisen, oder umgekehrt, nur ein Teil der Abgabepflichtigen in einer solchen Beziehung zur Ertragsverwendung steht.

Prototyp einer solchen Abgabe ist die Mineralölsteuer[257], welche im Laufe der Jahre einer Fülle von verschiedenen Zweckbindungen unterworfen wurde. Der Straßenbau, für dessen Äquivalent man die Heranziehung der Mineralölsteuerpflichtigen am ehesten halten könnte, stellte in den verschiedenen Stadien immer nur einen Teil der durch die Mineralölsteuer finanzierten staatlichen Aufgaben dar. Der Rest wurde zunächst ohne Zweckbindung dem Bundeshaushalt zugeführt[258], später wurde der öffentliche Personennahverkehr mit ihrem Aufkommen finanziert[259] und schließlich wurde nicht nur das Heizöl in die Steuerpflicht miteinbezogen, das sicherlich keine Beziehung zum Straßenwesen enthält, sondern auch die verschiedensten verkehrspolitischen Zwecke mit ihren Erträgen unterstützt[260].

Ähnliches gilt für die vorkonstitutionelle Kraftfahrzeugsteuer[261], deren Erträge die Länder zu einem Teil für die Wegeunterhaltung zu verwenden hatten, die damalige Biersteuer, deren Aufkommen zu einem bestimmten Teil zur Verbesserung der Betriebseinrichtungen und zur Herbeiführung eines zweckmäßigen Betriebes Verwendung finden sollte, oder das sog. „Weinsteuerdrittel" zur Behebung der Notlage des Winzerstandes[262]. Umgekehrt erfaßte die Badische Weinabgabe[263] nicht nur solche Personen, die von der finanzierten

---

[255] Fundstellen bei *von Eheberg,* Zwecksteuern, in: Handbuch der Finanzwissenschaft, 1928, S. 1234.

[256] Fundstellen bei *Bräuer,* Finanzsteuern, Zwecksteuern und Zweckzuwendungen von Steuererträgen, S. 47 f.

[257] MineralölsteuerG i.d.F. d. Bekanntmachung v. 11.10.1978, BGBl I, S. 1669.

[258] StraßenbaufinanzierungsG v. 28.03.1960, BGBl I, S. 201.

[259] SteueränderungsG v. 23.12.1966, BGBl I, S. 702.

[260] Gesetz zur Änderung des MineralölsteuerG v. 26.06.1973, BGBl I, S. 691.

[261] Vgl. Gesetz v. 21.05.1926, RGBl I, S. 224.

[262] Beispiele bei *Bräuer,* Finanzsteuern, S. 34 f.

staatlichen Leistung, der Reblausbekämpfung, einen Vorteil hatten, sondern auch solche, die in keiner inneren Beziehung zu dieser Aufgabe standen[264]. Das Bundesverfassungsgericht hat daher dieser Abgabe den Charakter einer Zwecksteuer attestiert.

Die dritte Gruppe umfaßt Steuern, die ganz bestimmte staatliche Aufgaben finanzieren und die in vollem Umfang zum Ausgleich dieser Leistungen bestimmt sind. Es handelt sich dabei aber um Tätigkeiten, die ihrer Natur noch ausschließlich dem Gesamtkollektiv zugerechnet werden können.

An erster Stelle ist hier der Lastenausgleich zu nennen. Vorkonstitutionelle Zwecksteuern dieser Art sind etwa der Wehrbeitrag vom 03.07.1913, der Mittel zur Bestreitung der einmaligen großen Rüstungsausgaben bereitstellen sollte, das Reichsnotopfer v. 31.12.1919, mit dem die Entschuldung des Reichs betrieben werden sollte sowie die Rhein-Ruhr-Abgabe vom 11.08.1923, die zur Deckung der Kosten bestimmt war, welche die Ruhrbesetzung verursacht hatte[265].

IV. Sonderabgaben als gegenleistungslose Abgaben, die nichtsteuerertragsberechtigten Körperschaften oder Anstalten zufließen?

Fällt damit der größte Teil der Sonderabgaben unter Abgabenformen, die wir seit jeher als Gebühren und insbesondere als Beiträge kennen, so stellt sich die Frage, welche Abgaben dann noch diese Bezeichnung verdienen.

Zunächst einmal kommen hierfür Abgaben in Frage, die nicht der Einnahmeerzielung dienen; das sind jedoch, wie gesehen[266], nur die beiden – inzwischen als unzulässig angesehenen – Varianten der „erdrosselnden" und „rückzahlbaren" Abgaben, möglicherweise die sog. Ersatzabgaben.

Als zulässige Sonderabgaben können daher allenfalls noch solche in Betracht kommen, die keine Gegenleistung für eine besondere Leistung des Staates in dem oben beschriebenen Sinne darstellen und keiner nach Art. 106 GG steuerertragsberechtigten Körperschaft zufallen. Voraussetzung ist, daß man als Steuern im Sinne des GG nur solche Abgaben ansieht, die von Gebietskörperschaften vereinnahmt werden[267].

Gegenüber dieser Ansicht ist vor allem vorgebracht worden, sie sei weder aus dem Grundgesetz selbst noch aus dem Wortlaut des § 1 RAO herzuleiten. In der Tat gibt der Wortlaut des § 1 RAO (Auferlegung durch ein öffentlich rechtliches

---

263 Gesetz über die Aufbringung von Mitteln zur Reblausbekämpfung v. 19.10.1949, GVBl, S. 472.

264 BVerfGE 7 244 (255).

265 Beispiele bei von *Eheberg*, Hdb. der Finanzwissenschaft, S. 1234.

266 s. o. B. I. 5.

267 s. o. A. I. 1.

Gemeinwesen) hierfür nichts her, und so begründen Vogel / Walter, auf die sich der größte Teil derer, die ihre Ansicht teilen, berufen, ihre Auffassung unmittelbar aus dem Grundgesetz selbst, nämlich damit, daß wegen des Vorrangs der Steuerertragsverteilung das Grundgesetz Abgaben, die es nicht ausdrücklich einem Ertragsberechtigten zuweise, in den Art. 105 ff. GG gar nicht regeln, also auch nicht als Steuern bezeichnen wolle[268]. Gerade hierin aber liegt der Trugschluß, denn erst die Reduzierung des Steuerbegriffs auf Abgaben, deren Erträge Gebietskörperschaften zufallen, ermöglicht dem Gesetzgeber die Kreation solcher „Sonderabgaben", die alle Eigenschaften der Steuer in sich tragen und nur wegen der Vereinnahmung der Abgabenerträge in Sonderkassen, Sonderfonds oder öffentlichen Anstalten den Verteilungs- und Verwaltungsregelungen der Art. 105 ff. GG nicht unterliegen. Gerade durch eine solche unnötige Verengung des Steuerbegriffs entsteht die Gefahr, vor der Selmer mehrfach gewarnt hat[269], daß hier „über die ‚offene Flanke' der allgemeinen Kompetenzordnung die Wurzel zu einer zweiten apokryphen Steuerverfassung gelegt" werden könnte.

Neuerdings hat Henseler[270] den Meinungen, die der Ertragszuständigkeit überhaupt eine begriffliche Relevanz beimessen, eine weitere Variante hinzugefügt. Obwohl er grundsätzlich von einem materiellen Steuerbegriff ausgeht, für den die haushaltsmäßige Behandlung keine Rolle spielt, meint er, aus dem Grundgesetz selbst eine formale Einschränkung herleiten zu müssen. Unter Zugrundelegung der Tatsache, daß die Finanzordnung des Grundgesetzes dem Zweck dient, Bund wie Ländern ein ausreichendes Finanzreservoir zur Wahrnehmung ihrer Aufgaben zu sichern, hält er es für notwendig, aber auch für ausreichend, nur die Abgaben als Steuern anzusehen, die eine Gebietskörperschaft dazu benutzen kann, ihren Freiraum zu Erledigung selbstbestimmter Aufgaben auf Kosten anderer zu erweitern. Das sei nur dann der Fall, wenn die Gebietskörperschaft sich einen entscheidenden Einfluß auf die mit der Abgabe zu finanzierenden Maßnahmen verschaffe. Für die Frage, ob die Abgabe, die eine von den Gebietskörperschaften unterschiedene juristische Person des öffentlichen Rechts vereinnahme, einer Gebietskörperschaft zufließe, komme es deswegen darauf an, daß diese nicht nur einer unerläßlichen staatlichen Kontrolle, sondern dem dominanten Einfluß einer Gebietskörperschaft unterliege[271].

Hier stellt bereits der Ausgangspunkt der Argumentation die falschen Weichen. Henseler erkennt ausdrücklich an, daß sich seine Ansicht nicht mit dem Steuerbegriff des § 1 RAO begründen läßt, sondern unmittelbar dem Grundgesetz entnommen werden muß. Die einschränkende Auslegung eines Begriffs, den die Verfassung vorgefunden hat, unmittelbar aus dem Funktions-

---

[268] *Vogel / Walter*, BK, Art. 105 Rdn. 36.

[269] Steuerinterventionismus und Verfassungsrecht, S. 183; GewArch 1981, S. 42.

[270] Sonderabgaben, S. 42 ff.

[271] *Henseler*, Sonderabgaben, S. 47.

zusammenhang herzuleiten, in dem die Norm steht, läßt sich aber überhaupt nur rechtfertigen, wenn die Funktion der Norm und ihres Umfeldes diese Auslegung absolut gebietet. Das aber behauptet Henseler nicht; er meint nur, es sei ausreichend, nur solche Abgaben als Steuern anzusehen, auf deren Verwendung die Gebietskörperschaften einen dominierenden Einfluß hätten. Eine solche Beweisführung ist nicht geeignet, einen als richtig erkannten materiellen Begriff aus Gründen, die nicht im Begriff selber angelegt sind, in ein zusätzliches formelles Korsett zu zwingen. Der überkommene materielle Steuerbegriff garantiert die bundesstaatliche Schutzfunktion der Finanzverfassung. Falls er tatsächlich über das hinreichende Maß hinausgehen sollte, kann das an der herkömmlichen Begrifflichkeit nichts ändern, sofern nicht die Verfassungswirklichkeit dadurch Schaden nimmt. Das aber ist bislang noch nirgendwo behauptet worden.

Insgesamt wird der Teil der Lehre, der den Steuerbegriff an die Ertragsberechtigung nach Art. 106 GG bindet, zumindest, was die Sonderfonds und Sondervermögen angeht, bereits durch das Grundgesetz selbst widerlegt. Das Grundgesetz bezeichnet in Art. 106 Abs. 1 Nr. 5 die zur Durchführung des Lastenausgleichs erhobenen Ausgleichsabgaben ausdrücklich als Steuern. Gemäß § 5 des Lastenausgleichsgesetzes[272] werden die Ausgleichsabgaben einem Sondervermögen des Bundes (Ausgleichsfonds) zugeführt. Die Einnahmen und Ausgaben des Fonds werden nicht unmittelbar im Bundeshaushalt, sondern als Anlage zum Bundeshaushalt nachgewiesen (§ 5 Abs. 4 LAG). Der Ausgleichsfonds ist juristisch weitgehend verselbständigt; nach § 5 Abs. 3 LAG haftet der Bund für die Verbindlichkeiten des Ausgleichsfonds nur mit dem Sondervermögen, dieses haftet nicht für die sonstigen Verbindlichkeiten des Bundes. Ein dominierender Einfluß des Bundes auf die Aufgabenerfüllung, was auch immer damit gemeint sein mag, kann diesem Sondervermögen wohl schwerlich beigemessen werden.

Das Bundesverfassungsgericht hat der haushalts- und verwaltungsmäßigen Behandlung bislang überwiegend nur indizielle und bestätigende Wirkung beigemessen[273]. Allein wegen des mangelnden Zuflusses des Abgabeaufkommens zu einem steuerertragsberechtigten Gemeinwesen hat es den Steuercharakter jedoch nur einmal abgelehnt, nämlich im Fall der Schwerbehindertenabgabe[274]. Dieses Argument dürfte wohl auch der einzige Ansatzpunkt gewesen sein, der der Abgabe ihre nichtsteuerliche Qualität erhalten konnte. Demgegenüber hat es dem Stabilitätszuschlag trotz seiner Verwaltung durch ein Sondervermögen den Steuercharakter attestiert[275].

Abgesehen davon, daß die Rechtfertigung einer Auslegung, die im Gesetz keinen unmittelbaren Ausdruck gefunden hat, Sache desjenigen ist, der sie be-

272 i.d.F. v. 01.10.1969, BGBl I, S. 1909.

273 BVerfGE 4 7 (14); 7 244 (252); 18 315 (328); 29 402 (409).

274 BVerfGE 57 139 (166).

275 BVerfGE 29 402 (409).

hauptet, geht letztlich die Diskussion über Ertrags- und Verwaltungshoheit am Kern des Problems vorbei.

Wie wir gesehen haben, ist der Steuerbegriff materiell-finaler Art. Steuern dienen dazu, öffentliche Leistungen zu finanzieren, die die Gesamtheit der Staatsbürger betreffen, der Allgemeinheit zurechenbar sind[276]. Von allen Körperschaften des öffentlichen Rechts erfassen aber nur die Gebietskörperschaften flächendeckend sämtliche Bürger des Staates, nur ihre Leistungen können daher an das Gesamtkollektiv gerichtet sein. Alle anderen Körperschaften vereinigen nur bestimmte Gruppen von Staatsbürgern, sie sind Ausgliederungen bestimmter Sachaufgaben, die demzufolge immer nur den von der konkreten Staatstätigkeit angesprochenen Kreis von Bürgern betreffen können. In dieser besonderen, materiell begründeten Stellung der Gebietskörperschaften hat auch der Ausnahmefall der Kirchensteuer seine Wurzel; die Kirchensteuer ist Relikt der Vorstellungen vom Staatskirchentum und heute nur auf diesem Hintergrund verständlich.

Die Zusammenfassung der Allgemeinheit in Kollektivverbänden ist durch die Begründung von Bund, Ländern und kommunalen Selbstverwaltungskörperschaften erfolgt. Für eine weitere korporative Organisation ist kein Raum. Dagegen ist die vermögens- und verwaltungsmäßige Ausgliederung einzelner Sachaufgaben, die das Gesamtkollektiv betreffen, ohne weiteres mit dem materiellen Steuerbegriff vereinbar. Osthilfe und Lastenausgleich, Kohlenabgabe und Stabilitätszuschlag sind Beispiele für ihre Praktikabilität. Die Vereinnahmung und Verwaltung der Abgabenerträge durch öffentliche Anstalten, Sonderfonds, Sonderkassen, seien sie rechtlich verselbständigt oder nicht, hindern daher nicht die Qualifikation einer Abgabe als Steuer.

Demgegenüber macht der Gesetzgeber durch Bildung einer Körperschaft des öffentlichen Rechts unmißverständlich klar, daß die öffentliche Aufgabe nur dem Kreis der in der Körperschaft vereinigten Personen zugerechnet werden soll. Über den in dieser Weise deutlich dokumentierten Willen des Gesetzes könnte sich auch eine etwaige verfassungskonforme Auslegung nicht hinwegsetzen. Abgaben, die zur Finanzierung öffentlich rechtlicher Körperschaften erhoben werden, die nicht Gebietskörperschaften sind, können daher – abgesehen vom Sonderfall der Kirchensteuer – keine Steuern sein.

V. Zusammenfassung

1. Das in dieser Arbeit dargestellte Bild der öffentlichen Abgaben entspricht der klassischen Dreiteilung in Gebühren, Beiträge und Steuern, wobei als vierte Kategorie die Existenz von Geldleistungspflichten, die für rechtswidrige Hand-

---

[276] s. o. S. 101 f.

lungen auferlegt werden, anerkannt wird (Geldbußen, -strafen, Zwangsgelder, evtl. Ersatzabgaben).

Maßgeblich für die Abgrenzung ist die dem verfassungsrechtlichen Steuerbegriff zugrundeliegende Definition in § 1 RAO. Danach ist auf zwei Merkmale abzuheben, nämlich die Zwecke des Abgabengesetzes, Einnahmen zu erzielen und keine Gegenleistung für eine besondere Staatsleistung zu sein.

2. Der Zweck, Einnahmen zu erzielen, ist für die Differenzierung zwischen Steuern und außersteuerlichen Abgaben ein in der Regel ungeeignetes Kriterium. Einzig die inzwischen als unzulässig erkannten rückzahlbaren und die „erdrosselnden" Abgaben können mit seiner Hilfe aus dem Steuerbegriff geschieden werden. Ob es die sog. Ersatzabgaben, die an die Nichterfüllung öffentlich-rechtlicher Pflichten anknüpfen, von den Steuern abzugrenzen vermag, kann im Rahmen dieser Untersuchung dahinstehen.

3. Für alle übrigen Abgaben bleibt als Abgrenzungskriterium allein das Gegenleistungsmerkmal des § 1 RAO.

4. Als „Entgeltabgaben" werden seit jeher Gebühren und Beiträge angesehen. Weder Gebühren noch Beiträge werden ausschließlich um des Vorteils willen entrichtet, der den Pflichtigen aus einer Leistung der öffentlichen Hand erwächst. Vielmehr stehen neben den vorteilstiftenden Staatsleistungen auch solche, die den Gebühren- oder Beitragsschuldnern aufgrund ihrer besonderen Verantwortung zuzurechnen sind.

5. Gebühren und Beiträge unterscheiden sich allein nach den Adressaten der staatlichen Leistung. Ist die Leistung individuell zurechenbar (regelmäßig aufgrund einer Handlung des Pflichtigen), handelt es sich um eine Gebühr; ist sie nur einer Gruppe zurechenbar, weil keines der Mitglieder von der Inanspruchnahme ausgeschlossen werden kann (regelmäßig aufgrund der bloßen Bereitstellung der Leistung), so ist die gegenüberstehende Abgabe ein Beitrag.

6. Die größte Gruppe, für die der Staat Leistungen bereitstellt, ist das Gesamtkollektiv aller Staatsangehörigen. Leistungen, die er keiner anderen Gruppe zurechnet als dieser, werden durch Steuern finanziert.

7. Steuern, Beiträge und Gebühren enthalten damit eine kompatible Begrifflichkeit, die die eindeutige Zuordnung zu jeder Abgabenform ermöglicht. Da keine Begriffslücken verbleiben, ist für Sonderabgaben in diesem Spektrum kein Platz. Die Grenze zwischen Steuern und nichtsteuerlichen Abgaben verläuft auf der Linie der Zurechenbarkeit.

8. Das Gegenleistungsmerkmal des § 1 RAO ist ein finaler Begriff, der auf den Zweck des Leistungsverhältnisses und damit auf den Rechtsgrund des Abgabengesetzes abhebt: Zweck der Abgabeleistung ist der Ausgleich von Güter- und Kostenverschiebungen zwischen Allgemeinheit und Abgabepflichtigen, ähnlich der privatrechtlichen Ausgleichsordnung. Daraus resultieren zwei große Problemfelder, die Rechtsprechung und Literatur immer wieder beschäftigt

haben. Das erste liegt in der Frage, ob eine als Gebühr oder Beitrag bezeichnete Geldleistungspflicht den erforderlichen Ausgleichs- oder Gegenleistungszweck tatsächlich enthält, welche sich insbesondere dann stellt, wenn die Höhe der Abgabe oder der im Gesetz bezeichnete Kreis der Abgabepflichtigen diese Zielsetzung nicht mehr erkennen läßt. Das zweite hat Abgabengesetze zum Gegenstand, die gerade nicht eindeutig bezeichnet sind, denen sich aber gleichwohl – neben anderen Zielen – eine entsprechende Zweckbestimmung entnehmen lassen könnte. Solche Abgaben sind in jüngster Zeit in der Regel als Sonderabgaben bezeichnet worden.

Da eine Abschichtung der Ziele, je nach ihrer Bedeutung, weder im Gebührennoch im Beitragsrecht Relevanz zu entfalten vermochte, unterfallen multifunktionale Abgaben dann dem Gegenleistungsbegriff, wenn sie u.a. auch den Zweck verfolgen, zurechenbare Staatsleistungen auszugleichen. Ob das der Fall ist, ist mit dem Mittel der Auslegung zu beantworten.

9. Die sog. „Sonderabgaben" sind in ihrer weitaus überwiegenden Zahl Abgaben mit Gegenleistungscharakter, entweder als Gebühren oder als Beiträge. Das gilt für alle Abgaben mit Förderungs- und Ausgleichsfunktion wie für die Verursacherabgaben.

Nicht ausreichend für die Annahme einer Gegenleistung ist der Zweck, ein als illegitim angesehenes vermögensrechtliches Gefälle unter den betroffenen Staatsbürgern auszugleichen, genausowenig wie die Funktion, mit der Abgabe verhaltenssteuernd zu wirken.

10. Die Sonderabgabenrechtsprechung des Bundesverfassungsgerichts stellt in der Hauptsache auf den dargelegten Gegenleistungszusammenhang ab, wenn sie nur solche Sonderabgaben für zulässig hält, die wegen der besonderen Sachnähe oder Verantwortung der Pflichtigen auferlegt wurden. Da diese Voraussetzungen aber erst im Zusammenhang der materiellen Zulässigkeitsprüfung aufgestellt werden, nicht aber, wie es nötig wäre, bereits in der Definition eines materiellen Gegenleistungsbegriffs, bleibt die Begriffsklärung auch unter dieser Rechtsprechung noch unklar.

Die beiden übrigen Zulässigkeitskriterien der „homogenen Gruppe" und der „gruppennützigen Verwendung des Abgabeaufkommens" sind im ersten Fall bloßer Ausfluß des allgemeinen Gleichheitssatzes, im zweiten eine Verkürzung des Gegenleistungsbegriffs auf vorteilhafte Staatsleistungen, die den Kern des Urteils, das Kriterium der besonderen Verantwortung oder Sachnähe, wieder unnötig relativiert.

11. Der Verwendungszweckvorschrift eines Abgabengesetzes kommt keine konstituierende Bedeutung zu, sie kann aber als wertvolle Auslegungshilfe dienen.

12. Zwecksteuern fehlt die Funktion, besondere öffentliche Leistungen auszugleichen. Einem Teil von ihnen mangelt es daran gänzlich. Eine weitere

Gruppe enthält den Ausgleichsgedanken insofern, als ein Teil ihrer Erträge in einem entsprechenden Zusammenhang verwendet werden, der andere aber nicht. Die dritte Kategorie umfaßt Steuern, die zwar in vollem Umfang zum Ausgleich ganz bestimmter staatlicher Aufgaben bestimmt sind, deren Gegenstand aber so geartet ist, daß er nur dem Gesamtkollektiv zugerechnet werden kann.

13. Die Abgabenbegriffe sind ausschließlich materielle Begriffe. Formale Einschränkungen, etwa in der Weise, daß als Steuern nur solche Abgaben zu qualifizieren sind, die Gebietskörperschaften zufließen, durchbrechen das Prinzip, ohne von der Verfassung gefordert zu sein. Daß Abgaben, die selbständigen Körperschaften des öffentlichen Rechts zufallen, keine Steuern sein können, ergibt sich nicht aus formalen Erwägungen, sondern aus dem finalen Charakter des Gegenleistungsbegriffs.

14. Angesichts der seit Jahrzehnten bestehenden Unsicherheit in der Begriffsbildung mag der eine oder andere Gesetzgeber die aufgezeigte Linie im Ausnahmefall überschritten haben. Das ändert aber nichts an ihrer Existenz. Im Bereich des Gegenleistungsmerkmals ist für die Kreation von Sonderabgaben kein Platz. Wer dennoch angesichts der allgemeinen Begriffsverwirrung diese Bezeichnung aus mehr oder weniger formalen Gründen für Teilbereiche der Gebühren oder Beiträge wählen will, muß sich darüber im klaren sein, daß sie als bequeme „Ablage für ungeklärte Fälle“[277] dienen wird, während die Einordnung als Gebühr oder Beitrag deutlich macht, daß entscheidendes Kriterium sowohl für die Qualifikation wie für die materielle Zulässigkeit die Zurechenbarkeit der staatlichen Leistung ist.

15. Das Ergebnis steht im Einklang mit den in Art. 70 ff. GG und Art. 105 ff. GG niedergelegten Verfassungsvorschriften.

Die Gesetzgebungskompetenz für Gegenleistungsabgaben ist untrennbar kraft Sachzusammenhangs mit der Zuständigkeit für die Gesetzgebung über die betroffene staatliche Aufgabe verknüpft. Das bewußte, willkürliche Umgehen der Steuerkompetenzen per formaler Ettikettierung ist nicht möglich.

Daß schließlich die Verwaltungshoheit für solche Abgaben bei dem Träger der statalichen Aufgabe liegt und nicht bei der Finanzverwaltung, ergibt sich aus der Natur der Sache und ist vom Grundgesetz so beabsichtigt.

---

[277] *Henseler*, Sonderabgaben, S. 16.

2. Abschnitt

Die Rechtsnatur der Fehlbelegungsabgabe

„Die Fehlbelegungsabgabe" gliedert sich auf in drei verschiedene Abgaben, und zwar in

a) die Ausgleichszahlung im öffentlich geförderten Wohnungsbau, die Inhaber von öffentlich geförderten Wohnungen zu leisten haben, wenn ihr Einkommen die Einkommensgrenze nach § 25 II. WoBauG um mehr als 20 % übersteigt (§ 1 AFWoG),

b) die Ausgleichszahlung nach § 8 AFWoG, die Inhaber von Bergarbeiterwohnungen unter bestimmten Voraussetzungen heranzieht, wenn sie die Einkommensgrenze überschritten haben, und

c) die Ausgleichszahlung für Inhaber von Wohnungen, die mit Wohnungsfürsorgemitteln gefördert worden sind, wenn sie ebenfalls die Einkommensgrenzen entsprechend überschreiten (§ 9 AFWoG).

Es handelt sich hier nicht um eine einheitliche Abgabe, wie sie das Bundesverfassungsgericht[1] etwa der Badischen Weinabgabe attestiert hat, die von Weinerzeugern und -einführern erhoben wurde, bei der aber allenfalls die Erzeuger einen Vorteil aus der mit der Abgabe finanzierten Aufgabe zogen. Im vorliegenden Fall deutet schon der Wortlaut „entsprechende Anwendung" in den §§ 8 und 9 AFWoG darauf hin, daß es sich in diesen Fällen um selbständige Abgaben handelt. Auch der Kreis der Abgabepflichtigen bestimmt sich in jedem Fall anders. § 1 AFWoG knüpft allein an die Inhaberschaft einer öffentlich geförderten Wohnung und die Überschreitung der Einkommensgrenze nach § 25 II. WoBauG an, § 8 macht zusätzlich die fehlende besondere Wohnberechtigung nach § 4 des Gesetzes zur Förderung des Bergarbeiterwohnungsbaus im Kohlenbergbau[2] zur Voraussetzung, und § 9 trifft nicht die Inhaber von öffentlich geförderten, sondern mit Wohnungsfürsorgemitteln nach § 87 a II. WoBauG geförderten Wohnungen.

Das Aufkommen fällt in allen drei Bereichen jeweils anderen Stellen zu, im öffentlich geförderten Wohnungsbau (ohne Bergarbeiterwohnungsbau) den Ländern (§ 10 Abs. 1 AFWoG), im Bergarbeiterwohnungsbau der Treuhandstelle (§ 10 Abs. 2 AFWoG) und im Wohnungsfürsorgebereich dem jeweiligen

---

[1] BVerfGE 7 244 (255).

[2] i.d.F. v. 04.05.1957, BGBl I, S. 418.

Darlehns- oder Zuschußgeber (§ 10 Abs. 3 AFWoG). Darlehens- und Zuschußgeber sind in der Regel Bund, Land oder Gemeinde, es können aber auch Sondervermögen des Bundes wie Bundespost oder Bundesbahn sein oder auch selbständige Anstalten wie die Bundesbank oder die Bundesanstalt für Arbeit[3].

Schließlich sind auch unterschiedliche Verwaltungsbehörden mit der Auferlegung und Einziehung der Abgabe befaßt, je nachdem ob öffentlich geförderte Wohnungen einschließlich Bergarbeiterwohnungen betroffen sind oder Wohnungsfürsorgewohnungen[4].

Auch das Oberverwaltungsgericht Münster hat in seinem Beschluß vom 13.12.1983[5] anerkannt, daß es sich bei der Ausgleichszahlung nach § 9 AFWoG um einen Sondertatbestand handelt, hat aber gemeint, man könne die Vorschrift nicht isoliert betrachten und dürfe wegen gewisser Parallelen zum sozialen Wohnungsbau keine unterschiedliche Qualifizierung vornehmen. Aus dieser Äußerung kann nicht entnommen werden, daß das Gericht damit beide Tatbestände als einheitliche Abgabe aufgefaßt hätte; es hat vielmehr lediglich die Notwendigkeit einer einheitlichen rechtlichen Beurteilung für *beide* Abgaben darlegen wollen.

Nachfolgend sollen daher alle drei Abgaben unter die im ersten Abschnitt definierten Begriffe der Gebühr, des Beitrags oder der Steuer eingeordnet werden.

A. Die Fehlbelegungsabgabe im öffentlich geförderten Wohnungsbau (§ 1 AFWoG)

I. Als Gebühr

Bei der Fehlbelegungsabgabe im öffentlich geförderten Wohnungsbau könnte es sich um eine Gebühr handeln. Das setzte eine besondere Leistung der Verwaltung voraus, die den Abgabepflichtigen individuell zurechenbar wäre. Als solche kommt in Betracht:

1. Die Bewilligung des Darlehns oder sonstigen Zuschusses für die innegehaltene Wohnung

Die Bewilligung der Subvention erfolgt aber gem. §§ 33, 42 II. WoBauG gegenüber dem Bauherrn, nicht gegenüber dem von der Abgabe betroffenen Mieter der Sozialwohnung.

---

[3] Vgl. die Aufstellung bei *Kohlenbach,* AFWoG, § 9, D 79 Fn. 1.

[4] *Kohlenbach,* AFWoG, § 11 Anm. 1.

[5] BBauBl 1984, S. 354.

Die Ausnahmefälle der Familienheim- und Eigentumswohnungsförderung werden von § 1 AFWoG nicht erfaßt, da sich die Abgabe ausdrücklich nur auf Mietwohnungen bezieht. Das gilt auch für den Fall der vom Bauherrn selbst genutzten Wohnung, den die Abgabepflicht zwar erfaßt, allerdings in dessen Eigenschaft als Wohnungsinhaber und nicht als Bauherrn.

2. Die Erteilung der Wohnberechtigungsbescheinigung nach § 5 Abs. 1 WoBindG

Hierbei handelt es sich um eine den Abgabepflichtigen individuell zurechenbare Leistung in Form eines begünstigenden Verwaltungsaktes.

Falls es das Ziel der Abgabe wäre, die reinen Verwaltungskosten dieses Verwaltungsaktes abzugelten, handelte es sich um eine *Verwaltungsgebühr.* Eine solche Zielsetzung verfolgt das Gesetz aber sicherlich nicht. Von den Kosten der Wohnberechtigungsbescheinigung ist nirgendwo im Gesetz die Rede. Gem. § 10 Abs. 1 AFWoG sollen mit dem Aufkommen neue Sozialwohnungen gefördert, nicht aber die Kosten der Bescheinigung finanziert werden. Auch der Abgabentatbestand knüpft die Abgabepflicht nicht an die Erteilung der Wohnungsberechtigung, sondern an das Innehalten der Wohnung. Darüber hinaus gewährt die Wohnberechtigung für sich noch keine konkreten finanziellen Vorteile, sondern allenfalls die Anwartschaft auf solche. Auch diese Vorteile sind nicht Gegenstand der Abgabe. Eine Verwaltungsgebühr scheidet daher aus.

3. Die Inanspruchnahme einer öffentlich geförderten Wohnung

Eine öffentlich geförderte Wohnung unterscheidet sich von einer frei finanzierten vornehmlich in zweifacher Hinsicht: Der Verfügungsberechtigte ist verpflichtet, keine höhere Miete als die Kostenmiete zu erheben (§ 8 ff. WoBindG) und nur mit solchen Mietern abzuschließen, die ihre Wohnberechtigung nachweisen können (§§ 4, 5 WoBindG). Diese öffentlich-rechtlichen Bindungen bewirken, daß die Verfügungsbefugnis des privaten Eigentümers (des Verfügungsberechtigten) in dem Maße beschränkt ist, wie die Bindungen reichen. In demselben Umfang erweitert sich die Berechtigung der öffentlichen Verwaltung: sie bestimmt, mit wem der Verfügungsberechtigte den Mietvertrag abschließen darf und wie hoch der Mietzins maximal zu bemessen ist. Durch die Förderung des Wohnungsbaus hat der Staat somit ein öffentliches Gut in Gestalt einer Sozialwohnung hergestellt: soweit die öffentlich-rechtliche Bindung reicht, kann nur er verfügen, ist die Befugnis dem privaten Verfügungsberechtigten entzogen. Der Inhaber einer öffentlich geförderten Wohnung nutzt daher nicht lediglich privates Eigentum, wie das Oberverwaltungsgericht Münster und, ihm folgend, die Verwaltungsgerichte Gelsenkirchen und Düsseldorf meinen[6], sondern eine mit öffentlichen Mitteln errichtete öffentliche Einrichtung.

---

6 OVG Münster, Beschluß v. 06.10.1983, NVwZ 1984, S. 395 = BBauBl 1984, S. 351; VG

Dem Verwaltungsgericht Düsseldorf[7] ist zwar die Existenz dieser öffentlich-rechtlichen Bindungen nicht entgangen, es hat aber gemeint, der durch sie vermittelte Vorteil beruhe unmittelbar auf dem Gesetz und stelle daher keine besondere Leistung der Verwaltung dar, deren Kosten durch Gebühren zu decken seien. Dazu ist anzumerken, daß das Wesen der Gebühr im Ausgleich individuell zurechenbarer öffentlicher Leistungen liegt. Daß die Leistung ausschließlich durch Verwaltungshandeln erbracht wird, ist in der Definition nicht enthalten. Vor allem kann aber auch das Gesetz diese Bindungen nur schaffen, wenn die Verwaltung Kosten aufwendet (hier: Subventionen), weil andernfalls überhaupt kein Rechtfertigungsgrund bestünde, gerade die betroffenen Bauherrn mit der Rechtsbindung zu belasten. Entscheidend ist, daß eine öffentliche Leistung erbracht oder ein öffentliches Gut hergestellt wird, in welcher Rechtsform das erfolgt, ist für den Gebührenbegriff unerheblich.

Die Herstellung dieses öffentlichen Gutes ist aber zunächst noch an keinen bestimmten Adressaten gerichtet. Individuell zurechenbar wird die Leistung erst durch die tatsächliche Inanspruchnahme des Gutes. Knüpfte das Gesetz die Abgabepflicht an diese Inanspruchnahme, so würde es sich um eine Gebühr handeln, und zwar um eine *Benutzungsgebühr*[8].

Tatsächlich ist Voraussetzung der Abgabepflicht nach § 1 AFWoG die Inhaberschaft einer öffentlich geförderten Wohnung. Diese Rechtsposition erlangen aber grundsätzlich alle Nutzer der Wohnungen durch die Erteilung der Wohnberechtigungsbescheinigungen, die den Wohnungssuchenden ein öffentlich-rechtliches Wohnrecht einräumen[9], welches sich nicht nur auf die Inanspruchnahme von öffentlich geförderten Wohnungen bezieht, sondern gerade auch auf den Gebrauch einer in der Miete billigen Wohnung. Die Berechtigung des Inhabers bezieht sich eben gerade auf die kostenlose, *unentgeltliche* Nutzung der eingeräumten Rechtsposition. Denn diese Rechtsposition ist ja die entscheidende Leistung der öffentlichen Verwaltung, die darin besteht, daß der Inhaber nicht eine marktmäßig zustandegekommene Miete zu zahlen hat, sondern die aufgrund der staatlichen Intervention verbilligte Miete (Differentialrente)[10]. Das öffentliche Gut „Sozialwohnung" ist also eines von denen, das grundsätzlich seinen Nutzern nach den Zielvorstellungen des Gesetzes unentgeltlich zur Verfügung stehen soll.

Gelsenkirchen, NJW 1985, S. 79, 81; VG Düsseldorf, Beschluß v. 11.06.1985 - 14 K 1084/85, S. 18.

[7] a.a.O.

[8] Diese Lösung erwägt das VG Berlin, DVBl 1983, S. 956.

[9] *Bellinger,* in: Fischer-Dieskau / Pergande / Schwender, Wohnungsbaurecht, § 5 WoBindG, Anm. 22.

[10] *Kornemann,* Fehlsubventionierung im öffentlich geförderten sozialen Wohnungsbau, S. 131 ff.

Entsprechend macht § 1 AFWoG die Abgabepflicht nicht nur von der Inhaberschaft einer öffentlich geförderten Wohnung abhängig, sondern von einem zusätzlichen Erfordernis, der Überschreitung der Einkommensgrenze nach § 25 II. WoBauG. Ersichtlich ist es also nicht die Tatsache allein, daß hier ein öffentliches Gut genutzt wird, die das Motiv für die Auferlegung der Abgabe ist, sondern erst die zusätzliche Handlung des „Mehrverdienens". Nach seiner ganzen Intention und Zielsetzung will das AFWoG nur die Mehrverdienenden treffen. In der Nutzung von Sozialwohnungen durch *sie* liegt das sozialpolitische Ärgernis, das die Fehlbelegungsabgabe beseitigen helfen soll[11], nicht in der Nutzung durch die Wohnberechtigten insgesamt. Aufgrund der Tatsache, daß das AFWoG nur und ausschließlich die Mehrverdiener trifft und treffen will, ist auch eine rechtliche Qualifikation nicht haltbar, die die Ausgleichszahlung als Beitrag zu der öffentlichen Veranstaltung „Sozialer Wohnungsbau" sieht[12] und die die Nichterfassung von 70 % der potentiell Abgabepflichtigen als Freistellungen aufgrund sozialer Differenzierungen ansieht. Im übrigen pflegen solche Freistellungen die Ausnahme vom Grundsatz der Abgabepflicht zu sein und nicht die große Mehrheit derer zu betreffen, die von der staatlichen Leistung Vorteile haben.

Die bloße Inanspruchnahme einer Sozialwohnung als Anknüpfung für die Auferlegung der Abgabe scheidet daher aus.

4. Die Inanspruchnahme einer öffentlich geförderten Wohnung trotz Überschreitens der Einkommensgrenze nach § 25 II. WoBauG

In der Tat macht § 1 AFWoG das Innehaben einer Sozialwohnung zwar zur Voraussetzung der Abgabepflicht, knüpft aber entscheidend die Zahlungspflicht erst an die Handlung des „Mehrverdienens". Erst durch diese Handlung setzt sich der mehrverdienende Inhaber einer öffentlich geförderten Wohnung in Widerspruch zu der Wertung des § 25 II. WoBauG, nach der allein diejenigen in den Genuß der öffentlichen Einrichtung kommen sollen, deren Einkommen unterhalb der dort festgelegten Grenzen liegt. Zur Sicherstellung dieser Zweckbestimmung hat das WoBindG das Verfahren nach §§ 4, 5 gestaltet: Die Wohnberechtigungsbescheinigung soll gewährleisten, daß öffentlich geförderte Wohnungen nur in Übereinstimmung mit den Zielen des II. WoBauG genutzt werden[13]. Genau diese Ziele werden wegen des unvollständig gestalteten Verfahrens nach §§ 4, 5 WoBindG im Fall des in § 1 AFWoG angesprochenen Personenkreises, der sog. Fehlbeleger, nicht erreicht.

---

[11] Vgl. Entwurf eines Gesetzes über den Abbau der Fehlsubventionierung im Wohnungswesen (AFWoG) der Bundesregierung v. 17.08.1981, BT-Drs. 9/744, S. 1.

[12] So aber *Kohlenbach,* AFWoG Einf. C; *Dyong,* AFWoG, § 1 Anm. 6; *Otter,* ZfGW Bay 1982, S. 161; offen gelassen vom VG Berlin, DVBl 1983, S. 956.

[13] *Bellinger,* WoBindG § 4 Anm. 2.1.

Der Staat hat nun die Möglichkeit, den Gebrauch des Gutes durch diesen Personenkreis zu verbieten oder ihn für die Nutzung bezahlen zu lassen. Im Falle der Fehlbelegungsabgabe hat sich der Gesetzgeber für die zweite Lösung entschieden. Der Gebrauch einer Sozialwohnung beinhaltet nicht nur die Inanspruchnahme finanzieller Vorteile, er enthält vielmehr alle Eigenschaften jeder normalen Wohnungsnutzung. Die Wohnung ist Mittelpunkt des menschlichen Lebens in jeder Hinsicht, der bestimmt wird von der Lage der Wohnung selbst, ihrem Umfeld, der Infrastruktur sowie den zwischenmenschlichen Kontakten unter Nachbarn, Freunden etc. Die Entscheidung, eine Wohnung zu räumen oder zu behalten, orientiert sich daher nicht allein an wirtschaftlichen Überlegungen; aus diesem Grunde dürften auch die Bemühungen, Sozialwohnungen mittels finanzieller Anreize freizumachen, im wesentlichen gescheitert sein[14]. Wie fast alle Wirtschaftsgüter, so enthält auch das öffentliche Gut „Sozialwohnung" eben nicht nur den vermögensrechtlichen Aspekt sondern auch einen Gebrauchswert.

Einen Zwangseingriff in den Gebrauchsbereich (mit anderen Worten: den Bereich der „Aktionsberechtigung") hat der Gesetzgeber gescheut und die Mehrverdienenden lediglich finanziell zum Ausgleich der erlangten Vorteile herangezogen.

Die Parallelen zu den Sondernutzungsgebühren und sonstigen Verursacherabgaben werden hier sehr deutlich. In gewissem Umfang ist auch dort ein kostenloser Gebrauch eingeräumt (z.B. Gemeingebrauch der öffentlichen Straße), darüber hinaus gehende Handlungen des Pflichtigen werden entweder unter Erlaubnisvorbehalt gestellt, so daß die Erlaubnis als staatliche Leistung erscheint, oder, wo die Sondernutzung erlaubt ist, mit einem Entgelt oder einer Kostenbeteiligung belegt. Bisher bezogen sich solche Verursacherabgaben nur auf den außergewöhnlichen, besonderen, über die kostenlose Gewährleistung hinausgehenden Gebrauch[15], hier, im Falle der Fehlbelegungsabgabe, bezieht sie sich wegen der Besonderheit der öffentlichen Einrichtung auf die wirtschaftlichen Verhältnisse der Nutzer. Beiden gemeinsam ist die Eigenschaft, Tatbestände zu erfassen, die die vom Gesetz vorgesehen Widmung des öffentlichen Gutes verfehlen. Dieser Auslegung entspricht auch die in der Begründung der Bundesregierung zu ihrem Gesetzentwurf[16] angegebene Zielsetzung des Gesetzgebers. Einerseits wird darauf hingewiesen, daß es Ziel der Ausgleichszahlung sei, die Fehlförderung der Mehrverdiener im Sozialen Wohnungsbau als ein sozialpolitisches Ärgernis zu beseitigen; Regelungen, die Zwangskündigungen vorsähen, schieden allerdings aus, da sie zu neuen sozialen Unzuträglichkeiten führen würden. Ziel müßte es vielmehr sein, die „Mehrverdiener" finanziell heranzu-

[14] s. o. 1. Teil B. I.

[15] s. o. 1. Abschn. B. I. 1. c) bb) (1).

[16] BT-Drs. 9/744, S. 11.

ziehen, um mit den geleisteten Zahlungen weitere Wohnungen für sozial Schwächere bauen zu können.

Auch die Bemessung der Abgabe orientiert sich grundsätzlich an dieser Zielsetzung. Zwar bemißt sich die Abgabe zunächst generell nach der Leistungsfähigkeit des Pflichtigen (§ 1 Abs. 3 AFWoG), sie wird aber der Höhe nach begrenzt durch den Unterschiedsbetrag zwischen dem für die Wohnung gezahlten zulässigen Entgelt und der ortsüblichen Vergleichsmiete für frei finanzierte Wohnungen[17], das entspricht dem Vorteil, den der Abgabepflichtige durch die Nutzung der Sozialwohnung erfährt.

Eine andere Beurteilung kann sich auch nicht durch den den Verwaltungsgerichten Gelsenkirchen und Düsseldorf vorgelegten Fall ergeben, daß der seine Bauherrenwohnung selbst nutzende Eigentümer aus dem Kreis der vom Gesetz betroffenen Personen nicht ausgenommen wurde[18]. Die Besonderheit des Falles liegt darin, daß der Bauherr eines Mietwohnhauses, das mindestens vier öffentlich geförderte Wohnungen enthält, eine dieser Wohnungen selbst nutzen darf und damit unabhängig vom Einkommen in den Genuß der Subventionierung gelangt (§ 6 Abs. 2 Satz 3 WoBindG). In der Tat knüpft in diesem Ausnahmefall die Abgabepflicht nicht an eine als illegitim angesehene Nutzung des öffentlichen Gutes an, sondern an eine berechtigte. Diese Ausnahmekonstellation vermag aber die innere Zielsetzung des Gesetzes und damit die Rechtsnatur der Abgabe nicht zu beeinflussen. Denn die Regelung des § 6 Abs. 2 Satz 3 WoBindG findet ihren Sinn vornehmlich darin, daß dem Bauherrn die Möglichkeit zur Nutzung seiner eigenen Wohnungen eingeräumt wird, also eine Zweckbestimmung, die sich gerade auf den Gebrauchswert der Wohnung bezieht. Das System der öffentlichen Förderung brachte es bisher mit sich, daß ihm damit automatisch auch der finanzielle Vorteil zufiel, eine Folge, die dem Gesetzgeber nicht unbedingt willkommen sein konnte, die er aber mit Rücksicht auf die Anreizfunktion zum Bau neuer Sozalwohnungen in Kauf nahm. Durch die Fehlbelegungsabgabe nun besteht die Möglichkeit, gerade diesen Fall wieder mit den Wertungen des § 25 II. WoBauG zu vereinbaren. Inwieweit diese Regelung mit Gesichtspunkten des Vertrauensschutzes kollidieren könnte[19], bedarf hier keiner Erörterung.

Die Fehlbelegungsabgabe im öffentlich geförderten Wohnungsbau ist mithin als eine Art *Sondernutzungsgebühr* zu qualifizieren, die dazu bestimmt ist, Vorteile und Kosten auszugleichen, die durch die illegitime Nutzung eines ansonsten kostenlos gewährten öffentlichen Gutes entstanden sind.

[17] § 6 Abs. 1 und 2 AFWoG.

[18] VG Gelsenkirchen, NJW 1985, S. 79, 83; VG Düsseldorf, Beschluß v. 11.06.1985 - 14 K 1085/85.

[19] Vgl. dazu VG Düsseldorf, a.a.O.

Dieser Qualifikation steht nicht entgegen, daß mit der Auferlegung der Abgabe auch der Effekt erreicht wid, auf die Abgabepflichtigen in gewissem Umfang Druck zur Räumung der Sozialwohnungen auszuüben. Ein solcher Lenkungseffekt ist jeder Abgabe eigen; im Gebührenbereich ist die natürliche Folge, daß durch Verteuerung des Gutes die Nachfrage zurückgeht.

II. Als Beitrag oder Steuer

Da somit die Fehlbelegungsabgabe einer individuell zurechenbaren öffentlichen Leistung gegenübersteht, kommt die Anknüpfung an eine gruppenbezogene oder eine auf das Gesamtkollektiv bezogene öffentliche Leistung und damit die Qualifikation als Beitrag oder als Steuer nicht mehr in Betracht.

B. Die Fehlbelegungsabgabe im Bergarbeiterwohnungsbau (§ 8 AFWoG)

Die Abgabe nach § 8 AFWoG knüpft an denselben Tatbestand wie § 1 AFWoG an, macht die Leistungspflicht aber zusätzlich von der negativen Voraussetzung abhängig, daß der Wohnungsinhaber nicht wohnberechtigt nach § 4 Abs. 1 a-c BergArbWoBauG ist.

§ 4 BergArbWoBauG[20] lautet:

„§ 4
Wohnungsberechtigte

(1) Wohnungsberechtigte im Kohlenbergbau sind

a) sozialversicherte Arbeitnehmer des Kohlenbergbbaus;

b) ehemalige sozialversicherte Arbeitnehmer des Kohlenbergbaus, die wegen Invalidität, Berufsunfähigkeit im Sinne des Reichsknappschaftsgesetzes oder infolge Arbeitsunfalles aus der Beschäftigung im Kohlenbergbau ausscheiden mußten oder die nach mindestens fünfjähriger Beschäftigung ohne ihr Verschulden gegen ihren Willen ausgeschieden sind;

c) Witwen der vorgenannten Arbeitnehmer;

d) ehemalige sozialversicherte Arbeitnehmer des Kohlenbergbaus, die wegen einer im Zuge der Rationalisierung angeordneten oder durchgeführten Stillegung oder Teilstillegung des Kohlenbergwerks, bei dem sie beschäftigt waren, aus der Beschäftigung im Kohlenbergbau ausgeschieden sind, und deren Witwen. Dies gilt nur, wenn den betroffenen Arbeitnehmern eine anderweitige Beschäftigung im Kohlenbergbau zu zumutbaren Bedingungen nicht angeboten wurde. Der Bundesminister für Raumordnung, Bauwesen und Städtebau wird ermächtigt, im Einvernehmen mit dem Bundesminister für Wirtschaft und dem Bundesminister für

---

[20] Gesetz zur Förderung des Bergarbeiterwohnungsbaus im Kohlenbergbau i.d.F. v. 04.05.1957, BGBl I, S. 418, zuletzt geändert durch das WoModG v. 23.08.1976, BGBl I, S. 2429.

Arbeit und Sozialordnung durch Rechtsverordnung mit Zustimmung des Bundesrates nähere Bestimmungen über die zumutbaren Bedingungen einer Weiterbeschäftigung im Kohlenbergbau nach den Gesichtspunkten des sozialen Besitzstandes, des zeitlichen Aufwandes und der räumlichen Entfernung zu einem anderweitigen Arbeitsplatz im Kohlenbergbau zu treffen."

Die staatliche Leistung, die die Abgabe entgelten soll, ist in diesem Fall die Herstellung sog. „Bergarbeiterwohnungen" mit öffentlichen Mitteln (§ 21 BergArbWoBauG). Die Wohnungen sind im Grundsatz mit denselben öffentlich-rechtlichen Bindungen versehen wie die übrigen öffentlich geförderten Wohnungen (§§ 8, 21 WoBindG), wobei an die Stelle der Wohnberechtigung nach dem Einkommen die besondere Wohnberechtigung nach § 4 Abs. 1 BergArbWoBauG tritt. Die Bergarbeiterwohnungen sind also an sich schon von § 1 Abs. 1 AFWoG miterfaßt, § 8 stellt die Zahlungspflicht jedoch unter zusätzliche Voraussetzungen[21], nämlich die fehlende Wohnberechtigung nach § 4 a-c BergArbWoBauG.

Erkennbar wird, daß § 8 AFWoG die Grenze der Abgabepflicht, ähnlich wie § 1, an der Wohnberechtigung zieht, mit der Maßgabe, daß hier auch weiterhin „Nichtberechtigte" in den Genuß des Subventionsvorteils kommen sollen, nämlich soweit es sich um „Mindestverdienende" handelt, also solche, die die Einkommensgrenze nach § 25 II. WoBauG nicht überschreiten. Der Grund dafür liegt in der prinzipiellen Gleichstellung der Bergarbeiterwohnungen mit dem öffentlich geförderten Wohnungsbau.

Auch diese Abgabe hat also große Ähnlichkeit mit einer Sondernutzungsgebühr, wobei der von Kohlenbach[22] in die Diskussion geworfene Gedanke, die Beschränkung auf die Mehrverdienenden sei eine Ausprägung sozialer Differenzierung, nach der die „Minderverdienenden" von der Abgabe freigestellt seien, auf die Abgabe nach § 8 AFWoG noch am ehesten zu passen scheint.

Durchbrochen wird das Prinzip, nur die zu erfassen, die nicht mehr wohnungsberechtigt sind, durch die Einbeziehung der nach § 4 Abs. 1 d BergArbWoBauG Wohnungsberechtigten. Die Abgabepflicht widerspricht hier der im BergArbWoBauG vorgenommenen Wertung, nach der auch die aus Rationalisierungsgründen aus dem Bergbau Ausgeschiedenen das öffentliche Gut „Bergarbeiterwohnung" kostenlos in Anspruch nehmen durften. Die Frage ist, ob hier ein subjektiv öffentliches Recht der Abgabepflicht unterworfen werden soll, dessen „Vermögensberechtigung" nach der Rechtsordnung dem Abgabepflichtigen zugeordnet ist. Das würde bedeuten, daß eine Abgabe, die diese Rechtsposition treffen soll, als Steuer zu qualifizieren wäre. Sie würde nicht dem gerechten Ausgleich einer Güterverschiebung dienen, sondern an eine besondere Leistungsfähigkeit anknüpfen, die in dem Innehaben des Wirtschaftsguts zum Ausdruck kommt.

---

[21] *Kohlenbach*, AFWoG, § 8 Anm. 1.

[22] AFWoG Einf C.

Einer solchen Auslegung steht nun allerdings entgegen, daß es dem Gesetzgeber unbenommen ist, eine Rechtsstellung, die ausschließlich auf staatlicher Gewährung beruht, dem Inhaber wieder zu nehmen[23]. Das ist hier der Fall. Der Wohnungsinhaber verdankt seine Rechtsstellung ausschließlich staatlicher Subventionierung der Wohnung. Eigene Leistungen, die den Eigentumsschutz des Art. 14 GG rechtfertigen könnten, hat er nicht eingebracht. Angesichts dieser verfassungsrechtlichen Situation hätte der Gesetzgeber auch die Möglichkeit gehabt, die gesamte rechtliche Position, die dem Wohnungsinhaber durch die Einräumung der Wohnberechtigung und die Subventionierung der Wohnung erwachsen war, jedenfalls im Grundsatz wieder zu nehmen. Darauf hat er hier, wie bei den übrigen öffentlich geförderten Wohnungen, verzichtet. Da sich die Wohnberechtigung nach § 4 Abs. 1 d BergArbWoBauG ohnehin in der Regel nur auf das Verbleiben in der Bergarbeiterwohnung, nicht aber auf die Neuanmietung einer solchen Wohnung bezieht[24], enthielt die Wohnberechtigung nach § 4 Abs. 1 d BergArbWoBauG von vornherein nur ein Recht „zweiter Klasse" gegenüber den Berechtigungen a-c. Sinn der Einfügung des Buchstaben d in das BergArbWoBauG[25] war es, den Bergbaubeschäftigten, die aus Rationalisierungsgründen aus dem Bergbau ausscheiden mußten oder freiwillig ausschieden, die bisherige Wohnung zu erhalten. Die Berechtigung bezog sich also schon damals auf den Gebrauch der Wohnung, sie mußte aber zwangsläufig, weil die Wohnungsbauförderung objektgebunden ist und nicht personenbezogen, einhergehen mit dem Bewirken eines finanziellen Vorteils, eine Situation, die in Kauf genommen wurde, aber nicht Ziel der Regelung war. Die nunmehr durch das AFWoG auferlegte Abgabepflicht trägt dieser Zweckbestimmung Rechnung, wobei, wegen der Gleichstellung mit den übrigen öffentlich geförderten Wohnungen, die Minderverdienenden auch hier von der Abgabepflicht befreit bleiben.

C. Die Fehlbelegungsabgabe auf Wohnungen, die mit Wohnungsfürsorgemitteln gefördert wurden (§ 9 AFWoG)

Die Abgabe nach § 9 AFWoG gibt endgültig, anders als die Abgaben nach § 1 und § 8 AFWoG, die Bindung an eine irgendwie geartete Wohnungsberechtigung auf. Eine gesetzlich normierte Wohnberechtigung existiert in diesem Bereich allerdings auch nicht, die Bestimmung der Berechtigten ist den Trägern der Wohnungsfürsorge überlassen. Im allgemeinen geschieht das durch einfache Benennung des in Aussicht genommenen Wohnungsnutzers gegenüber dem

[23] BVerfGE 18 392 (397); 45 142 (170); 48 403 (416).

[24] Vgl. § 6 BergArbWoBauG, § 22 WoBindG.

[25] Durch das 3. Änderungsgesetz zum BergArbWoBauG v. 24.08.1965, BGBl I, S. 909.

Verfügungsberechtigten im Rahmen des zivilrechtlich vereinbarten Wohnungsbesetzungsrechts.

I. Vor Inkrafttreten des AFWoG war es Zweck der staatlichen Leistung, der Wohnungsfürsorge, einerseits eine möglichst hohe Anzahl von Wohnungen für die Angehörigen des öffentlichen Dienstes zu schaffen und dadurch die Zahlung von Trennungsentschädigungen zu sparen, andererseits aber auch einen Wohnungsbestand zur Verfügung zu haben, der zu günstigen Bedingungen an Angehörige des öffentlichen Dienstes, vor allem zu erschwinglichen Mieten, zur Verfügung gestellt werden kann[26]. Die Zweckbestimmung nahm keine Rücksicht auf Einkommensgrenzen.

Der zuerst genannte Zweck trug dem Erfordernis der besonderen Mobilität und Versetzungsbereitschaft der Angehörigen des öffentlichen Dienstes Rechnung und beschränkte sich insoweit auf die reine Wohnraumversorgung.

Die in zweiter Hinsicht erwähnte Zielsetzung bezog sich demgegenüber auf die Höhe der Miete. Einerseits konnte dadurch das bei Versetzungen den öffentlich Bediensteten belastende regional unterschiedliche Marktmietenniveau (Stadt-Land-Gefälle, Großstadtpreis) unterlaufen werden, zum andern dürfte auch der durch die billigen Wohnungen bewirkte Attraktionseffekt für den öffentlichen Dienst nicht unbeabsichtigt gewesen sein.

Durch die Abgabe wird der erste Bereich, die Wohnraumversorgung, nicht tangiert. Betroffen wird ausschließlich der finanzielle Vorteil. Und in dieser Hinsicht läßt sich die Abgabe zwanglos als Konsequenz aus einer Umwidmung der Förderungsmittel verstehen. Der Wohnraummarkt insgesamt hatte sich im Zeitpunkt der Entstehung des Gesetzes in weiten Teilen des Bundesgebietes entspannt. Diese Tendenz hat sich bis heute weiter verstärkt. Der öffentliche Dienst ist insgesamt so attraktiv geworden, daß ein zusätzlicher Anreiz durch billige Wohnungen nicht mehr erforderlich erscheint. Allein der Aspekt der mit einer Versetzung verbundenen Nachteile ist auch heute noch relevant. Dem trägt § 9 Abs. 3 Rechnung, der den Versetzten oder neu Eingestellten für die Dauer von drei Jahren von der Ausgleichszahlung befreit. Diese Auslegung wird bestätigt durch die amtliche Begründung des Regierungsentwurfs[27]: „Allein der Umstand, daß Inhaber von Wohnungsfürsorgewohnungen in der Regel Förderungsmittel unabhängig von ihrem Einkommen erhalten hatten, steht der Erhebung einer Ausgleichszahlung nicht entgegen. Sowohl vom Subventionszweck her als auch unter Fürsorgegesichtspunkten ist nämlich zu unterscheiden zwischen der durch die Förderung erzielten Wohnraumversorgung dieses Personenkreises und der gleichzeitig erreichten wirtschaftlichen Subventionswirkung. Durch die vorge-

---

[26] Vgl. Bestimmungen über die Wohnungsfürsorge des Bundes für seine Verwaltungsangehörigen aus Mitteln des Wohnungsfürsorgefonds – Bekanntmachung des Bundesministers für Wohnungsbau v. 25.10.1950, GMBl 17 v. 08.12.1950, S. 116 ff.; BGH MDR 1969, S. 1002.

[27] BT-Drs 9/744, S. 21.

schlagenen Maßnahmen wird die Wohnraumversorgung des begünstigten Personenkreises nicht gefährdet. Gegenstand der Regelung ist allein der Entzug von Vorteilen, die für mehrverdienende Wohnungsinhaber nicht mehr gerechtfertigt (!, der Verf.) erscheinen."

Daß unter diesen Umständen die Verbilligung für Wohnungsfürsorgewohnungen durch staatliche Förderungsmittel überhaupt aufrechterhalten bleibt, erklärt sich aus § 87 a II. WoBauG, der die Wohnungsfürsorgewohnungen gerade, was den finanziellen Vorteil angeht, nämlich die Bindung an die Kostenmiete, den öffentlich geförderten Wohnungen in weitem Umfang gleichstellt[28]. Das AFWoG setzt die dort getroffene Wertung in die Abgabepflicht um: Die Wohnraumversorgung bleibt in dem Umfang aufrechterhalten wie bisher, die Wohnungsfürsorgemittel dienen dem kostenlosen Gebrauch des Wirtschaftsgutes nur insoweit, wie sie von Personen besetzt werden, die die Einkommensgrenze nach § 25 II. WoBauG nicht um mehr als 20 % überschreiten. Den übrigen soll der Gebrauchswert auch weiterhin zukommen, der Vermögenswert aber nicht mehr oder nur noch teilweise. Auf diese neue Widmung weist sehr deutlich § 9 Abs. 2 hin, der die notwendige Konsequenz aus der neuen Zweckbestimmung ist.

Da auch hier die erlangte Rechtsposition des öffentlich Bediensteten ausschließlich auf staatlicher Gewährung beruht, nicht auf eigener Leistung, konnte der Gesetzgeber diese Umwidmung vornehmen, ohne mit Art. 14 GG in Konflikt zu geraten.

II. Wir haben es also hier wie in den beiden anderen Fällen mit einer individuell zurechenbaren staatlichen Leistung zu tun, die für einen Teil der Nutzer kostenlos, für einen anderen Teil kostenpflichtig ist. Da auch hier eine individuell zurechenbare Leistung, nämlich die Inanspruchnahme der Wohnung, Anknüpfungspunkt der Abgabepflicht ist, wäre die Abgabe als Gebühr zu qualifizieren, wenn es sich um eine *öffentliche* Leistung des Staates handelte. Zweifelhaft könnte dieses Tatbestandsmerkmal deswegen sein, weil die Wohnungsfürsorgemittel kraft gesetzlicher Bestimmung ausdrücklich als nicht-öffentliche Mittel bezeichnet werden (§ 6 Abs. 2 c II. WoBauG), und weil sie von ihrer Funktion her dazu bestimmt sind, die öffentlich Bediensteten im Rahmen eines Dienst- oder gar eines privatrechtlichen Arbeitsverhältnisses mit Wohnraum zu versorgen und so eher den durch Arbeitgebermittel geförderten Werkwohnungen als den öffentlich geförderten Wohnungen gleichen. Denn das Rechtsverhältnis, aufgrund dessen Angestellte oder Arbeiter des öffentlichen Dienstes die Woh-

---

[28] *Fischer-Dieskau/Pergande/Schwender,* Wohnungsbaurecht, II. WoBauG, § 87 a, Anm. 01.

[28] Anders bei den Beamten: da der Staat gegenüber seinen Beamten hoheitlich handelt, ist deren Nutzungsverhältnis dem öffentlichen Recht zuzuordnen, ob auch als öffentliche Leistung, mag dahingestellt bleiben, jedenfalls aber ergibt sich die beschriebene Konstellation für die Arbeiter und Angestellten des öffentlichen Dienstes.

nungen zugewiesen bekommen, ist der Arbeitsvertrag, der sich ausschließlich nach Privatrecht richtet[29]. Träfe diese Ansicht zu, so könnte die Ausgleichszahlung nach § 9 AFWoG möglicherweise als privatrechtliches Entgelt oder, insofern sie sowohl öffentlich-rechtliche wie privatrechtliche Positionen betrifft, vielleicht auch als Steuer zu qualifizieren sein.

Gegen eine solche Annahme sprechen aber im wesentlichen zwei gewichtige Gründe.

Daß § 6 II. WoBauG die Wohnungsfürsorgemittel nicht als öffentliche Mittel bezeichnet, bedeutet nicht, daß es sich dabei nicht um öffentliche Leistungen handelt. § 6 Abs. 1 II. WoBauG gibt eine ganz spezielle, nur für den Wohnungsbau geltende Begriffsbestimmung der öffentlichen Mittel, indem er nur solche als „nicht-öffentlich" bezeichnet, deren rechtlicher Charakter zweifelhaft sein könnte[30], daher auch die Wortwahl, daß solche Mittel nicht als öffentliche Mittel im Sinne dieses Gesetzes „gelten". Bereits die Tatsache, daß § 88 Abs. 1 II. WoBauG die im sog. zweiten Förderungsweg verausgabten Mittel nicht als öffentliche Mittel im Sinne dieses Gesetzes bezeichnet, obwohl das zugrunde liegende Rechtsverhältnis hier mit Sicherheit öffentlich-rechtlich zu beurteilen ist, zeigt, daß die im II. WoBauG vorgenommene Qualifikation keine Aussagekraft für die Rechtsnatur des Leistungsverhältnisses zwischen Wohnungsnutzer und Wohnungsfürsorgeträger hat. Dasselbe gilt – zumindest – für die in § 6 Abs. 2 Buchst. a, b, d, e und h aufgeführten Mittel, sowie für verschiedene weitere als nicht öffentlich bezeichnete Förderungsmittel[31]. Der Zweck der Deklarierung als „nicht-öffentliche Mittel" besteht meist darin, die Förderungsmaßnahme auch Personen über den Personenkreis des § 25 hinaus zu Gute kommen zu lassen[32].

Gewichtiger scheint das Argument zu sein, es handele sich bei den Wohnungsfürsorgewohnungen um eine spezielle Art von Werkwohnungen, die der Staat als Arbeitgeber seinen Bediensteten zur Verfügung stellt. Ursprünglich hat sich die Wohnungsfürsorge auch tatsächlich in diesem privatrechtlichen Rahmen abgespielt[33], wie auch heute noch das Benutzungsverhältnis zwischen dem Träger der Wohnungsfürsorge und – wenigstens was die Arbeiter und Angestellten angeht – dem öffentlich Bediensteten auf privatrechtlicher Grundlage ruht. Denn die Auswahl des für eine Wohnung in Betracht kommenden Bediensteten und dessen Benennung gegenüber dem Wohnungsvermieter beruht, soweit es die bloße Zuweisung der Wohnung betrifft, allein auf der Eigenschaft des künftigen Wohnungsnutzers als Angestellter bzw. Arbeiter des öffentlichen Dienstes.

---

[30] *Fischer-Dieskau / Pergande / Schwender,* Wohnungsbaurecht, II. WoBauG § 6 Anm. 1.

[31] Vgl. die Beispiele bei *Fischer-Dieskau / Pergande / Schwender,* Wohnungsbaurecht, II. WoBauG § 6 Anm. 1.5.

[32] *Fischer-Dieskau / Pergande / Schwender,* a.a.O.

[33] *Fischer-Dieskau / Pergande / Schwender,* Wohnungsbaurecht, II. WoBauG § 87 a, Anm. 01.

Ganz anders ist dagegen die Rechtslage zu beurteilen, wenn man den Vorteil betrachtet, der durch die Nutzung einer gegenüber der Marktmiete *verbilligten* Wohnung entsteht. Vor der Einfügung des § 87 a II. WoBauG durch das WoBauÄndG 1968[34] mag auch der Genuß dieses Vorteils auf privatrechtlicher Grundlage beruht haben. Mit Inkrafttreten des § 87 a wurde jedoch eine neue Rechtslage für die mit Wohnungsfürsorgemitteln geförderten Wohnungen geschaffen. Hierdurch wurden diese Wohnungen der Kostenmiete unterworfen, so daß sie in mietpreisrechtlicher Hinsicht soweit wie möglich den öffentlich geförderten Wohnungen im Sinne des § 6 Abs. 1 gleichgestellt wurden[35]. Demgemäß gilt seitdem die Bindung an die Kostenmiete für jeden Inhaber einer mit Wohnungsfürsorgemitteln geförderten Wohnung, gleichgültig, ob er dem Personenkreis der öffentlich Bediensteten zugehört oder nicht. Daran ändert auch die Tatsache nichts, daß der Darlehensgeber bei Nutzung durch einen sog. „Fremdmieter", also jemanden, der nicht dem Kreis der Wohnungsfürsorgeberechtigten angehört, in der Regel den Zinssatz für das Darlehen auf den nach dem Darlehensvertrag höchstzulässigen Satz heraufsetzt (sog. Sonderzinsen). Denn die Bestimmung der Zinshöhe ist dem Darlehnsgeber überlassen, der den Zinssatz je nach der von ihm beabsichtigten Miethöhe herauf- oder heruntersetzen kann. In dem Rechtsverhältnis zwischen dem Verfügungsberechtigten und dem Nutzer der Wohnung handelt es sich in jedem Fall um eine Kostenmiete, die sich nach § 87 a II. WoBauG bestimmt. Die öffentlich-rechtliche Vorschrift des § 87 a überlagert also in mietpreisrechtlicher Hinsicht das ansonsten das Leistungsverhältnis bestimmende Rechtsverhältnis, gleichgültig, ob es sich um ein öffentlich-rechtliches (Beamte), privatrechtliches (Arbeiter und Angestellte) oder um gar kein Rechtsverhältnis (Fremdvermietung) zwischen Wohnungsfürsorgeträger und Wohnungsnutzer handelt. In allen Fällen wird ohne Unterschied der mietpreisrechtliche, finanzielle Vorteil öffentlich-rechtlich und damit durch öffentliche Leistung vermittelt.

Da die Fehlbelegungsabgabe nach § 9 AFWoG allein an diesen Vorteil anknüpft und nur ihn ausgleichen will, handelt es sich auch im Falle des § 9 AFWoG um den Ausgleich einer individuell zurechenbaren öffentlichen Leistung und damit um eine Gebühr.

---

[34] v. 17.07.1968, BGBl I, S. 821.

Schlußbemerkung:
Fehlbelegungsabgabe und Sonderabgabenrechtsprechung

Die Rechtsprechung, die zur Fehlbelegungsabgabe ergangen ist, mißt die Abgabe, sofern die Sonderabgabenproblematik im Streitfall überhaupt relevant wird, an den begrifflichen und inhaltlichen Ergebnissen des Berufsausbildungsurteils.

Dabei wird zunächst die Feststellung, daß es sich um eine Sonderabgabe handele, mit dem Vorliegen verschiedener „nichtfiskalischer" Zwecke begründet. Hauptzweck der Abgabe sei nicht die Finanzierung, sondern die Beseitigung des sozialpolitischen Ärgernisses der Fehlsubventionierung[36]. Im Gegensatz zum Beitrag wolle die Ausgleichszahlung daher keinen Vorteil entgelten, sondern lediglich einen Vorteil entziehen. Dieses Ziel würde am besten erreicht, wenn alle Fehlbeleger aus ihren Sozialwohnungen auszögen[37]. Dadurch, daß das Gesetz in diesem Sinne Druck auf die Fehlbeleger ausüben wolle, komme ihm eine eindeutige Lenkungsfunktion zu, über der der Finanzierungszweck in den Hintergrund trete[38]. Das Verwaltungsgericht Gelsenkirchen[39] stellt darüber hinaus eine Ausgleichsfunktion der Fehlbelegungsabgabe in dem Sinne fest, daß die Mietbelastungen zwischen denjenigen „Mehrverdienenden", die eine Sozialwohnung innehaben, und den Wohnberechtigten, die bisher auf den freien Wohnungsmarkt angewiesen sind, ausgeglichen werden sollen. Antriebs- und Ausgleichsfunktion seien insgesamt so bedeutsam, daß die reine Finanzierungsfunktion in erheblichem Maße zurückgedrängt werde. Auch das Verwaltungsgericht Arnsberg teilt offenbar diese Beurteilung, wenn es der Ansicht ist, daß das AFWoG „nicht so sehr" zur Einnahmerzielung erlassen sei[40].

Demgegenüber steht das Verwaltungsgericht Düsseldorf auf dem Standpunkt, die Abgabe diene in erster Linie dem Ausgleich planwidriger Subventionsvorteile, Antriebs- und Lenkungsfunktion komme dagegen nur untergeordnete Bedeutung zu. Daneben liege der Einführung der Fehlbelegungsabgabe eindeutig ein Finanzierungszweck zugrunde[41].

---

35 *Fischer-Dieskau/Pergande/Schwender,* Wohnungsbaurecht, § 87 a II. WoBauG Anm. 01.

36 OVG Münster, BBauBl 1984, S. 351 (354); VG Köln, WM 1983, S. 354; VG Gelsenkirchen, NJW 1985, S. 79 (82).

37 VG Köln, WM 1983, S. 354.

38 OVG Münster, BBauBl 1984, S. 351 (354); VG Köln, WM 1983, S. 354.

39 NJW 1985, S. 79 (82).

40 Urteil v. 06.03.1985 - 2 K 1924/84.

41 VG Düsseldorf, Beschluß v. 11.06.1985 - 14 K 1084/85, S. 22 f.

Tatsächlich können alle diese Zwecke dem Gesetz entnommen werden, sie sind einfach da, weil die Abgabe objektiv so wirkt und der Auslegende diese Wirkungen bei seiner Interpretation in Betracht ziehen muß.

Erhärtet wird die Qualifikation als Sonderabgabe sodann mit der Erwägung, daß mit der Abgabe nicht allgemeine, sondern besondere Staatsaufgaben finanziert würden[42]. Zu diesem Ergebnis zu gelangen, fällt nun allerdings bei zweckgebundenen Abgaben nicht besonders schwer; was regelmäßig in diesen Fällen fehlt, ist die Definition der allgemeinen Staatsaufgaben, die mit dem Aufkommen der Zwecksteuern bestritten würden. Auf diese Weise bleibt es auch hier bei der nicht gerade überzeugenden Begründung, die beispielhaft das Verwaltungsgericht Gelsenkirchen in seinem Urteil vom 24.07.1984[43] gibt: „Das Aufkommen aus den Ausgleichszahlungen dient nicht in diesem Sinne der Finanzierung allgemeiner Staatsaufgaben, sondern ist zur Förderung des Baus von Sozialwohnungen ... bestimmt ...“.

Insgesamt ergibt sich ein anschauliches Bild von der beliebigen Einsetzbarkeit der gebrauchten Kriterien, deren Vorliegen oder Fehlen, Überwiegen oder Zurücktreten einfach behauptet wird.

Was die materielle Zulässigkeitsprüfung angeht, so ist der Rechtsprechung, die zur Fehlbelegungsabgabe ergangen ist, deutlich das Bemühen anzumerken, die Abgabe, deren Normierung ja geradezu ein Gebot ausgleichender Gerechtigkeit war, nicht bereits an den allgemeinen Zulässigkeitsvoraussetzungen für Sonderabgaben scheitern zu lassen.

Zu diesem Zweck wird dem Kreis der Abgabepflichtigen eine Homogenität bescheinigt, die in nichts weiter gesehen wird als in der Eigenart, sozialgebundene Wohnungen trotz der Einkommensüberschreitungen weiter bewohnen zu können[44], und das Erfordernis der gruppennützigen Verwendung des Abgabeaufkommens mit der Feststellung umgangen, hier rechtfertige die Natur der Sache aus triftigen Gründen eindeutig die fremdnützige Verwendung[45]. Das Verwaltungsgericht Düsseldorf hat gemeint, diese vom Bundesverfassungsgericht offengelassene Hintertür nicht durchschreiten zu können und ist damit zu dem Ergebnis gekommen, die Abgabe sei verfassungswidrig, ein Resultat, zu dem das Gericht bedauernd anmerkte: „Die Kammer verkennt nicht, daß das Verlangen einer gruppennützigen Verwendung der Erträge aus der Fehlbelegungsabgabe im Ergebnis dazu führen würde, daß das im Grunde begrüßenswerte Anliegen des Gesetzgebers nach einer Beseitigung bestehender Fehlsubventionierungen nicht zu erreichen wäre, weil dieser den Fehlbelegern den eben abgeschöpften planwidrigen Vorteil sogleich wieder zukommen lassen müßte[46]“.

---

[42] VG Gelsenkirchen, S. 81; VG Düsseldorf, S. 14.

[43] S. 81.

[44] VG Gelsenkirchen, S. 81.

[45] VG Gelsenkirchen, S. 82.

In dieser, vom Gerechtigkeitsgefühl diktierten Bemerkung wird offenbar, daß das Bundesverfassungsgericht mit der Forderung nach einer gruppennützigen Verwendung des Abgabeaufkommens über das anvisierte Ziel, den Wildwuchs der Sonderabgaben zu bändigen, hinausgeschossen ist. Ursprünglich zu dem Zweck konzipiert, dem Gesetzgeber mehr Bewegungsfreiheit als unter der Herrschaft der Art. 105 ff. GG einzuräumen, wird so der Sonderabgabenbegriff zu einem Instrument, das den Freiraum des Gesetzgebers noch über das Maß hinaus einschränkt, das er im Gebühren- und Beitragsrecht seit jeher genoß. Im Falle der Fehlbelegungsabgabe würde das Festhalten am Gruppennützigkeitserfordernis die Einführung einer Abgabe, die gerade einen illegitimen Zustand beenden soll und damit der materiellen Gerechtigkeit zu dienen bestimmt ist, torpedieren. Diesem Effekt steht verfassungsrechtlich kein meßbarer Gewinn gegenüber, weder für die Sicherung der Grundrechte des Staatsbürgers noch für die Bewahrung der bundesstaatlichen Finanzordnung.

[46] VG Düsseldorf, S. 29.

Literaturverzeichnis

Amonn, Alfred: Grundsätze der Finanzwissenschaft, Teil 1, Bern, 1947.

Andreae, Clemens August: Grundsteuern, in: Handbuch der Finanzwissenschaft, 3. Auflage, Band II, 1980, S. 576 ff.

Arndt, Hans-Wolfgang: Steuern, Sonderabgaben und Zwangsanleihen – Zur Abgabenerfindungskompetenz des Bundesgesetzgebers, Köln, 1983.

Auer, Res: Sonderabgaben, Bern, 1980.

Barth, Kuno: Die betriebliche Besteuerung im Rahmen der gegenwärtigen Finanz- und Steuerpolitik, DB 1971, S. 1539 ff.

Becker, Enno: Die Reichsabgabenordnung, 2. Auflage, Berlin 1922; 7. Auflage, Berlin, 1930.

Beckmann, Hartmut: Verfassungsrechtsfragen im Grenzbereich zwischen Steuern und besonderen Abgaben, Diss., Köln, 1976.

Bellinger, Karl Hermann: Kommentierung des WoBindG, in: Fischer-Dieskau / Pergande / Schwender, Wohnungsbaurecht, Band III, Köln, Stand: Februar 1985.

Birk, Dieter: Das Leistungsfähigkeitsprinzip als Maßstab der Steuernormen, Köln, 1983.

Bleckmann, Albert: Subventionsrecht, Stuttgart, Berlin, Köln, Mainz, 1978.

Blumenstein, Ernst: Die Rechtsordnung der öffentlichen Finanzwirtschaft, Handbuch der Finanzwissenschaft, 2. Auflage, Band I, Tübingen, 1952, S. 99 ff.

Bodenheim, Dieter G.: Der Zweck der Steuer, Baden-Baden, 1979.

Boehm, Volker: Verursacherprinzip und Abgaben, DÖV 1975, S. 597 ff.

Bohley, Peter: Gebühren und Beiträge – ihre wirtschaftspolitischen Funktionen und ihr Platz im System der öffentlichen Einnahmen, Tübingen, 1977.

– Gebühren und Beiträge, in: Handbuch der Finanzwissenschaft, 3. Auflage, Band II, Tübingen, 1980, S. 915 ff.

Bopp, Helmut: Ist die baden-württembergische Feuerwehrabgabe eine Steuer im Sinne des Grundgesetzes? Diss., Heidelberg, 1967.

Bräuer, Karl: Finanzsteuern, Zwecksteuern und Zweckzuwendung von Steuererträgen, Schriften des Vereins für Socialpolitik, 174. Band, München und Leipzig, 1928.

Brodersen, Carsten: Nichtfiskalische Abgaben und Finanzverfassung, in: Verfassung, Verwaltung, Finanzen, Festschrift für Gerhard Wacke, Köln, 1972, S. 103 ff.

Brüggemann, Josef: Die Wohnungsversorgung in der sozialen Marktwirtschaft, Deutsche Wohnungswirtschaft, 19. Jg. H. 12, Düsseldorf, 1967.

Büchner, Richard: Beiträge, in: Handbuch der Finanzwissenschaft, 2. Auflage, Tübingen, 1956, Band II, S. 225 ff.

Bühler, Otto / *Strickrodt,* G.: Steuerrecht, Band I, 3. Auflage, Wiesbaden, 1960.

Caesar, Rolf: „Pfennigabgaben" – fiskalisch motivierte Steuertarnung oder Rückfall in die Fondswirtschaft? FinArch N.F. 38 (1980), S. 384 ff.

Capra, Fritjof: Wendezeit, 6. Auflage, Bern, München, Wien, 1983.

Clausen, Gerhard: Das gebührenrechtliche Kostendeckungsprinzip, Frankfurt a. M., Bern, Las Vegas, 1978.

Cohn, Gustav: System der Finanzwissenschaft, Stuttgart, 1889.

Crone-Erdmann: Verursacherprinzip und Abgabewesen, DB 1974, S. 1877 ff.

Deutsch, Erwin: Haftungsrecht, Band I, Köln, Berlin, Bonn, München, 1976.

Dicke, Detlev Christian: Die wesentlichen Elemente der milchwirtschaftlichen Marktordnung und ihre verfassungsrechtliche Zulässigkeit, DÖV 1968, S. 163 ff.

Domschke, Max: Der Gebührenbegriff, in: Probleme des Geld- und Finanzwesens, Band VIII, Leipzig, 1928.

Dyong, Hartmut: AFWoG, in: Fischer-Dieskau / Pergande / Schwender, Wohnungsbaurecht, Band 3.2, Köln, Stand: Februar 1985.

Eberlein, Harald: Die Ausgleichsabgabe, Diss., Mainz 1975.

von Eheberg, Karl Theodor: Finanzwissenschaft, 18./19. Auflage, Leipzig – Erlangen, 1922.

– Zwecksteuern, in: Handwörterbuch der Staatswissenschaften, Band VIII, 4. Auflage, Jena, 1928.

Ehrlicher, Werner: Öffentliche Sachausgaben, in: Handbuch der Finanzwissenschaft, Band I, 3. Auflage, Tübingen, 1977, S. 753 ff.

Esser, Josef / *Weyers,* Hans Leo: Schuldrecht, Besonderer Teil, 6. Auflage, Heidelberg, 1984.

Eyben, Bodo: Die Abgabenform des Beitrags und ihre praktischen Schwerpunkte, Diss., Göttingen, 1969.

Fikentscher, Wolfgang: Schuldrecht, 6. Auflage, Berlin, New York, 1976.

Fischer-Dieskau, Hans Joachim / *Pergande,* Hans Günter / *Schwender,* Heinz Werner: Wohnungsbaurecht, Band I u. II, II. WoBauG, Köln, Stand: Juli 1985.

Fleiner, Fritz: Institutionen des deutschen Verwaltungsrechts, 8. Auflage, Tübingen, 1928.

Förster, Hans: Erschließungsbeitrag für Grundstücke, die nach Form und Größe zur Bebauung ungeeignet sind, KStZ 1965, S. 41 ff.

Friauf, Karl Heinrich: Verfassungsrechtliche Grenzen der Wirtschaftslenkung und Sozialgestaltung durch Steuergesetze, Tübingen, 1966.

– Steuergesetzgebung als Instrument der Bodenordnung, DVBl 1972, S. 652 ff.

– Öffentliche Sonderlasten und Gleichheit der Staatsbürger, Festschrift für Hermann Jahrreiß, Köln, Berlin, Bonn, München, 1974, S. 45 ff.

– Die Finanzverfassung in der Rechtsprechung des Bundesverfassungsgerichts, in: Bundesverfassungsgericht und Grundgesetz, Festgabe aus Anlaß des 25-jährigen Bestehens des Bundesverfassungsgerichts, Band II, Tübingen, 1976, S. 300 ff.

– Zur Zulässigkeit außersteuerlicher Sonderabgaben, Festschrift für W. Haubrichs, 2. Auflage, Bad Wörishofen, 1977, S. 103 ff.

– Kommunalabgaben zur Abwälzung von Folgekosten des Wohnungsbaus, DVBl 1978, S. 517 ff.

Gaentzsch, Günter: Die Bodenwertabschöpfung im Städtebauförderungsgesetz, Siegburg, 1975.

Gerloff, Wilhelm: Gebühren, in: Handbuch der Finanzwissenschaft, 2. Auflage, Tübingen, 1956, Band II, S. 203 ff.

Gesellschaft für Wohnungs- und Siedlungswesen mbH Hamburg: Ökonomische, rechtliche und verfahrenstechnische Möglichkeiten zur Einführung der Wohnwertmiete bei öffentlich geförderten Wohnungen, in: Wohnungsmarkt und Wohnungspolitik, Schriftenreihe des Bundesministers für Raumordnung, Bauwesen und Städtebau, H. 07.001.

Götz, Volkmar: Wirtschaftsverwaltungsrechtliche Ausgleichsabgaben, AöR 85 (1960), S. 200 ff.

– Grundpflichten als verfassungsrechtliche Dimension, VVDStRL H. 41, S. 7 ff.

Hall, Karl Heinrich: Konjunkturzuschlag und Steuergesetz, NJW 1970, S. 2189 ff.

Hansmeyer, Karl-Heinrich / *Fürst,* Dietrich: Die Gebühren. Zur Theorie eines Instrumentariums der Nachfragelenkung bei öffentlichen Leistungen. Stuttgart, Berlin, Köln, Mainz, 1968.

von Heckel, Max: Lehrbuch der Finanzwissenschaft, Band I, Leipzig, 1907.

– Art. „Gebühren“, in: Wörterbuch der Volkswirtschaft, 3. Auflage, Jena, 1911, Band I, S. 973.

Hedtkamp, Günter: Lehrbuch der Finanzwissenschaft, Neuwied und Berlin, 1968.

Henseler, Paul: Begriffsmerkmale und Legitimation von Sonderabgaben, Baden-Baden, 1984.

Hesse, Rolf: Ist die sogenannte „Fehlbelegungsabgabe“ verfassungskonform? ZBR 1984, S. 66 ff.

Hettlage, Karl M.: Art. „Beiträge“, in: Handwörterbuch der Sozialwissenschaften, Band I, Stuttgart, Tübingen, Göttingen, 1956, S. 727 ff.

Hönisch, Manfred: Sozialer Wohnungsbau in der Sackgasse! Was nun? In: Der langfristige Kredit, 18. Jg., 4. Folge, München, 1967.

Hofmann, Hasso: Grundpflichten als verfassungsrechtliche Dimension, VVDStRL H. 41, S. 42 ff.

Holzer, Hans Jörg: Die unterstaatliche Umverteilung – Umverteilung unter Umgehung der Verfassung? Diss., Freiburg, 1977.

Huber, Ernst Rudolf: Wirtschaftsverwaltungsrecht, Band I, 2. Auflage, Tübingen 1953; Band II, 2. Auflage, Tübingen, 1954.

Hübschmann, Walter / *Hepp,* Ernst / *Spitaler,* Armin: Kommentar zur Abgabenordnung, Köln, Stand: Mai 1985.

Ipsen, Hans Peter: Rechtsfragen der Investitionshilfe, AöR 78, S. 284 ff.

Isensee, Josef: Nichtsteuerliche Abgaben – ein weißer Fleck in der Finanzverfassung, in: Staatsfinanzierung im Wandel, Verhandlungen auf der Jahrestagung des Vereins für Socialpolitik, Gesellschaft für Wirtschaftswissenschaften in Köln, 1982, S. 435 ff.

– Umverteilung durch Sozialversicherungsbeiträge, Berlin, 1973.

– Die verdrängten Grundpflichten des Bürgers, DÖV 1982, S. 609 ff.

Jellinek, Walter: Verwaltungsrecht, 3. Auflage, Berlin, 1931.

Jenkis, Helmut W.: Die Unternehmensmiete – Die Notwendigkeit und Problematik der

Neuorientierung der Mietenpolitik. In: Sonderveröffentlichung des Instituts für Siedlungs- und Wohnungswesen der Westfälischen Wilhelms-Universität Münster, Nr. 9, Münster (Westf.), 1968.

Kirchhof, Paul / *Walter,* Hannfried: Die verfassungsrechtliche Problematik des rückzahlbaren Konjunkturzuschlag, NJW 1970, S. 1575 ff.

Klein, Franz: Zur Verfassungsmäßigkeit von Sonderabgaben – ihre Abgrenzung zu den Steuern, DStR 1981, S. 275 ff.

– Zur Abgrenzung von Steuern und sonstigen Abgaben, Blätter für Steuerrecht, Sozialversicherung und Arbeitsrecht 1981, S. 61 ff.

– Zur Verfassungsmäßigkeit der Künstlersozialabgabe nach dem Entwurf eines Künstlersozialversicherungsgesetzes, DB 1981, S. 370 ff.

Klein, Friedrich: Kammerbeitrag und Finanzverfassung, DVBl 1959, S. 315 ff.

– Eigentumsgarantie und Besteuerung, StuW 1966, S. 433 ff.

Klinke, Ulrich: Causa und genetisches Synallagma, Berlin, 1983.

Kloepfer, Michael: Die lenkende Gebühr, AöR 97 (1972), S. 232 ff.

– Steuerinterventionismus und Verfassungsrecht, StuW 1972, S. 176 ff.

– Umweltschutz durch Abgaben, DÖV 1975, S. 593 ff.

Knies, Wolfgang: Steuerzweck und Steuerbegriff, München, 1976.

Kohlenbach, Helmut: AFWoG, in: Schade / Schubarth, Soziales Miet- und Wohnrecht, Frankfurt a. M., Stand: 1983.

– Die Zinserhöhungsermächtigung des 2. Haushaltsstrukturgesetzes – eine verfassungsrechtliche Betrachtung, BBauBl 1983, S. 13 ff.

Kornemann, Rolf: Mietpreisverzerrungen im sozialen Wohnungsbau – unabänderliches Schicksal? In: Zeitschrift für das gemeinnützige Wohnungswesen in Bayern, 62. Jg. H. 2, München, 1972.

– Fehlsubventionierungen im öffentlich geförderten sozialen Wohnungsbau – Bilanz einer systemwidrigen Marktintervention –, Schriftenreihe des Instituts für Städtebau, Wohnungswirtschaft und Bausparwesen e.V. (Arnold-Knoblauch-Institut) Bonn, 1973.

– Die Fehlsubventionierung im Hin und Her – Chronik einer endlosen Diskussion, Gemeinnütziges Wohnungswesen, 1981, S. 26 ff.

Krahé, Walter: Die Funktionen des Wohnungsmarktes bei freier Marktwirtschaft – Beiträge zur Marktforschung. Beiträge und Untersuchungen des Instituts für Siedlungs- und Wohnungswesen der Westfälischen Wilhelms-Universität Münster, Bd. 62, Köln – Braunsfeld, 1966.

Krause-Junk, Gerold: Abriß der Theorie von den öffentlichen Gütern, in: Handbuch der Finanzwissenschaft, Band I, 3. Auflage, Tübingen, 1977, S. 687 ff.

Kreft, Gerhart: Die begriffliche Abgrenzung von Steuer und Gebühr, Diss., Göttingen, 1968.

Krüger, Hildegard: Anmerkung zu § 11 R. 11 BefStG 1955 (1964), in: Steuerrechtsprechung in Karteiform (StRK), 12. Auflage, Köln.

Kruse, Heinrich Wilhelm: Steuerrecht, Band I, 3. Auflage, München, 1973.

Kühne, Günther: Die Förderungsabgabe im Schnittpunkt von Bergrecht und Finanzverfassungsrecht, DB 1982, S. 1693 ff.

Lampe, Adolf: Gebühren, Beiträge und Taxen, Wörterbuch der Volkswirtschaft, 4. Auflage, Band II, Jena, 1932.

Larenz, Karl: Die Prinzipien der Schadenszurechnung, JuS 1965, S. 373 ff.

– Methodenlehre der Rechtswissenschaft, 4. Auflage, Berlin, Heidelberg, New York, 1979.

– Schuldrecht, Besonderer Teil, 12. Auflage, München, 1981.

Lehmann, Matthias: Kommunale Beitragserhebung, Siegburg, 1983.

Lerche, Peter: Fernsehabgabe und Bundeskompetenz, Frankfurt a. M., 1974.

Liebisch, Arnold: Das Wesen der unentgeltlichen Zuwendungen im Bürgerlichen Recht und im Reichssteuerrecht, Leipzig, 1927.

Mai, Lutz Udo: Sonderabgaben, Diss., Göttingen, 1959.

Mattern, Gerhard: Der Begriff der Steuer und das Grundgesetz, BB 1970, S. 1405 ff.

Maunz, Theodor: Kommentierung der Art. 105 ff. GG, in: Maunz/Dürig/Herzog/Scholz, Grundgesetz, Kommentar, Band III, München, Stand: August 1979.

Mayer, Otto: Deutsches Verwaltungsrecht, 1. Band, 1. Auflage, München und Leipzig, 1914; 2. Band, 3. Auflage, 1924.

Meessen, Karl Matthias: Zur verfassungsrechtlichen Zulässigkeit von Sonderabgaben, BB 1971, S. 928 ff.

Meisel, Franz: Gebührenlehre, in: Handbuch der Finanzwissenschaft, 1. Auflage, Tübingen, 1925, Band 1, S. 398 ff.

Moll, Bruno: Lehrbuch der Finanzwissenschaft, Berlin, 1930.

Müller, Klaus: Der Steuerbegriff des Grundgesetzes, BB 1970, S. 1105 ff.

Musgrave, Richard A.: The theorie of public finance, A study in public economy, New York, Toronto, London, 1959.

Mußgnug, Reinhard: Die zweckgebundene öffentliche Abgabe, Festschrift für E. Forsthoff, München, 1972, S. 259 ff.

Neumann, Friedrich Julius: Die progressive Einkommensteuer im Staats- und Gemeindehaushalt, in: Schriften des Vereins für Socialpolitik, Band VIII, Leipzig, 1874.

– Die Steuer und das öffentliche Interesse, Leipzig, 1887.

Neumark, Fritz: Grundsätze und Arten der Haushaltsführung und Finanzbedarfsdekkung, Handbuch der Finanzwissenschaft, Band I, 2. Auflage, Tübingen, 1952, S. 606 ff.

– Vom Wesen der Besteuerung, in: F. Voigt (Hrsg.), Beiträge zur Finanzwissenschaft und zur Geldtheorie, Festschrift für R. Stucken, Göttingen, 1953, S. 7 ff.

Oldenkirchen: Interessentenbeiträge, in: Abhandlungen aus dem Staats-, Verwaltungs-Völkerrecht, Hrsg. von Stier/Somlo u. Zorn, Band XII 3, 1913.

Ossenbühl, Fritz: Die Zustimmung des Bundesrates beim Erlaß von Bundesrecht, AöR 99 (1974), S. 369 ff.

Ostendorf, Bernhard: Warum die sog. Fehlbelegungsabgabe verfassungsrechtlich nicht zu halten ist, KStZ 1984, S. 101 ff.

Osterloh, Lerke: Zur Zulässigkeit von Sonderabgaben, JuS 1982, S. 421 ff.

– Verfassungsfragen der Künstlersozialabgabe, NJW 1982, S. 1617 ff.

Otter, Klaus: Fehlbelegungsabgabe und Zinsanhebung im sozialen Wohnungsbau - eine Kompromißlösung des Vermittlungsausschusses, Zeitschrift für das Gemeinnützige Wohnungswesen in Bayern, 1982, S. 161 ff.

Patzig, Werner: Steuern - Gebühren - Beiträge und Sonderabgaben, DÖV 1981, S. 729 ff.

Rack, Manfred: Die Verfassung als Maßstab - Eine argumentationstheoretische Untersuchung am Beispiel des Problems der Verfassungsmäßigkeit nichtfiskalischer Abgaben, Berlin, 1978.

Rau, Karl Heinrich: Grundsätze der Finanzwissenschaft, 4. Auflage, Leipzig und Heidelberg, 1859.

von Reitzenstein, Friedrich Freiherr: Gemeinde - Gebühren, in: Wörterbuch der Deutschen Verwaltung, Band I, Freiburg, 1890.

Richter, Wolfgang: Zur Verfassungsmäßigkeit von Sonderabgaben, Baden-Baden, 1977.

Ritch, Maria: Investitionshilfeabgabe - doch verfassungswidrig? NJW 1984, S. 438 ff.

Saladin, Peter: Verantwortung als Staatsprinzip, Bern, Stuttgart, 1984.

von Schall, Karl Friedrich: Die Gebühren, in: Schönbergh's Handbuch der politischen Ökonomie, 4. Auflage, Tübingen, 1897, Band III, S. 103 f.

Schapp, Jan: Hauptprobleme der juristischen Methodenlehre, Tübingen, 1983.

Schemmel, Lothar: Quasi-Steuern, Wiesbaden, 1980.

Schmidt, Jürgen: Aktionsberechtigung und Vermögensberechtigung, Köln, Berlin, Bonn, München, 1969.

- Verursacherprinzip und Sozialkosten, AcP 175 (1975), S. 222 f.

Schneider, Gottfried: Was soll aus dem sozialen Wohnungsbau werden? In: Sobotschinski / Schneider, Wohnungsbau in der Zukunft - Tendenzen und Probleme, Kleine Schriften des Deutschen Verbandes für Wohnungswesen, Städtebau und Raumplanung e.V., H. 12, Köln - Mülheim, 1969.

Schneider, Michael: Die fehlbelegte Sozialwohnung - ein zentrales Problem, Zeitschrift für das gemeinnützige Wohnungswesen in Bayern, 57. Jg. H. 4, München, 1967.

Schweyer, C.: Das Fehlbelegungsproblem, Gemeinnütziges Wohnungswesen, 21. Jg. H. 1, Hamburg, 1968.

Selmer, Peter: Steuerinterventionismus und Verfassungsrecht, Frankfurt a. M., 1971.

- Die parafiskalischen Abgaben im Spannungsfeld von nationalem Recht und europäischem Gemeinschaftsrecht, DStZ/A 1975, S. 396 ff.

- Steuer und parafiskalische Sonderabgabe, GewArch 1981, S. 41 ff.

Simmich, Claus: Ist der Konjunkturzuschlag verfassungsgemäß? DB 1970, S. 1752 ff.

Stadler, Otto: Mobilisierung öffentlicher Baudarlehen, in: Mobilisierung öffentlicher Baudarlehen, Hrsg.: Deutsche Bau- und Bodenbank, Berlin (1966).

Stähler, Bernhard: Beitrag zur Abgrenzung des Steuerbegriffs, Diss., Münster, 1955.

Starck, Christian: Überlegungen zum verfassungsrechtlichen Steuerbegriff, in: Verfassung, Verwaltung, Finanzen, Festschrift für Gerhard Wacke, Köln, 1972, S. 193 ff.

von Stein, Lorenz: Lehrbuch der Finanzwissenschaft, 2. Auflage, Leipzig, 1871.

Stettner, Rupert: Anmerkung zum Urteil des Bundesverfassungsgerichts zum APlFG, DVBl 1981, S. 375 ff.

Strauß, Reinhold: Die Abgaben der Ausgleichseinrichtungen im System des allgemeinen Abgabenrechts, Erlangen, Nürnberg, 1971.

Strutz, Georg: Art. „Gebühren“, in: Handwörterbuch der Staatswissenschaften, 4. Band, 4. Auflage, Jena, 1927, S. 616 ff.

Terhalle, Fritz: Die Finanzwissenschaft des Staates und der Gemeinden, Berlin, 1948.

Tipke, Klaus: Steuerrecht, 10. Auflage, Köln, 1985.

Tipke, Klaus / *Kruse,* Heinrich Wilhelm: RAO, Kommentar, 7. Auflage, Köln, 1975.

- AO 77, Kommentar, Loseblattsammlung, Köln, Stand: Juni 1985.

Umpfenbach, Karl: Lehrbuch der Finanzwissenschaft, 1. Theil, Erlangen, 1859.

Vocke, Wilhelm: Die Grundzüge der Finanzwissenschaft, Leipzig, 1894.

Vogel, Klaus: Kammerbeitrag und Finanzverfassung, DVBl 1958, S. 491 ff.

Vogel, Klaus / *Walter,* Hannfried: Kommentierung (Zweitbearbeitung) zu Art. 105 GG (1971), in: Bonner Kommentar, Hamburg.

Voigt, Rüdiger: Umweltabgaben im Spannungsfeld zwischen Wirtschaftslenkung und Kostenzurechnung, DVBl 1980, S. 985.

Wacke, Gerhard: Rechtsgutachten über eine abgabenrechtliche Lösung der Fehlbelegung von Sozialwohnungen, Hamburg, 1963 - unveröffentlicht.

- Ergänzungsgutachten über die Möglichkeit, eine Ausgleichsabgabe wegen Fehlbelegung von Sozialwohnungen zu erheben, Hamburg, 1965 - unveröffentlicht.

- Verfassungsrecht und Steuerrecht, Steuerberaterjahrbuch 1966/67, S. 75 ff.

Wagner, Adolph: Finanzwissenschaft, Band I, 2. Auflage, Leipzig und Heidelberg, 1877; 3. Auflage, Leipzig und Heidelberg, 1883; Band II, 2. Auflage, Leipzig und Heidelberg, 1880.

Weber, Werner: Die Dienst- und Leistungspflichten der Deutschen, Hamburg, 1943.

Wendt, Rudolf: Die Gebühr als Lenkungsmittel, Hamburg, 1975.

Wilburg, Walter: Die Lehre von der ungerechtfertigten Bereicherung nach österreichischem und deutschem Recht, Graz, 1934.

Wilke, Dieter: Gebührenrecht und Grundgesetz, München, 1973.

- Über Verwaltungsverantwortung, DÖV 1975, S. 509 ff.

Wissenschaftlicher Beirat beim BMF: Probleme und Lösungsmöglichkeiten einer Bodenwertzuwachsbesteuerung, Schriftenreihe des BMF, H. 22, Bonn, 1976.

Wolff, Hans J. / *Bachof,* Otto: Verwaltungsrecht, Band I, 9. Auflage, München, 1974.

Wollschläger, Christian: Die Geschäftsführung ohne Auftrag, Berlin, 1976.

Zeitel, Gerhard: Gebühren und Beiträge, in: Handwörterbuch der Wirtschaftswissenschaft, Band II, 1980, S. 347 ff., Stuttgart, Tübingen, Göttingen, Zürich.

Zimmermann, Franz: Aktuelle Fragen des Rechts der kommunalen Gebühren und Beiträge, VerwArch 62 (1971), S. 16 ff.

FSC
www.fsc.org
MIX
Papier | Fördert gute Waldnutzung
FSC® C083411

Kolibri 360 GmbH
Ferdinand-Jühlke-Straße 7
99095 Erfurt, Deutschland
produktsicherheit@kolibri360.de

Druck:
CPI Druckdienstleistungen GmbH
im Auftrag der
Kolibri 360 GmbH
Ferdinand-Jühlke-Str. 7
99095 Erfurt